本书得到教育部人文社科规划基金项目"中国的健康代际流动性分析：动态测度、影响机制和政策评估"（编号：24YJA790006）、武汉大学数智文科牵引专项项目"数字经济高质量发展的多维评价及分类治理研究"（编号：413000440）和武汉大学经济与管理学院理论经济学"双一流"学科建设资金的资助。

家庭经济学

Family Economics

张芬　方迎风　著

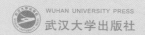

WUHAN UNIVERSITY PRESS

武汉大学出版社

图书在版编目(CIP)数据

家庭经济学 / 张芬,方迎风著 . -- 武汉 : 武汉大学出版社,
2024. 11. -- ISBN 978-7-307-24449-8

Ⅰ . F063.4

中国国家版本馆 CIP 数据核字第 2024KH1102 号

责任编辑:陈 红　　责任校对:杨 欢　　版式设计:马 佳

出版发行:**武汉大学出版社** （430072 武昌 珞珈山）

（电子邮箱: cbs22@ whu.edu.cn 网址: www.wdp.com.cn）

印刷:湖北云景数字印刷有限公司

开本:720×1000 1/16 印张:16 字数:260 千字 插页:1

版次:2024 年 11 月第 1 版 2024 年 11 月第 1 次印刷

ISBN 978-7-307-24449-8 定价:68.00 元

前　言

家庭经济学产生于 20 世纪五六十年代的美国。以美国芝加哥大学的加里·贝克尔等人为代表开创性地以家庭行为作为分析对象，将经济学与社会学结合在一起进行交叉研究的家庭经济学，其研究领域包含生育行为、婚姻市场、家庭成员的就业决策以及家庭劳务分工等问题(高巧，2004)。贝克尔因为在开创和发展这一学科方面做出的突出贡献，被誉为家庭经济学之父(余兆建，1988)。

长期以来，家务劳动在市场经济体制中一直处于被忽视的环节。里德(Reid，1947)认为家庭主妇对经济和社会的贡献需要得到充分认识。贝克尔(Becker，1965)在其基础上进一步引入时间价值的概念，侧重分析女性在市场工作与家务劳动之间的时间分配，以及就业女性和家庭主妇的消费模式等。

家庭经济学的分析不止是"应用现代微观经济学的方法把其研究领域扩展到经济学以外的领域"(高巧，2004)。贝克尔甚至认为，"当家庭范围内的决策受到应有的注意时，宏观经济学的这些分支，可能还有其他分支的许多结论将根本改变"。生育率的变化将会影响工资的长期均衡水平和人均收入水平，家庭的代际人力资本投资和转移支付会影响到经济体的物质和人力资本水平，进而影响长期经济增长。经济学家们很早就注意到家庭在人力资本的投资、积累和代际传递过程中的重要性。结婚、生育及其他家庭决策行为在通常的经济周期中发挥着重要的作用，甚至会引起经济中的长期波动(赵思新，1994)。随着家庭经济学研究的深入，一些研究基于代表性家庭的分析，考虑到异质性家庭成员间的互动关系以及家庭组织特征等内容，通过将家庭结构、家庭决策等问题引入宏观经济模型中，拓展了经济学研究的思路和可能性，并为一些发展中国家和转型经济体提供了更有利的理论解释框架(杜丽群等，2021)。

国外经济学界关于婚姻家庭等问题的研究较为深入，且取得了大量的成果。

而在中国从经济视角探讨转型时期婚姻家庭等问题的研究还比较薄弱，研究成果也非常有限（杨兰品，2008）。马颖等（2008）认为，由于发展中国家的市场很不完善，作为基本经济单位的家庭便替代市场在其内部发挥配置资源的作用，在发展中国家的消费平滑、家庭内部营养配置与生产率的关系、家庭的代际人力资本投资等领域发挥着重要的作用，对家庭经济学的研究已成为当代发展经济学的一个重要领域。家庭经济学对生育率的研究是对消费者需求理论和消费选择理论的一个新发展。现实生活中生育成本和代价不利于女性的分配，更反映了深层次的结构性不平等问题。

　　进入 21 世纪以来，中国的人口形势发生了根本变化。根据第七次全国人口普查数据，中国 60 岁以上的老年人将近 2.8 亿，占比接近 20%。老龄化加剧，"人口红利"消失，劳动年龄人口下降带来经济潜在增长率的下降。不仅如此，2020 年，中国的总和生育率是 1.3，2022 年中国人口出现了负增长，少子化趋势明显。为了应对人口老龄化和少子化的问题，中国政府不断调整生育政策。2013 年开始实施单独二孩政策，2016 年实施二孩政策，2021 年进一步实施三孩政策及配套支持措施。但 2022 年中国的总和生育率依然跌破 1.1。以至于光明网称："人口问题始终是我国面临的全局性、长期性、战略性问题。"人口数量和质量共同影响国力，随着人口总量萎缩，中国大市场优势将逐渐丧失，综合国力也将受影响（任泽平，2023）。当此背景下，家庭经济学对生育行为、婚姻市场、家庭成员的就业决策以及家庭劳务分工问题等的分析，将为我们在解释中国人口的新形势、新特点及与之相关的社会现象时，打开一扇特别的窗户，开启新的思路。

　　本书将从微观—中观—宏观三个层面以家庭经济学的分析视角，探讨中国与人口和家庭相关的生育决策、家庭内部议价能力、劳务分工以及家庭消费结构等社会现象。其中微观侧重家庭内部的分工及生育决策。中观侧重家庭内部议价能力与家庭贫困、家庭的代际社会流动性等。宏观侧重家庭消费不平等状况并用微观数据佐证家庭消费结构的影响，主要探讨家庭医疗支出对健康的影响。本书分为三部分。第一部分，微观层面的家庭经济学分析。主要包括四章，分别为家庭分工与性别工资差异、生育决策的经济学理论、房价对家庭生育决策的影响，以及二孩政策对家庭生育决策的影响。第二部分，中观层面的家庭经济学分析。聚焦于家庭内部议价能力与贫困差异的联系，以及家庭中个体的代际社会流动性的测度及其影响因素分析。第三部分，宏观层面的家庭经济学分析。对家庭的消费不平等进行测度，探讨不确定性对家庭消费的影响，并辅以微观数据支撑的家庭医疗支出对个体健康的影响分析。此外，基于中国家庭对儿童健康的重视从文献角度探讨儿童健康的重要性。

　　本书在成文过程中得到家人和一众学生的支持，对此笔者心存感激。在无数个懈怠的时候，他们鼓励笔者继续前行。每当工作和家庭无法平衡的时候，孩子们愿意牺牲自己的玩乐时间，陪笔者在办公室度过。一众学生中，何伟参与了第二章的撰写，韩晨对第三章和第五章做出了贡献，彭浩宸在无数个深夜与笔者一同探讨第四章所研究的问题。姜珊、黄仁豪、吴哲琳、程明和刘雅琴分别参与了后续章节的撰写。他们中有些人业已毕业，有些还在继续攻读硕士学位，谨在此对他们表示诚挚的祝愿，祝福大家都能有一个远大辉煌的前程，生活美满幸福，阖家安康！此外，还要感谢武大出版社的陈红编辑，他一直对笔者成书过程中的拖沓表现出极大的包容，给予足够的空间，细致地检查样稿，其耐心、细心和坚持令人动容。最后，祝福所有人都能活成自己想要的样子！

目　　录

1 家庭分工与性别工资差异

坚持男女平等是我国的长期国策。随着生产力的发展，我国女性在政治、经济和文化等领域不断赶超男性，社会地位不断提高。但长期存在的性别工资差异及其不断扩大的趋势可能会成为我国进一步实现男女平等这一目标的阻碍。为解决这一问题，本章从家庭分工的角度探究了性别工资不断扩大的原因。

随着职业性别隔离现象不断减少、男女受教育水平和教育收益率的逐步收敛，人力资本、职业和行业分布已经无法解释我国性别工资差异不断扩大的趋势。本章提出了一个可能的解释：家庭分工。将家庭分工具化为已婚男女性在家务劳动时间分配上的差异，运用 2016 年 CFPS 数据，在解决内生性问题的条件下，我们发现家庭分工对已婚女性和男性的工资都有显著的负向影响，但女性面临的惩罚效应远大于男性；家庭分工解释了已婚男女性别工资差异的 37%。检验家庭分工导致性别工资差异的路径，发现家庭责任确实导致已婚女性减少工作时间，更多地选择非全职工作以及工作时间灵活的职位，并且家庭责任对已婚女性劳动决策的不利影响远大于男性，这可能是女性面临的惩罚效应大于男性的原因之一。

1.1 引言

十九大报告提出，坚持男女平等基本国策。缩小性别工资差异是实现这一基本国策的重要手段。减少性别工资差异不仅可以提高女性地位，缩小女性和男性博弈时两者之间的权利差异，还有利于实现"平等"的社会主义核心价值观，进而维护社会稳定，促进社会和谐。然而，研究发现我国性别工资差距在不断扩大（李实，宋锦，刘小川，2014；赵显周，2014；郭凯明，颜色，2015）。第三期中

1

国妇女社会地位调查发现：城乡在业女性的年均劳动收入仅为男性的 67.3% 和 56.0%。时间维度上，《2016 年中国劳动力市场发展报告》使用中国居民收入调查（CHIP）1995 年、2002 年、2007 年、2013 年的数据，采用衡量性别工资差距较常用的指标"女性收入占男性收入的比例"进行比较发现，1995 年我国的性别收入比为 85.9%，2002 年略有下降，达到 84.5%，2007 年性别工资差距进一步扩大，性别收入比下降到 73.9%，2013 年性别收入比上升到 78.2%。

为何我国性别工资差异不断扩大？传统工资方程中的常规变量无法对这一问题给予有力的解释。由于男女受教育水平的逐步收敛以及女性的人力资本回报率高于男性（葛玉好，2007；黄志岭，姚先国，2009；刘泽云，赵佳音，2014；袁晓燕，2012），人力资本对性别工资差异的解释力度逐渐减小；同时，我国职业性别隔离现象不断减少（李汪洋，谢宇，2015），男女专业技术人员占比不断收敛（刘爱玉，佟新等，2015），即使考虑职业和行业性别分布差异，性别工资差异中不可解释部分的比率依旧越来越大（周春芳，苏群，2018；李实，宋锦，刘小川，2014）。因而要解释性别工资差异扩大的现象需要寻找新的原因。

根据发达国家的经验，以上问题一个可能的解释是：家庭内部的劳动性别分工阻碍了性别工资差异的缩小。20 世纪六七十年代，美国女性的劳动参与率不断上升，然后基本保持稳定，但女性工资仅有温和的增长，性别工资差异并未缩小。美国的许多学者将这一现象解释为家庭责任对女性工资和劳动参与进一步增加的阻碍效应（Becker，1985；Hesch，1989）。

相对于性别分工在社会生活其他领域的快速变迁而言，家庭内部的劳动性别分工变迁速度非常慢，依旧呈现明显的"经济支柱/家庭主妇"的传统主义模式（Arrighi & Maume，2000；孙晓冬，2018）。第三期中国妇女社会地位调查显示，2010 年，工作日，城镇女性每天平均家务劳动时间是男性的 2.3 倍，农村女性这一数据为 2.8。随着劳动参与率不断上升，女性面临着新的问题：家庭责任和工作的权衡问题（计迎春，郑真真，2018；Blau，Winker，2017）。女性拥有两份工作：市场工作与非市场工作（Arlie Hochschild，1989），这可能是我国性别工资差异不断扩大的主要原因之一。

国内关于家庭分工对性别工资差异影响的研究较少，且没有一致的结论。基于对国内研究的补充，本章我们检验了家庭劳动对已婚男女性工资的负向影响，使用 2016 年 CFPS 数据，不考虑内生性问题，我们发现家务劳动时间对已婚男性和女性的惩罚效应相同，这与国内现有结论一致；考虑内生性问题，使用按性别分所在区县的家务平均劳动时间作为工具变量，我们发现女性面临的惩罚效应远大于男性，这与国内的研究结论有所区别，转而与发达国家的经验结论一致。家庭分工解释了已婚男女性别工资差异的 37%，远大于工资方程中其他变量的解释力度；进一步检验家庭分工导致性别工资差异的路径，发现家庭分工对已婚女性劳动决策的不利影响远大于男性，这可能是女性面临的惩罚效应大于男性的原因之一。

本章的研究有以下贡献：(1)在解决了内生性问题的条件下，运用中国数据进一步提供了家庭劳动与个人工资负相关的证据。国内关注家庭劳动对工资影响的研究较少，其结论也是混合的；同时，国内的研究没有解决内生性问题。(2)部分回答了为何我国性别工资差异不断扩大。一些学者尝试从技术进步、市场化、性别歧视等角度回答为何我国性别工资差异不断扩大，但现阶段仍然没有一致的结论。本章从发达国家的经验提出了一种可能的解释：家庭分工。(3)缩小了工资方程中不能解释性别工资差异的部分，在传统工资方程中加入家庭劳动，无法解释的部分大大缩小。

本章剩余部分的结构如下：第二部分进行文献综述，第三部分介绍理论模型、数据和变量；第四部分进行实证分析，检验家务劳动对已婚男女性工资的影响、进行性别工资差异分解、检验家务劳动影响个人工资的路径以及稳健性检验，最后是结论和政策意义。

1.2　文献综述

20 世纪 80 年代，发达国家开始关注家庭分工对性别工资差异的影响。他们的实证研究表明，家务劳动确实对男女性的工资产生负面影响，总体上，女性面临的惩罚效应大于男性。在影响机制上，Becker(1987)率先从精力分配的角度构建了家庭分工导致性别工资差异的理论模型，2005 年 Bonke 等人从时间分配的角度构建了与 Becker 相似的模型。此外，一些学者从人力资本和职场文化的角度解释两者之间的联系。但是，国内更多地关注性别歧视、职业和行业隔离对性别工资差异的影响，对家庭分工的研究仍然较少。

1.2.1 家庭劳动对个人工资影响的实证研究

国际上关于家庭分工对个人工资以及性别工资差异的实证研究非常丰富。发达国家的实证研究发现，家务劳动确实对女性工资具有显著的负面影响（Noonan，Mary C，2001；Hersch，Stratton，2002；Polavieja，2009；Bryan，Sevilla-Sanz，2011），17 项实证研究成果显示，周家务劳动时间上升 1 小时会给女性带来0. 21%~3%的工资下降（Maani and Cruickshank，2009）。但实证结果中，家庭分工对男性的影响是混合的：家务劳动对男性工资负面影响的程度小于女性（Bryan and Sevilla-Sanz，2011），或者不显著（Hersch，1991a），有时甚至显著为正（Hersch，1991b）。但总体可以认为家务劳动对女性的惩罚效应大于男性。将家务劳动加入工资方程，性别工资差异中可以解释的部分大大增加，Hersch 和 Stratton（2002）利用美国家庭调查（The National Survey of Families and Households）1987 年和1992 年的数据发现在工资方程中加入家务劳动时间后，工资性别差异中可以解释的部分从 29. 1%上升到 43. 4%。

为何家务劳动时间对女性工资的负面影响远大于男性？现有研究主要认为有以下几个原因：①门槛效应，男女性面临不同程度的惩罚效应是由男女性的平均家务劳动时间处于不同的区间所导致；Hersch 和 Stratton（1997）发现只有周家务劳动时间超过 10 小时才会对个人工资具有惩罚效应，并且在这一区间，男女性面临程度相当的惩罚效应。②只有"女性类型家务"才会对个人工资产生负面影响，而"男性类型家务"不会显著影响个人工资（Noonan，Mary C，2001）。"女性类型家务"被定义为以下家务活动：做饭、洗衣、购物等日常活动，这些家务活动是一种常规活动，灵活性低。相对"男性类型家务"被定义为草坪修理、家具维护等活动，这些家务的灵活性强，可以在周末完成。男女性的家务类型分配不同，"女性类型家务"仅占男性家务劳动时间的小部分，因而家务劳动时间对女性工资的负面影响大于男性实际体现的是两者总家务劳动时间中"女性类型家务"的占比差异。

1.2.2 家庭分工导致性别工资差异的路径

家庭分工如何降低个人工资甚至导致性别工资差异？现有文献主要从精力分配、劳动决策以及人力资本投资、职场文化四个角度进行分析。根据 Becker (1987)的理论，家庭责任减少了女性花费在市场工作上的时间和精力，从而减少她们的收入。企业雇佣的不仅是劳动者的工作时间，而是工作时间和工作精力（工作精力指劳动者在工作上的努力程度）的结合。假设企业可以观察到劳动者在每小时劳动上投入的精力，则工资与工作时间和工作精力相关。这可以解释为企业能够观察到劳动者的单位劳动产出，而劳动者的单位劳动产出是其工作时间和努力程度的函数。然而，家务和照看子女是一种耗费精力的活动，其需要的精力小于工作大于闲暇。每个人的精力是有限的，在家庭分工下，女性承担了更多耗费精力的非市场工作，因此其在每单位市场工作上投入的精力就更少，从而导致男女工资差异。

女性在非市场工作上的时间分配还改变了她们的劳动决策：减少工作时间、寻求工作时间灵活的岗位，甚至从事非全职工作(Hersch，2009；Bonke, et al.，2005)。非市场工作时间是市场工作时间的替代品(Heckman，1974)，家务和照看子女的时间会减少女性在市场工作上的时间分配。进一步，由于市场工作可能因为家庭责任而中断，女性无法选择那些需要时常出差或者工作时间异常的工作（比如，晚上上班的职业），转而寻求时间灵活的兼职活动(Blau，Winker，2017)，在怀孕和照看婴儿期间，甚至放弃进入劳动力市场。此外，相比于男性，女性利他性更强，将家庭生活放在首位，相对缺乏晋升的动机，这被称为"mommy track"，这也会导致女性减少投入劳动力市场上的时间和精力。根据补偿差异理论，非全职工作或者工作时间更加灵活的工作的工资相对更低。

过多的家务责任降低了女性人力资本投资的动力。人力资本投资包括教育和职业培训。根据人力资本理论，由于从事更多的家庭工作，女性预期自己的职业生涯和每年的工作时间短于男性，相对较低的人力资本投资回报率会降低女性自我投资的动力(Hersch & Stratton，1994)。然而，在我国，女性的教育投资没有受到家庭分工预期的影响，相反，为了减少自己在劳动力市场中面临的性别歧视，女性在教育上的投资已经赶上甚至部分超过男性。并且，由于教育减少了女性受歧视的程度，女性的人力资本回报率高于男性（葛玉好，2007；黄志岭，姚先国，2009；刘泽云，赵佳音，2014；袁晓燕，2012）。而尽管男女性在教育的投入上几乎相等，在进入劳动力市场后，两者在技能培训上投入的时间和精力可能有所差异，尤其是与特定企业相关的培训（Hersch，1991a）。不仅如此，企业预期到女性承担大部分的家庭责任，其工作时间和职业生涯相对较短，转而减少女性职工的培训（Hersch & Stratton，1994）。

职场文化会导致女性面临"家庭—工作"的冲突，无论女性从事专业性强的工作还是仅需要中低等技能的工作（Francine，Winkler，2017）。Davies 和 Frink（2014）将企业理想的员工描绘为：全身心奉献给工作的员工。职场文化要求员工必须有较长的工作时间，以及固定的工作时间段。女性长期承担大部分的家庭责任，她们的工作时间比男性短并且对时间灵活性的要求更高，因而与"理想员工"相背。所以，职场文化对女性的工资和职业选择产生负效应（Goldin，2014）。职场文化还可能是导致性别歧视的重要原因。如果比起工作，个人更加重视家庭责任，即在家务和照看子女上花费更多的时间，从而选择更短的工作时间和更灵活的岗位，他们就会面临惩罚效应。Williams，Blairloy，Berdahl（2013）将男性因为重视家庭受到的惩罚称为"gender non-confirming behavior"，而将女性受到的惩罚称为"gender confirming behavior"。

尽管家务劳动减少个人收入的途径同时适用于男性和女性，但性别意识带来的家庭分工最终导致了性别工资差异（Becker，1985）。不仅如此，性别收入差异的发展趋势和现状为现今的家庭分工提供经济支撑，即使家庭基于理性决策而不受限于"性别意识"，为了最大化总体效应，家庭内部仍然会选择专业化分工，但其代价是女性家务劳动时间的增加以及收入的降低。家庭分工和性别收入差异相互作用，形成负面循环，而性别歧视加深了循环链的强度。

对于工资性别差异，国内的研究主要归咎于行业隔离（罗俊峰，2017；柴国俊，邓国营，2013）、职业分割（郭凤鸣，张世伟，2012；吴俞晓，吴晓刚，2009）、性别歧视（张抗私，刘翠花，2017；王广慧，梅梅，2013；葛玉好，曾湘泉，2011；田艳芳，李熙，彭壁云，2009）；研究家庭分工对性别工资差异影响的文献则相对较少，且实证结果也并不一致。Qi 和 Dong（2013）利用 2008 年国家统计局调查数据研究得出，家庭劳动对女性和男性收入都产生程度大致相当的负向影响，并且解释了男女收入差距的 27% 左右。卿石松和田艳芳（2015）利用 1997—2011 年 CHNS 的数据建立固定效应面板模型，发现总家务劳动时间对男性和女性收入都没有显著影响，仅购买食品和做饭这两项日常的"典型的女性"家务对男性工资有显著负向影响；肖洁（2017）运用第三期中国妇女社会地位调查数据，发现家务劳动对已婚男性和女性的劳动收入具有相同程度的惩罚效应和门槛效应。

国内现有的文献和结论主要有以下问题：①内生性问题，Qi 和 Dong（2013）使用以下虚拟变量作为工具变量：是否与 15 岁以下子女共同居住、是否与老人共同居住、21~64 岁家庭成员数目，但都无法通过 Hansman 检验；卿石松和田艳芳（2015）尝试使用子女数量作为工具变量，但无法拒绝"家务劳动时间外生性"的原假设，肖洁（2017）使用子女数量、家庭人口规模、性别观念得分、"学习/休闲/睡觉"活动时长以及一些其他变量作为工具变量，均无法通过 Hausman 检验。卿石松和田艳芳（2015），肖洁（2017）无法解决内生性问题的原因之一可能是由于工具变量的选择问题，McLennan（2000）认为实际子女数量与工资率是联合决定的，故不能作为有效的工具变量。②Qi 和 Dong（2013）使用的因变量为月收入对数，肖洁（2017）以及卿石松和田艳芳（2015）使用的因变量为年收入对数，均没有考虑工作时间对个人收入的影响。③实证结果不一致，Qi 和 Dong（2013）以及肖洁（2017）的回归结果显示，家务劳动时间对男性和女性的影响程度大致相当，无法拒绝两者系数相同的 t 检验，甚至卿石松和田艳芳（2015）的研究发现总家务劳动时间对男性和女性收入都没有显著影响，这与发达国家的经验相背，发达国家的实证结果一致显示，家务劳动时间对女性工资的负面影响远大于男性。总之，由于现有实证研究的不足以及结论的不一致，家庭分工对性别工资差异的影响有待进一步检验。

1.3 理论模型、数据和变量

1.3.1 理论模型

基于国内外的研究可知，家庭劳动是影响个人工资的重要变量，其通过个人精力分配、劳动决策、人力资本投资以及职场文化等途径影响个人工资。为解释性别工资差异，本节基于明瑟收入方程，建立以下个人工资模型：

$$\text{lnwage} = \alpha_0 + \beta_1 \text{housework} + \beta_2 X + u \tag{1.1}$$

$$u = \mu + \nu \tag{1.2}$$

其中，lnwage 为因变量，表示个人小时工资对数，housework 为周家务劳动时间，X 为控制变量。结合现有文献，我们选取有关人力资本、地区、部门、职业和行业的变量作为控制变量。

估计工资方程(1.1)的最大问题在于 housework 是内生变量。家务劳动时间和个人收入可能是联合决定的(Hersch，1994；莫玮俏、叶兵，2018)。Brines(1994)发现女性随着收入的提高，其家务劳动量会相应减少。此外，个人收入方程还可能遗漏了相关变量，比如"野心""能力"。在方程(1.2)中，扰动项 u 由内生性问题导致的偏误 μ 和真实扰动项 ν 两部分组成。

为解决内生性问题，我们选择工具变量法，但要求工具变量既与个人家务劳动时间相关，又与个体不可观测的特征变量不相关。Duflo(2011)等人指出，可以选用某一类可察的家庭特征变量的社区(村)均值作为工具变量。Evans(1992)等人在研究青少年怀孕与学校辍学行为时使用贫困率、失业率和社区平均受教育水平作为工具变量；莫玮俏、叶兵(2018)在研究家庭劳动对不同部门工资率差异的影响时，使用受访者所在社区内，除受访者以外同性别群体的平均家务劳动时间作为个人家务劳动时间的工具变量之一。因此，我们选择按性别分所在区县的家务平均劳动时间(男性的工具变量为所在区县内所有男性的家务平均劳动时间，女性为所在区县内所有女性的家务平均劳动时间)作为工具变量。

1.3.2 数据和变量

本章的数据来自 2016 年中国家庭追踪调查(CFPS)。CFPS 样本覆盖 25 个省、自治区、直辖市，目标样本规模为 16000 户，调查对象包含样本家户中的全部家庭成员，数据包含影响个人工资的主要变量以及个人在工作日和休息日承担的家庭责任。相比于其他公开数据的调查(比如：CHNS)，CFPS 的优势在于分开调查了个人在工作日和休息日的家务劳动时间，从而其周家务劳动时间的测量误差更小。CFPS 从 2014 年开始调查受访者的家庭劳务时间。其问题有三个:"一般情况下,您每天用于家务劳动的时间大约是几小时?""一般情况下,您工作日每天用于家务劳动时间大约是几小时?",以及"一般情况下,您休息日每天用于家务劳动时间大约是几小时?"(一般情况指通常的生活状态下,而非某些特殊时期或经历下)。2014 年所有受访者都回答第一个问题,而 2016 年在职者回答后两个问题,不工作的受访者回答第一个问题,所以我们仅选择 2016 年的数据进行分析。

与既往研究保持一致,我们选择了所有 18 岁至 60 岁的女性与男性的数据;同时基于考察家庭分工对男女工资影响的目的,仅选择已婚且有工作的观测值,由于同居已经成为一种重要的家庭形态,本章中的已婚指"有配偶"或者"同居"。删去以下数据:工资率小于 0;当前工作的工作年限小于 0 或者大于 60;无行业分类的观测值;无法分类的职业和分类为军人的职业,删去军人是由于数据中职位为军人的观测值极少。最终得到男性观测值 1040 个,女性观测值 1260 个。

因变量为个人小时工资对数 lnwage。由于 CFPS 数据中没有个人小时工资的数据,利用个人年收入计算出个人小时工资:小时工资(wage) = 个人年收入/(12×4×周工作时间),其中个人年收入指所有工作总收入。稳健性检验发现,直接使用年收入对数作为因变量,并不会改变我们的结论。

本章我们的核心解释变量为 housework。利用个人的家务劳动时间测度家庭分工。与国际现有研究保持一致,将个人家务劳动时间定义为一周内个人花费在不包括照看子女的其他所有家务上的劳动时间,等于工作日和休息日家务劳动时间的加权平均(5×工作日家务劳动时间+2×休息日家务劳动时间)。表 1.1 展示了 2016 年男女家务劳动时间分配的差异。结果显示,在业的未婚女性平均每周仅比男性多从事大约 3 小时的家务,这一性别差异可能体现了男女不同的偏好。而已婚女性平均每周比男性约多 10 小时用于家务。婚姻仅使男性少量增加家务时间,大约为 2 小时;而女性受到婚姻的影响较大,平均增加约 8 小时。婚姻导致了家庭内部分工和劳动专业化。根据 CFPS 得到的我国男女家务时间分配与发达国家相似,Bianchi 等(2000)发现美国已婚女性分配在家务劳动上的时间是已婚男性的 1.7 倍,我国这一数据为 1.87 倍。

表 1.1　　　　　　　　　　　　　**男女家务时间分配**

	在职女性	在职男性
所有样本	17.29	9.22
样本数	6367	7189
已婚	18.39	9.84
样本数	5436	5377
未婚	10.83	7.93
样本数	925	1389

注：为了减少测量误差，有家务劳动时间数据的观测值都被纳入了表1.1，所以表1.1中的样本数高于工资方程估计的样本数。因为婚姻状况有缺失值，所以总样本与已婚样本和未婚样本的加总不一致。

控制变量包括受教育年限（edu）、总工作年限（exp）、总工作年限平方（expsquare）、当前工作的工作年限（tenure）、当前工作的工作年限的平方（tensquare）、东部地区（eastern）、城镇（urban）、部门（state）、第一、二、三类行业（industry1、industry2、industry3）、第一、二、三、四、五类职业（job1、job2、job3、job4、job5）。

受教育年限、总工作年限及其平方、当前工作的工作年限及其平方这五个变量衡量了个人的人力资本。参照黄志岭，姚先国（2009），受教育年限可由个人最高学历推算得出，即小学、初中、高中/中专/技校/职高、大专/大学本科、硕士/博士的受教育年限分别为6、9、12、16、19年。与现有研究保持一致（比如：张丹丹，2004；卿石松，田艳芳，2015），对于学历为初中及以下的个人，测算他们的总工作年限为年龄减去16，因为按照劳动法需要年满16岁才能参加工作，则潜在的工作经验等于年龄直接减去16；而学历高于初中的，按照正常情况将个人学历折算为受教育年限后，总工作年限的计算方法为：总工作年限=年龄−受教育年限−6。部分学者直接使用年龄作为工作经验的替代变量（比如：李实，马欣欣，2006），稳健性检验发现，直接使用年龄作为个人总工作年限的替代变量，其估计结果与上述方法基本一致。现就职工作的工作年限计算方法为2016减去当前工作的起始年份。

东部地区（eastern）和城镇（urban）控制地区因素。亓寿伟、刘智强（2009）的实证研究表明省份和城乡因素对个人工资具有显著影响，参照政府对东部、西部和中部的划分，控制省份的虚拟变量为东部地区（eastern），参照组为中、西部省份；使用虚拟变量城镇（urban）控制城乡因素，参照组为农村。部门（state）控制公共部门和非公共部门之间的差异。尹志超，甘犁（2009）发现公共部门和非公共部门之间存在显著的工资差异，因而使用虚拟变量部门（state）控制部门因素，个人属于国有企业、党政机关和事业单位则取 1。

第一、二、三类行业（industry1、industry2、industry3）、第一、二、三、四、五类职业（job1、job2、job3、job4、job5）分别控制行业和职业。行业隔离（罗俊峰，2017；柴国俊，邓国营，2013）和职业分割（郭凤鸣，张世伟，2012；吴俞晓，吴晓刚，2009）是男女性别工资差异的主要原因之一。参照王美艳（2005），采用行业平均工资水平衡量行业进入门槛和垄断程度的高低，根据《中国统计年鉴 2017》所公布的 2016 年分行业平均工资水平，将全部行业按照工资由高到低的顺序进行排列，每四或五个行业为一类，第一类为信息传输、软件和信息技术服务业，金融业，科学研究和技术服务业以及电力、热力、燃气及水生产和供应业；第二类为卫生和社会工作，文化、体育和娱乐业，租赁和商务服务业，教育以及交通运输、仓储和邮政业；第三类为公共管理、社会保障和社会组织，房地产业，批发和零售业，采矿业以及制造业；第四类为建筑业，水利、环境和公共设施管理业，居民服务、修理和其他服务业，住宿和餐饮业以及农、林、牧、渔业。工资方程中，前三类设为虚拟变量，第四类作为参照组。参照陈建宝、段景辉（2009），根据《中华人民共和国职业分类大典》，将所有职业分为管理人员、专业技术人员、办事人员、商业服务人员、农林牧渔人员、制造业和运输人员共 6 组，前 5 组设为虚拟变量，参照组为制造业和运输人员（本书删去了军人和无法分类的职业类型）。

表 1.2 给出了所有变量的具体解释和统计性描述。可以发现，已婚在业女性和男性的周家务劳动时间分别为 13.2 小时和 7.8 小时，均低于表 1.1 中已婚男女的周家务劳动时间，这是因为删去了小时工资小于 0 的异常值，这些异常值对应的周家务劳动时间普遍偏高。小时工资对数，女性比男性低 0.25 左右，这说明已婚男女具有一定的工资差异；女性受教育水平与男性大致相当，但其工作年限小于男性约 2 年，这可能是由于两样本的年龄均值差异以及本书特殊的工作年

限推算方法所致(已婚女性的平均年龄也小于男性约 2 年)。同时，女性当前工作的工作年限略小于男性。已婚男女的地区和行业分布大致相同，但是职业分布上迥异。女性更多地从事商业服务，而男性大部分从事制造业和运输。

表 1.2　　　　　　　　　　　**变量的统计性描述**

变量	解释	已婚女性		已婚男性	
		均值	方差	均值	方程
lnwage	小时工资对数	2.314	0.897	2.57	0.771
housework	周家务劳动时间	13.228	8.685	7.825	7.490
edu	受教育水平	9.9	4.559	9.814	4.145
exp	工作年限	17.263	10.191	19.839	10.721
expsquare	工作年限平方	401.76	421.856	508.43	479.291
tenure	现工作工作年限	1.692	3.22	2.419	4.305
tensquare	现工作工作年限平方	13.225	71.413	24.367	94.131
eastern	东部地区	0.52	0.5	0.49	0.5
urban	城镇	0.655	0.476	0.601	0.49
state	部门	0.098	0.298	0.094	0.292
industry1	第一类行业	0.049	0.216	0.045	0.208
industry2	第二类行业	0.179	0.383	0.188	0.391
industry3	第三类行业	0.564	0.496	0.477	0.5
job1	管理人员	0.023	0.15	0.038	0.192
job2	专业技术人员	0.163	0.369	0.097	0.296
job3	办事人员	0.096	0.295	0.096	0.295
job4	商业服务人员	0.465	0.499	0.202	0.402
job5	农林牧渔人员	0.011	0.105	0.014	0.119
Ahousework	按性别分区县平均家务劳动时间	16.431	4.505	9.163	3.533

注：(1)个人小时工资计算方法为：小时工资 = 个人年收入/(12×4×周工作时间)。

(2)家务劳动时间 = 5×工作日家务劳动时间+2×休息日家务劳动时间。

(3)受教育水平由个人最高学历推算得出，即小学、初中、高中/中专/技校/职高、大专/大学本科、硕士/博士的受教育年限分别为 6、9、12、16、19 年。

(4)工作经验计算方法为：初中及以下学历，工作经验 = 年龄−16；高中及以上学历，工作经验 = 年龄−受教育年限−6。此处，受教育年限按照正常情况推算，即高中学历为 12 年，大专和大学本科学历 16 年，研究生学历受教育年限统一设定为 19 年。

1.4 实证分析

1.4.1 基本回归结果

运用 2016 年 CFPS 的数据，根据个人工资方程进行实证。表 1.3 中第一、二、三列分别给出了家务劳动时间对已婚女性工资的 OLS、2SLS 估计结果。OLS 估计存在异方差问题(怀特检验，p 值 = 0.0356)，故 OLS 估计和 IV 估计都使用稳健标准误。除主要变量(家务劳动时间)以外，OLS 和 2SLS 回归结果基本一致，且符合理论预期。受教育年限的符号为正；工作年限和当前工作的工作年限对已婚女性的工资有边际递减的正效应；位于东部地区和城镇的已婚女性的工资显著高于中西部地区和农村女性的工资；公共部门的工资低于非公共部门。从事第一、二、三类行业的已婚女性的工资比从事第四类行业的女性工资高，且系数依次递减；职业为从事管理、专业技术、办事和商业服务的已婚女性的工资显著高于从事制造业与运输的女性，而从事农林牧渔的已婚女性的工资与从事制造业与运输的女性无显著差异。

运用 OLS 估计，发现已婚女性每周多从事 10 小时的家务活动，其小时工资减少 7.2%；2SLS 估计在解决内生性问题的条件下，这一影响的估计值为 30%，远大于 OLS 估计值。这说明内生性问题显著低估了家务劳动时间对已婚女性工资的影响。2SLS 估计中，由于存在异方差，采用 DWH 检验内生性问题，p 值为 0.0594，表示家务劳动时间确实是内生变量。

表 1.3 的第四、五、六列显示了家务劳动时间对已婚男性工资影响的 OLS、2SLS 估计结果，由于 OLS 估计存在异方差问题(怀特检验，p 值 = 0.0000)，使用稳健标准误。OLS 估计显示，已婚男性每周多从事 10 小时的家务活动，其小时工资减少 5.7%。OLS 估计中大部分系数的符号符合预期，且通过 t 检验。不同于已婚女性，已婚男性的内生性检验结果显示，家务劳动时间不是内生变量。虽然 2SLS 第一段回归中工具变量通过了 t 检验，但家务劳动时间的内生性检验(DWH 检验)的 p 值为 0.6871，接受关键变量为外生变量的原假设。家务劳动时间对已婚男性而言不是内生变量，其原因可能是男女的行

为模式存在巨大差异。

表 1.3　　　　　　　　　　　已婚女性与已婚男性工资方程估计

	已婚女性			已婚男性		
	OLS	2SLS		OLS	2SLS	
	（1）	（2）	（3）	（4）	（5）	（6）
	lnwage	housework	lnwage	lnwage	housework	lnwage
housework	−0.00719 ***		−0.0300 **	−0.00575 **		−0.00861
	（0.00266）		（0.0131）	（0.00290）		（0.00858）
edu	0.0462 ***	−0.0133	0.0448 ***	0.0387 ***	−0.0476	0.0384 ***
	（0.00738）	（0.0732）	（0.00761）	（0.00684）	（0.0650）	（0.00685）
exp	0.0169 *	0.353 ***	0.0258 **	0.0133	0.156 *	0.0137
	（0.00947）	（0.101）	（0.0108）	（0.00919）	（0.0921）	（0.00926）
expsquare	−0.000375 *	−0.00190	−0.000445 *	−0.000384 *	−0.00181	−0.000390 **
	（0.000224）	（0.00258）	（0.000232）	（0.000198）	（0.00210）	（0.000197）
tenure	0.100 ***	−0.103	0.0985 ***	0.0438 ***	−0.0529	0.0438 ***
	（0.0153）	（0.139）	（0.0157）	（0.0122）	（0.129）	（0.0120）
tensquare	−0.00308 ***	−0.00184	−0.00313 ***	−0.00118 *	0.00337	−0.00117 *
	（0.000611）	（0.00554）	（0.000649）	（0.000608）	（0.00609）	（0.000600）
eastern	0.207 ***	0.483	0.196 ***	0.213 ***	0.483	0.211 ***
	（0.0446）	（0.485）	（0.0463）	（0.0445）	（0.462）	（0.0452）
urban	0.153 ***	0.0961	0.131 ***	0.149 ***	0.196	0.147 ***
	（0.0483）	（0.525）	（0.0503）	（0.0464）	（0.491）	（0.0462）
state	−0.194 **	0.632	−0.181 **	−0.191 **	0.485	−0.189 **
	（0.0792）	（0.785）	（0.0831）	（0.0803）	（0.821）	（0.0798）
industry_1	0.425 ***	−0.934	0.402 ***	0.227 *	0.475	0.227 *
	（0.124）	（1.023）	（0.124）	（0.122）	（0.935）	（0.122）
industry_2	0.229 **	1.670 *	0.270 ***	0.105	0.305	0.105
	（0.0930）	（0.934）	（0.0946）	（0.0728）	（0.676）	（0.0721）

续表

	已婚女性			已婚男性		
	OLS	2SLS		OLS	2SLS	
	（1）	（2）	（3）	（4）	（5）	（6）
	lnwage	housework	lnwage	lnwage	housework	lnwage
industry_3	0.179***	0.648	0.189***	0.0950*	0.665	0.0951*
	(0.0608)	(0.668)	(0.0627)	(0.0511)	(0.572)	(0.0507)
job_1	0.494***	0.446	0.487***	0.461***	−0.876	0.460***
	(0.154)	(1.579)	(0.162)	(0.111)	(1.248)	(0.110)
job_2	0.232**	0.317	0.239**	0.262***	0.312	0.264***
	(0.102)	(0.855)	(0.104)	(0.0879)	(0.701)	(0.0872)
job_3	0.232***	1.676*	0.264***	−0.0582	0.563	−0.0559
	(0.0899)	(0.896)	(0.0940)	(0.0781)	(0.793)	(0.0778)
job_4	0.116**	1.601***	0.153**	0.0823	0.253	0.0826
	(0.0589)	(0.566)	(0.0636)	(0.0571)	(0.570)	(0.0565)
job_5	0.232	6.003**	0.377	0.0555	−1.874	0.0486
	(0.249)	(2.647)	(0.253)	(0.213)	(2.485)	(0.212)
Ahousework		0.440***			0.668***	
		(0.0594)			(0.0795)	
Constant	1.203***	−1.033	1.381***	1.783***	−0.840	1.804***
	(0.140)	(1.897)	(0.173)	(0.132)	(1.464)	(0.143)
DWH 检验(p 值)			0.0594			0.6871
n	1260	1260	1260	1040	1040	1040
R-squared	0.230	0.174	0.188	0.195	0.110	0.194

注：（1）***表示 $p<0.01$，**表示 $p<0.05$，*表示 $p<0.1$。

（2）括号中的数字为系数的稳健标准误。

对比已婚女性和男性，女性的教育回报率略高于男性，这与既有研究保持一致，由于教育减少了女性受歧视的程度，女性的人力资本回报率高于男性（葛玉好，2007；黄志岭，姚先国，2009；刘泽云，赵佳音，2014；袁晓燕，2012）。

OLS 估计下，虽然家务劳动时间对已婚女性的负向影响略大于男性，然而在 5%的显著水平下，无法拒绝家务劳动时间对两者具有相同影响的原假设（$t = -0.65$）。这一结论与现有研究（Qi 和 Dong，2013；肖洁，2017）一致，不考虑内生性问题，家务劳动时间对男性和女性的影响程度大致相当。在解决内生性问题的情形下，回归结果逆转了上述结论，转而与发达国家的经验保持一致。2SLS估计下，已婚女性每周多从事 10 小时的家务活动，其小时工资减少 30%，远高于男性的 5.7%（由于男性的家务劳动时间接受外生变量的原假设，因此这里使用OLS 的估计结果）。总体来说，家务劳动时间对男女工资收入都有负向影响，但女性受到的惩罚效应远大于男性。

1.4.2 性别工资差异分解

Oaxaca（1973）认为性别工资差异分解为可以由个人特征解释的部分和无法由个人特征解释的部分，将无法解释的部分视为歧视，从而可以衡量出歧视的大小。具体表示为

$$
\begin{aligned}
\ln(\overline{W}_m) - \ln(\overline{W}_f) &= (\overline{X}'_m - \overline{X}'_f)\hat{\beta}_f + \overline{X}'_m(\hat{\beta}_m - \hat{\beta}_f) \\
&= (\overline{X}'_m - \overline{X}'_f)\hat{\beta}_m + \overline{X}'_f(\hat{\beta}_m - \hat{\beta}_f)
\end{aligned} \tag{1.3}
$$

式中，$\overline{W}_m$、$\overline{X}'_m$、$\hat{\beta}_m$ 分别表示男性工资均值、工资方程中各解释变量均值组成的向量、工资方程中各系数估计值组成的向量；下标为 f 时对应女性的各个变量。(1.3)式第一排右侧和第二排的式子中第一项表示个人特征可以解释的性别工资差异，第二项为个人特征无法解释的部分，即歧视。其中，第一排右侧的式子以女性的系数估计值 $\hat{\beta}_f$ 作为无歧视时的系数估计值，第二排的式子以男性的系数估计值 $\hat{\beta}_m$ 作为无歧视时的系数估计值。

Cotton 对 Oaxaca 的方法进行了改进。Cotton（1988）认为，歧视的存在导致一个群体的工资被压低，而另一个群体的收入被抬高，这时应该先把无歧视条件下的均衡收入水平计算出来，然后再衡量被歧视群体相对于无歧视时收入被压低的程度，即男女工资差异被分为三部分：

$$
\ln(\overline{W}_m) - \ln(\overline{W}_f) = (\overline{X}'_m - \overline{X}'_f)\hat{\beta}^* + \overline{X}'_f(\hat{\beta}^* - \hat{\beta}_f) + \overline{X}'_m(\hat{\beta}_m - \hat{\beta}^*) \tag{1.4}
$$

$\hat{\beta}^*$ 表示不存在歧视时男性和女性的工资方程系数，其计算方法是将现有的男性和女性回归方程的系数利用男性和女性的比例分别加权。在上述的推导中，右侧的第一项表示男女特征所能解释的性别工资差异；第二项表示女性的工资被压低的程度，即女性受到的歧视；第三项表示男性工资被抬高的程度。

运用 Cotton 的方法将男女工资差异进行分解，分解结果见表 1.4。为了进行对比，表 1.4 中第一列是在工资方程中不加入"家务劳动时间"后性别工资差异的分解结果，因而男女的工资方程都使用 OLS 进行回归；第二、三列在工资方程中加入了变量"家务劳动时间"，不过第二列中，女性的回归系数使用 OLS 回归结果，第三列中，女性的回归系数使用 2SLS 估计结果。由于已婚男性的家务劳动时间没有通过 Hausman 检验，所以第二、三列中男性均使用 OLS 估计得到的系数估计值。所有分解中，人力资本都仅解释了性别工资差异的10%左右，这表示人力资本对性别工资差异的解释力度较小。地区、行业、职业、部门的禀赋差异甚至无法解释性别工资差异，其分解比率为负或者接近于0。

表 1.4　　　　　　　　　　　　　性别工资差异分解结果

	无家务劳动时间	含家务劳动时间	
	OLS-OLS	OLS-OLS	2SLS-OLS
总工资差距(%)	100	100	100
禀赋差异(%)	−14.5	−2.67	22.24
家务劳动时间	—	13.67	37.64
人力资本	8.583	9.49	12.12
地区因素	−2.5	−6.91	−6.55
部门	0.3	−0.69	−0.67
行业	−4.66	−4.551	−4.65
职业	−12.9	−13.68	−15.66
女性受到的歧视(%)	53.1	54.09	53.37
家务劳动时间	—	3.8	63.9
人力资本	−32	−42.27	−64.2

续表

	无家务劳动时间	含家务劳动时间	
	OLS-OLS	OLS-OLS	2SLS-OLS
地区因素	−0.2	0.10	4.20
部门		0.05	−0.17
行业	−13.2	−15.9	−18.3
职业	−6.1	−8.38	−13.00
常数项		116.7	80.90
男性受到的奖赏(%)	60	48.70	23.07
家务劳动时间	—	2.23	37.71
人力资本	−44.5	−47.5	−71.87
地区因素	−0.2	0.10	3.80
部门		0.05	0.18
行业	−14.5	−14.36	−16.64
职业	−6.8	−7.05	−9.63
常数项	127	115.27	79.89

在女性使用 OLS 估计结果下，家务劳动时间可以解释总工资差异的 13.67%，但女性因为家务劳动时间而受到的歧视占总工资差异的 3.8%，男性因为家务劳动受到的奖励效应占总性别工资差异的 2.23%。这表明，虽然家庭分工对性别工资差异具有一定的解释力度，但相对男性，女性没有因为家务劳动而受到市场歧视。这似乎是不合理的，因为受家庭责任的影响，企业可能预期已婚女性不满足他们"理想员工"的要求，因而降低她们的工资。在解决内生性问题的条件下，家庭分工所能解释的性别工资差异大大提升，占总性别工资差异的 37.64%，远大于第二列中的数字；同时女性面临着相当大的市场歧视：由于家务劳动，女性面临的歧视占总性别工资差异的 63.9%，男性受到的奖励占总性别工资差异的 37.71%。总体来说，家务劳动时间对性别工资差异的解释力度大于其他变量。

1.4.3　影响路径分析

家务劳动如何影响个人工资？根据现有文献，主要有以下途径：投入工作中的精力、人力资本投资以及劳动决策、职场文化。由于投入工作中的精力无法观察，同时，CFPS数据中没有个人工作后人力资本投资的数据，本章我们仅检验家务劳动是否通过影响个人的劳动决策（包括周工作时间（workhour）、是否全职工作（fulljob）及是否签订劳动合同（contract）），进而影响个人工资。是否全职工作和是否签订劳动合同为虚拟变量，个人从事全职工作以及签订合同则取1。周工作时间常被用于定义个人的劳动状态，比如Cha和Weeden(2014)将过度工作定义为周工作时间超过50小时的工作；Bryan和Sevilla-Sanz(2011)将非全职工作定义为周工作时间不超过30小时。本章中，全职工作指周工作时间超过30小时的工作。签订劳动合同一定程度上测度了工作时间的灵活性：签订了劳动合同的员工其工作时间相对固定，灵活性更小。

核心解释变量为家务劳动时间。控制变量包括年龄（age）、年龄的平方（agesquare）、受教育水平（edu）、东部地区（eastern）、城镇（urban）、家庭非劳动收入的对数（others）、0~6岁，7~12岁，13~18岁子女的数目（kidslt6、kidslt12、kidslt18）、家庭人口规模（familysize）。使用虚拟变量东部地区和城镇控制地区因素。姚先国、谭岚（2005）的实证研究发现家庭收入对已婚女性的劳动供给具有显著的负向影响，我们使用家庭非劳动收入的对数控制家庭收入；杜凤莲（2008）发现儿童看护和家庭结构对女性劳动参与率有较大的影响，我们使用各年龄段子女的数目、家庭人口规模控制家庭结构。

表1.5分别给出了家务劳动时间对已婚女性和男性工作决策影响的OLS估计结果。尽管使用OLS进行估计很可能面临着内生性问题，但回归结果的方向仍然是可靠的。将更多的市场工作时间、更高概率从事全职工作和签订劳动合同视作有利于个人工资的劳动决策，则年龄显著有利于已婚女性的劳动选择，且边际效用递减，但对男性的工作时间和是否从事全职工作的影响不显著，年龄仅对男性签订劳动合同具有显著的正向影响，且边际效用递减。接受更多教育的已婚男性和女性有更高概率签订劳动合同和从事全职工作，但受教育年限对个人周工作时间的影响必须被小心解释，受教育年限与已婚男性和女性的周工作时间负相关。这很可能是因为更高的周工作时间同时表示其技能要求更低，在使用劳动时间定义全职与非全职工作后，逆转了这一结论，接受更多教育的已婚男性和女性更多地从事全职工作。居住在东部省份以及城市显著有利于已婚男女的劳动决策；而

控制家庭结构和家庭收入的变量对已婚男女的劳动决策均无显著影响。

在控制住年龄、受教育年限、地区和家庭特征后，已婚女性每周多从事 10 小时的家务劳动，其周工作时间减少 2.1 小时；从事全职工作的概率降低 14%；签订劳动合同的概率降低 19%。家务劳动时间显著对已婚女性的劳动决策产生不利影响。但是在 5% 显著水平下，家务劳动时间对已婚男性周工作时间、全职工作、劳动合同签订虽然有负向影响，但不显著，并且估计值远低于女性。已婚女性平均周家务劳动时间约为 18 小时，已婚男性平均周家务劳动时间约为 10 小时，在控制人力资本、地区和家庭特征后，家务劳动时间导致已婚女性平均比已婚男性周市场工作时间少 3.96 小时，从事全职工作的概率低 25.2%，签订劳动合同的概率低 34%。家务劳动时间显著降低了已婚女性的周工作时间，导致已婚女性更多地选择非全职工作以及工作时间更加灵活的工作，这部分解释了为何家庭分工对已婚女性的工资有显著的负向影响。同时，家务劳动时间对已婚女性劳动决策的不利影响远高于男性，这可能一定程度上解释了为何家务劳动时间对已婚女性工资的惩罚效应远大于男性。

表 1.5　　　　家务劳动时间与已婚女性、已婚男性的工作决策

	已婚女性			已婚男性		
	（1） workhour	（2） fulljob	（3） contract	（4） workhour	（5） fulljob	（6） contract
housework	−0.218 ***	−0.0140 ***	−0.0190 ***	−0.0840 *	−0.00257	−0.00245
	（0.0446）	（0.00258）	（0.00361）	（0.0450）	（0.00345）	（0.00364）
age	0.989 **	0.0859 ***	0.108 ***	0.109	0.0289	0.0679 **
	（0.400）	（0.0238）	（0.0300）	（0.369）	（0.0295）	（0.0277）
agesquare	−0.0160 ***	−0.00128 ***	−0.00153 ***	−0.00442	−0.000559	−0.000914 ***
	（0.00501）	（0.000296）	（0.000383）	（0.00447）	（0.000352）	（0.000337）
edu	−0.480 ***	0.0110	0.0876 ***	−0.550 ***	0.0114	0.102 ***
	（0.118）	（0.00721）	（0.00834）	（0.108）	（0.00867）	（0.00847）
eastern	3.154 ***	0.240 ***	0.261 ***	−0.805	0.0669	0.285 ***
	（1.024）	（0.0643）	（0.0666）	（0.882）	（0.0718）	（0.0627）

续表

	已婚女性			已婚男性		
	（1） workhour	（2） fulljob	（3） contract	（4） workhour	（5） fulljob	（6） contract
urban	2.681 ** （1.050）	0.245 *** （0.0642）	0.307 *** （0.0710）	−0.625 （0.899）	0.128 * （0.0719）	0.338 *** （0.0653）
kidslt6	0.831 （1.087）	0.0625 （0.0703）	−0.0362 （0.0697）	−0.397 （0.959）	−0.0271 （0.0804）	−0.122 * （0.0700）
kidslt12	2.318 （1.449）	0.0806 （0.0922）	−0.168 （0.107）	−0.686 （1.265）	−0.160 * （0.0935）	−0.0959 （0.0973）
kidslt18	0.427 （1.674）	0.0491 （0.0964）	−0.154 （0.138）	−0.936 （1.399）	−0.114 （0.105）	−0.314 *** （0.115）
familysize	0.00438 （0.241）	0.00896 （0.0147）	0.0277 * （0.0161）	−0.0923 （0.207）	0.00399 （0.0166）	0.0173 （0.0151）
others	0.290 （0.297）	0.0131 （0.0182）	−0.0475 ** （0.0200）	−0.303 （0.256）	−0.0228 （0.0206）	−0.0590 *** （0.0186）
Constant	35.56 *** （8.205）	−0.779 （0.496）	−2.948 *** （0.591）	65.34 *** （7.704）	1.003 （0.630）	−2.580 *** （0.574）
n	2165	2165	2165	2228	2228	2228
R-squared	0.046			0.027		

注：（1）在所有 2016 年 CFPS 观测值中，仅删除了男女劳动决策方程中变量的缺失值，因而样本量与工资方程估计的样本量不一致。

（2）*** 表示 $p<0.01$，** 表示 $p<0.05$，* 表示 $p<0.1$。

1.4.4 稳健性检验

表 1.6 分别给出了家务劳动时间对已婚男女年收入影响的回归结果。根据收入和周工作时间推算个人工资可能存在误差，这里直接使用个人年收入对数作为因变量。此外根据学历和年龄推算个人的工作经历也存在一定误差，这里直接使用年龄和年龄的平方作为个人总工作经历的替代变量。表 1.6 的结果显示，在不

考虑内生性问题的情形下，使用 2016 年 CFPS 数据，家务劳动时间对已婚男女的年收入具有程度相同的负面影响（$t=1.4$），使用按性别分区县平均周家务劳动时间作为家务劳动时间的工具变量，发现已婚女性的家务劳动时间为内生变量。但是 2SLS 估计中，已婚男性的 DWH 检验为 0.5877，接受了家务劳动时间为原始变量的原假设，已婚男性的家务劳动时间为外生变量。考虑内生性问题，家务劳动时间对已婚女性年收入的负面影响（−0.0434）远大于已婚男性（−0.00719）。以上结果与表 1.3 的结果一致。

表 1.6　　　　　　　　家务劳动时间对已婚男女性收入影响回归结果

	已婚女性			已婚男性		
	OLS	2SLS		OLS	2SLS	
	（1）	（2）	（3）	（4）	（5）	（6）
	lnincome	housework	lnincome	lnincome	housework	lnincome
housework	−0.0102 ***		−0.0434 ***	−0.00719 **		−0.00277
	（0.00244）		（0.0114）	（0.00285）		（0.00802）
edu	0.0338 ***	−0.132 *	0.0279 ***	0.0316 ***	−0.0898	0.0322 ***
	（0.00617）	（0.0678）	（0.00676）	（0.00585）	（0.0603）	（0.00602）
age	0.0635 ***	0.390 *	0.0789 ***	0.0466 ***	0.259	0.0455 ***
	（0.0185）	（0.220）	（0.0205）	（0.0153）	（0.197）	（0.0157）
agesquare	−0.000861 ***	−0.00155	−0.000949 ***	−0.000660 ***	−0.00228	−0.000650 ***
	（0.000239）	（0.00292）	（0.000260）	（0.000188）	（0.00247）	（0.000191）
tenure	0.0978 ***	−0.120	0.0946 ***	0.0416 ***	−0.0526	0.0415 ***
	（0.0153）	（0.140）	（0.0165）	（0.0120）	（0.130）	（0.0119）
tensquare	−0.00309 ***	−0.00111	−0.00314 ***	−0.00135 **	0.00339	−0.00135 **
	（0.000723）	（0.00557）	（0.000793）	（0.000616）	（0.00613）	（0.000616）
eastern	0.189 ***	0.495	0.172 ***	0.169 ***	0.486	0.173 ***
	（0.0393）	（0.486）	（0.0424）	（0.0412）	（0.461）	（0.0419）
urban	0.108 **	0.152	0.0778 *	0.0556	0.182	0.0579
	（0.0428）	（0.527）	（0.0468）	（0.0429）	（0.491）	（0.0428）

续表

	已婚女性			已婚男性		
	OLS	2SLS		OLS	2SLS	
	（1）	（2）	（3）	（4）	（5）	（6）
	lnincome	housework	lnincome	lnincome	housework	lnincome
qg2	−0.177**	0.658	−0.157**	−0.145*	0.490	−0.148**
	（0.0722）	（0.786）	（0.0781）	（0.0754）	（0.819）	（0.0749）
industry1	0.167	−0.879	0.136	0.134	0.492	0.134
	（0.109）	（1.027）	（0.112）	（0.109）	（0.936）	（0.108）
industry2	0.109	1.670*	0.168**	−0.0222	0.325	−0.0220
	（0.0755）	（0.935）	（0.0832）	（0.0664）	（0.677）	（0.0661）
industry3	0.0982*	0.683	0.114*	0.0277	0.662	0.0275
	（0.0538）	（0.670）	（0.0588）	（0.0497）	（0.572）	（0.0493）
job1	0.354**	0.403	0.343**	0.344***	−0.902	0.345***
	（0.142）	（1.578）	（0.155）	（0.111）	（1.249）	（0.111）
job2	−0.0409	0.127	−0.0373	0.144*	0.242	0.141*
	（0.0879）	（0.861）	（0.0919）	（0.0757）	（0.703）	（0.0752）
job3	0.0209	1.495*	0.0602	−0.110	0.524	−0.114
	（0.0875）	（0.899）	（0.0956）	（0.0714）	（0.795）	（0.0701）
job4	0.0166	1.641***	0.0724	0.0322	0.266	0.0317
	（0.0540）	（0.567）	（0.0598）	（0.0540）	（0.570）	（0.0536）
job5	−0.0543	6.063**	0.161	0.0187	−1.923	0.0295
	（0.144）	（2.648）	（0.165）	（0.145）	（2.478）	（0.144）
cc		0.443***			0.668***	
		（0.0594）			（0.0797）	
Constant	8.370***	−6.419	8.422***	9.171***	−4.564	9.155***
	（0.350）	（4.301）	（0.373）	（0.304）	（3.777）	（0.302）
DWH 检验（p 值）			0.000			0.5877
n	1260	1260	1260	1040	1040	1040
R-squared	0.199	0.172	0.078	0.150	0.110	0.147

注：***表示 $p<0.01$，**表示 $p<0.05$，*表示 $p<0.1$。

1.5　结论和政策意义

本章的分析发现婚姻导致了家庭内部分工和劳动专业化，已婚女性在家务劳动上花费的时间近乎是男性的两倍，婚姻仅稍稍提高男性家务劳动时间。尽管家庭劳动时间的性别差异可能不仅仅是家庭内部"讨价还价"的结果，还体现了男女不同的偏好，但家庭分工对女性工资的惩罚效应确实远大于男性。在 OLS 估计下，无法拒绝家务劳动对男女具有相等的负向影响，但在解决了女性的内生性问题后，发现女性受到的惩罚效应远大于男性。同时，路径检验中发现家务劳动对已婚女性的周工作时间、从事全职工作或者工作时间相对固定的岗位的概率具有更大的负向影响。在传统工资方程中加入变量"家务劳动时间"解决内生性问题后，家务劳动解释了性别工资差异的 37.64%。

家庭劳动对性别工资差异的解释力度远大于其他因素，已成为导致性别工资差异的主要原因，这可能是因为：(1)在性别平等基本国策下，男女的人力资本、职业和行业分布不断收敛，这些变量的解释力度也随之减小。(2)随着女性劳动参与率的提高，越来越多的女性面临家庭—工作的权衡问题。同时，随着生育政策的调整，女性将不得不面临更多的家务压力，这可能会导致未来一段时间内我国性别工资差异继续扩大。

对此，我们提出以下建议：首先，发展服务产业，鼓励技术创新，运用市场劳动和产品为家务劳动提供可替代品。长期以来，女性生产力得以解放、劳动参与率不断提高的重要动力之一就是：洗衣机、扫地机器人等技术和产品的创新以及餐饮、家政、外卖等服务行业的发展。继续发展服务行业，鼓励相关领域的技术创新可以为家务劳动提供更多的可替代品。其次，宣传性别平等观念，鼓励男性积极承担家庭责任。男性因家务劳动而面临的惩罚效应远小于女性，平衡男女在非市场工作上花费的时间，不仅可以缩小性别工资差异，还可以提高双薪家庭的总收入。

本章我们的分析解决了家务劳动和个人工资的内生性问题，一定程度上解释了我国性别工资差异扩大的原因，但同时仍然遗留了以下问题：第一，家庭分工不仅包括家务劳动分工还包括照看子女的时间分配，在解释性别工资差异甚至性别歧视方面，照看子女是否为比家务劳动更重要的变量，以及其影响程度多大？本章中家务劳动时间没有包括照看子女的时间，受限于 CFPS 的数据，本章无法回答以上问题。第二，家庭分工影响个人工资的途径以及为何女性面临的惩罚效应远大于男性？本章仅检验了家务劳动对已婚男女劳动决策的影响，给出了上述问题的部分回答。尽管发达国家的研究已经对上述问题给出了更为全面的回答，但作为发展中国家，发达国家的经验是否同样适用于中国还有待实证支持。要解决以上问题，需要进一步的数据支持。

2 生育决策的经济学理论

20 世纪 90 年代以来，随着我国总和生育率下降到更替水平以下，人口增长态势发生了根本性的转变（杨舸，2019），在中国社会的发展进程中，生育率的下降已经成为一项不可忽视的现实（杨菊华，2015）。同时，2000 年中国进入了人口老龄化社会，并呈现出一种日趋严重的老龄化态势。为了适应人口形势的变化、平衡人口年龄结构，2013 年 11 月党的十八届三中全会通过了"单独二孩"政策，此后又相继于 2015 年和 2021 年提出并实施了"全面二孩"和"三孩"政策，然而政策的实施并未达到预期的效果。近年来，我国仍面临着低生育率与老龄化程度加深的结构性矛盾。第七次全国人口普查数据显示，2020 年我国的总和生育率是 1.3[①]。国家统计局数据显示，2022 年全年出生人口 956 万人，人口出生率为 6.77%，人口自然增长率为−0.60%，自 1962 年以来，中国人口首次出现负增长。同时 60 岁以上人口占比达 19.8%[②]，接近中度老龄化社会，国家卫生健康委党组（2022）预计我国会在 2035 年前后进入人口重度老龄化阶段。中国生育率下降和老龄化问题日益严重，导致了劳动力数量减少、生产力下降，以及经济增长速度的减缓，给社会带来了巨大的负担。这一趋势已经成为国家经济和社会发展中无法避免的重要问题。

家庭是社会的基本单位，从微观的角度分析，社会生育水平就是家庭生育决策的总合。因此，在我国当前低生育率的社会背景下，探讨生育决策具有重大的现实意义。从个体和家庭的角度而言，生育决策的结果会直接影响到个体和家庭

---

① 国家统计局. 第七次全国人口普查公报［EB/OL］.（2018-09-18）［2023-04-10］. http：//www.stats.gov.cn/sj/tjgb/rkpcgb/qgrkpcgb/202302/t20230206_1902008.html.

② 国家统计局. 人口总量略有下降　城镇化水平继续提高［EB/OL］.（2023-01-18）［2023-04-10］. http：//www.stats.gov.cn/xxgk/jd/sjjd2020/202301/t20230118_1892285.html.

的福利和财富状况；从社会角度而言，生育决策涉及人类生命的延续和人口发展，对于一个国家的经济、社会和文化都有着重要的影响。通过研究生育决策模型，我们能够更好地了解生育行为的本质、原因和结果，并提出相应的政策建议，以应对人口老龄化、社会福利和劳动力市场供需矛盾等问题，对一个国家的人口发展战略具有重要意义。与此同时，伴随着经济社会的发展，人民生活水平的不断提高，生育观念和生育行为也在不断变化。研究生育决策对于了解人们的生育动态、把握人口发展趋势也具有重要意义。

随着生育决策经济学理论的发展，人们对生育决策的认识不断深入，通过建立数理模型的方式能够更准确地分析生育决策行为，从而提高理论的解释和预测能力。本章通过文献综述的方法梳理了生育决策经济学分析中数理模型的演变，阐述了早期西方经典的生育决策经济分析理论和后期生育决策模型的发展，以期为后续研究奠定理论基础。

2.1 20 世纪中叶的生育决策理论

2.1.1 国外早期生育决策理论

基于经济学视角对生育行为进行分析的研究早在 18 世纪下半叶已经开展，并以 Malthus（1798）为代表，其人口理论主要聚焦于探讨人口增长与生产资料增长两者之间的相互关系。在他看来，人口将在生产资料的增长受到约束前保持较快增长的趋势，因此他建议采取措施限制人口增长。在 Malthus 的模型中，当人均收入超过生存工资时，人口将增长，同时带来劳动供给增加。但由于劳动力的边际报酬递减，劳动力供给增加会导致人均收入下降，直到人均收入等于生存工资为止。虽然 Malthus 的模型对人口与经济长期波动的关系提供了一定的解释，但工业革命后出现了人均收入增加、生育率长期下降的趋势，这使得 Malthus 的模型失去了解释力。

进入 20 世纪后，西方人口经济学研究的方向开始逐渐转向基于微观视角的家庭生育决策理论，主要出现了以下几大理论。

（1）Leibenstein 的成本-效用理论

进入 20 世纪以来，学界对人口的研究逐步转为微观视角。美国著名经济学家 Leibenstein（1957）在研究家庭的生育选择时，第一次将微观经济学的"成本-效用"理论引入分析框架，建立了生育决策的微观经济模型，为人口经济学的研究开辟了一条新途径。

他认为孩子的效用和成本是夫妻双方做出生育子女决策的重要影响因素。只有当夫妻双方认为新增一个孩子的边际效益大于边际成本的时候，他们才会选择生育。其中孩子的效用包括以下几个方面：消费效用（Consumption Utility）、劳动-经济效用（Labor and Economic Utility）、保障效用（Security Utility）、经济风险效用（Economic Risk Utility）、维持家庭地位的效用（The Utility of Maintaining Family Status）、对家庭的扩展做出贡献的效用（The Utility of Making a Contribution to the Family Extended）。孩子的成本包括两个方面，一是直接成本，具体指夫妻在怀孕及养育子女中所投入的各项开支；二是间接成本，指夫妻在抚养并培育一个新增子女的过程中放弃部分机会带来的经济损失。在此基础之上，他进一步提出了"社会相对收入假说"，认为家庭的社会地位会影响家庭的生育决策。随后，Leibenstein（1975）提出"边际孩子合理选择理论"，运用它对成本与效用模型进行了完善和补充。

（2）Becker 的子女数量-质量替代理论

美国著名经济学教授 Becker（1960）在 Leibenstein"成本-效用"分析的基础上，开创性地将消费者选择理论应用到生育决策的研究框架中。他认为子女是"耐用消费品"，在这个假设下，家庭的消费由生育、抚养支出和其他商品购买支出组成。该家庭需要在收入约束条件下消费，以实现家庭经济效用最大化。即家庭的预算方程可以由（2.1）式表示：

$$W = n \times \pi_n + y \times \pi_y \tag{2.1}$$

式中，n 表示孩子数量，y 代表其他商品的消费数目，π_n 和 π_y 分别代表相应的价格。当预算线与无差异曲线相切时，切点就代表了最优商品购买量和最优家庭生育数目的组合。但这一理论会得到一个与西方的社会现实相违背的结论：收入越高的家庭越偏好于生育更多的子女。

Becker（1973）后续对这个理论进行了修正，在此基础上提出了"孩子数量-质量替代理论"。模型假设家庭通过选择孩子的质量、数量以及其他消费品来达到家庭效用的最大化。其中家庭的效用函数可以表示为：

$$U = U(n,\ q,\ y) \tag{2.2}$$

在(2.2)式中，n 代表子女的数量，q 代表子女的质量(假定同一个家庭中每个子女都拥有相同的质量)，y 为其他商品的消费量。家庭面临的预算约束条件如(2.3)式所示，其中，W 代表家庭的收入，π 表示 nq 的价格，π_y 表示 y 的价格。

$$W = nq\pi + y\pi_y \tag{2.3}$$

在这一预算约束下，可以得到最大化家庭效用函数的一阶条件如(2.4)式所示，其中 MU 表示边际效用，p 表示影子价格，λ 表示货币收入的边际效用。

$$\mathrm{MU}_n = \lambda q\pi = \lambda p_n;\ \mathrm{MU}_q = \lambda n\pi = \lambda p_q;\ \mathrm{MU}_y = \lambda \pi_y = \lambda p_y \tag{2.4}$$

由(2.4)式可知孩子数量的影子价格 p_n 与孩子质量 q 正相关，孩子质量的影子价格 p_q 与孩子数量 n 正相关，即孩子数量和质量之间具有替代关系。Becker 认为当收入上升时，家庭将会更倾向于提高孩子的质量，这种生育偏好的变化导致了生育数量的减少。

此外，Becker(1965)也从时间分配的视角拓展了生育决策的分析。他认为孩子是"时间密集型商品"，指出养育子女需要付出相对更加集中的精力和时间。对于父母(特别是母亲)而言，时间价值的上升会抑制家庭对于子女的需求数量。该理论把家庭生育决策的研究重心由子女转向母亲，从而揭示出母亲的收入、地位在生育决策中的重要性。

Becker 因创立家庭经济学而于 1992 年获得诺贝尔经济学奖，他的家庭人口经济学理论模型至今在生育理论研究中仍然有重大影响。

(3) Easterlin 的生育率供给-需求理论

美国经济学家 Easterlin(1968)否定了 Becker 的家庭需求偏好是恒定的这一假设，并提出了一个观点，即家庭的需求偏好处在持续变化的过程中，且具有差异性。在他看来，收入影响家庭生育决策并不是因为子女的质量和母亲机会成本的高低，而是因为家庭需求偏好发生了改变。他认为应该使用相对收入来分析生育行为，即现实收入与人们期待达到的生活标准的比值。而这种偏好往往取决于夫妻婚前父辈们的生活标准，因此，他认为父辈和子辈之间经济状况的相对变化是决定家庭生育决策的主要因素。当家庭内的父母生活水平比其父辈有了较大提高，就有可能趋向于生更多的孩子，反之会抑制生育需求。

Easterlin 在 1978 年将探讨生育行为的经济学理论与社会学理论综合起来，提出了"生育率抑制临界假说"，对发展中国家的生育决策进行了讨论，认为经济发展水平在很大程度上影响着家庭的生育行为。

(4) Caldwell 的代际财富流理论

1976 年，澳大利亚人口经济学家 Caldwell 首先将代际流动纳入微观生育模型中，提出了代际财富流理论。他通过研究指出，家庭内部的代际财富流的变化决定了家庭生育决策。若家庭代际财富流是向父代流动的，家庭会增加对子女的需求，反之则会减少子女需求。与此同时，他认为财富流逆向流动现象产生的根本原因包括社会生产方式的转变与家庭规模、家庭文化的转变。

2.1.2 国内早期生育决策理论

通过以上的理论回顾可见，经济学中关于生育决策分析理论的发展大致经历了这样一个历程：从最初对孩子的成本与效益的探讨，延伸到关注体现母亲时间价值的生育机会成本，随后，开始深入研究女性的社会经济特征对生育决策的影响。进一步地，探究了家庭结构及其所处社会阶层对生育行为的影响。其中 Becker 的"子女质量-数量替代理论"对后来的生育决策经济学分析的影响最为深远。但西方国家的家庭生育决策理论是否适用于中国的特殊国情呢？

中国学者在研究中国家庭生育决策时，运用西方的生育决策理论，并结合中国的现实情况，提出了一系列符合国情，具有现实意义的解释和学说。

国内学者对生育决策"成本-效用"理论的探讨，主要集中在一些应用方面。田雪原(1989)首次把"成本-效用"分析方法引入我国早期的生育研究中，他认为由于我国"计划生育"政策的实施，家庭的生育成本应该还包含"社会附加成本"，并在此基础上创建了"社会附加成本-效益"模型。1993 年，穆光宗针对中国的生育文化背景，对西方学者提出的孩子"成本-效用"模型进行了深入的系统总结和修正。他指出，中国家庭生育成本主要由经济成本、机会成本和心理成本三个方面构成。吕红平(1998)和罗丽艳(2003)在研究中也指出，与西方社会相比，中国家庭的生育成本内容更加广泛，父母在生育过程中承担心理成本的压力更大，同时中国父母对生育带来回报的期望也更高。李建民(1994)提出了生育的外部性理论拓展，认为社会的生育成本除了社会养育孩子的消耗和支出外，还包括生育给他人的福利带来的负面影响。同时，该研究者还对家庭生育决策的经济机制进行了总结，主要包括效用最大化、孩子"成本-效益"比较、子女的质量-数量替代和竞争约束等方面(李建民，2000)。

除了生育成本的研究，早期国内的研究者们认为家庭的生育决策还受到了家庭资产和消费理论的影响。例如，黄步云(2005)在家庭资产角度上对家庭生育行为进行了深入分析。他指出，决定家庭生育的决策，往往与家庭当期的消费、跨期的消费、家庭资产的投资组合等众多方面密切相关。周双超(1996)认为，传统的"成本-效用"分析方法未考虑孩子在不同经济发展阶段对家庭效用的差异性问题。由于孩子具有必需品和奢侈品的双重属性，且在社会经济发展进程中从前者向后者的转变趋势愈发明显。相应地，当孩子被视为必需品时，父母对孩子的需求弹性较大，而随着孩子被视为奢侈品时，父母对其需求的弹性也将较大提高。这些理论可以帮助解释生育需求和决策。

同时，风险最小化理论也被应用于中国家庭生育决策中，这种理论认为家庭倾向于选择较为保守的生育策略，以最小化生育风险。彭希哲和戴星翼(1993)提出了风险最小化原则在中国农村生育决策中的应用，认为农民进行生育数量决策的内在动机是为了分散风险。农村居民面临的风险涵盖了多个方面，其中包括老年生活保障方面的风险、社会秩序方面的风险以及后代继承方面的问题，这是导致农村生育率偏高的原因之一。他们认为相较于效用最大化原则，风险最小化理论更适用于解释中国农村地区的生育决策，因为其代表的政策导向是通过降低风险度来降低夫妇的生育意愿。

2.2　生育决策理论的后续发展

上述早期的生育决策模型主要包括进入 20 世纪后，西方人口经济学的研究方向初步转向微观视角时，那些开创性的、经典的生育决策模型。这一时期各个学派都对生育决策理论有不同的见解，在产生分歧、相互质疑、共同探讨的过程中，众多经典的生育决策理论被相继提出。这些经典的理论奠定了后期生育决策模型发展的基础。

20 世纪 80 年代后，生育决策模型的发展有两种重大的、极具意义的转变，本章将这两种发展趋势归纳为后期的生育决策模型。第一，代际关系的引入使得生育决策模型的探讨由微观视角转为宏观视角，构建了代际形式的家庭效用函数，为宏观经济研究中内生化人口增长提供了理论依据。第二，上一节包含的生育决策模型均将生育决策视为家庭整体的一致选择，在模型中往往简化家庭为一个代表性行为人。这一处理忽略了家庭的内在决策机制。引入夫妻议价理论的模型关注到了父母在决策过程中的差异性，并将博弈论这一重要数学工具引入了生育决策模型中。本节将从以上两个角度来梳理 20 世纪 80 年代后生育决策模型的发展。

2.2.1　代际关系与生育决策模型

经济学视角关于生育决策的现有研究主要基于 Becker(1960)提出的新家庭经济学。上述 Becker 提出的理论研究，虽然详细地分析了孩子质量与数量的选择，指出以有限的资源为约束条件，父母在进行消费和生育决策时必须做出权衡，以达到效用最大化的目的。但这些研究仅限于微观层面的分析，并没有处理代际关系，同时也无法揭示家庭生育决策与诸多重要的宏观变量之间的相互关系(刘永平和陆铭，2008)。后来，Becker 和 Barro(1988)、Barro 和 Becker(1989)将"子女质量-数量替代理论"引入宏观经济问题的研究中。他们运用一种经典的世代交叠(Overlapping Generations，OLG)模型(其中包含纵向家庭关系)，将孩子的效用纳入父母的效用函数中，并引入了利他主义，从而构建了一种代际形式的效用函数，进而讨论了父母在生育和消费间的动态决策问题(郭凯明和颜色，2017)。其中 OLG 模型是 Diamond(1965)在 Allais(1947)和 Samuelson(1958)早期研究成果的基础上建立的，是一个以微观分析为基础的动态经济增长模型。

利他动机(Altruistic Motive)与交换动机(Exchange Motive)是代际关系研究中的两个重要考察对象。利他动机是指家庭对子女的养育不计回报，养育子女是为了从子女的成长中获得满足感；而交换动机则是考虑到子女在父母老年期间所承担的赡养义务，认为家庭生育子女是为了满足"养儿防老"的需求。从另一角度看，子女对父母来说既是一种消费品，又是一种投资品。本章接下来分别探讨这两种生育动机下的生育决策模型发展。

(1)视子女为消费品的生育决策模型

基于家庭代际关系的利他动机假设，子女通常被看作一种消费品。Becker 和 Barro(1988)针对生育率的研究表明，在进行生育决策时，孩子被视为延续家族生命的重要手段之一，因此家庭的生育决策类似于购买耐用消费品的决策，其价格则等同于父母为抚养子女所付出的教育成本以及照顾时间。在利他动机的假设下，父母的效用函数由其他商品的消费量、子女的数量以及所有子女的效用之和决定，这开创了一种将子女作为耐用消费品的生育行为分析框架。这一效用函数可以表示为：

$$U = v(c, n) + \sum_{i}^{n} \psi_i \qquad (2.5)$$

其中 c 代表了家庭的消费，n 代表了家庭的子女数目，ψ_i 表示子女 i 的效用。这一效用函数的第二部分表示将利他主义引入了生育理论的分析框架中。

Lucas(2002)在其研究中继续支持这一观点，提出家庭效用由消费水平、子女数量以及每个子女所能拥有的效用决定，家庭需通过"量质权衡"以得出最佳的生育策略。具备更多子女的家庭人力资本将会更加稀缺，但在这一模型下，对于父母来说，孩子的质量和数量是相互替代的。因此，家庭在人力资本收益小于物质资本收益时，会倾向降低对人力资本的投资，增加子女数量。相反，在人力资本收益大于物质资本收益的情况下，家庭则会选择减少生育数量，提高教育投入。

(2)视子女为投资品的生育决策模型

基于家庭代际关系的交换动机假设，子女通常被看作一种投资品。即认为出于"养儿防老"的目的，个体为了未来晚年时期必要的物质保障而选择生育。Rosati(1996)和 Cigno(1991)使用了纯交换动机模型来研究家庭生育决策。Cigno(1991)认为，父母的教育投资决策不仅仅受到家庭收入和成本的影响，而且还受到孩子在未来可能为家庭带来的经济收益的影响。他发现，当孩子在未来经济收益越高时，父母就会倾向于更多地投资于孩子的教育。Rosati(1996)则使用纯交换动机模型来探讨家庭决策中的养老问题。他认为，家庭成员在考虑生育决策时，除了要考虑孩子带来的未来经济收益，还要考虑孩子成年后可能为家庭提供的养老资金。

其中，Rosati(1996)的模型更进一步地考虑了子女赡养回报的不确定性，他将子女不进行偿还的风险与孩子从青年到中年的生存概率联系起来，设定"生存"概率 π，认为生存概率外生，服从均值为 π，方差为 σ 的正态分布。也就是说将每个孩子都看作一种风险资产，其预期收益等于家庭内部利率因子 ρ 乘以预期的"生存"概率 π。他假定第 t 代的每个个体在中年时都会获得收入 y^t。他可以将其用于当前消费 c_2^t，也可以转移给他的 n^t 个子女，b^t 是给每个子女的转移金额。还有部分收入必须用于偿还该个体从父母那收到的转移支付 $b^{t-1}\rho$，并支付社会保障税 P。老年人除了社会保障福利外没有任何收入，但可通过子女的转移支付和在金融市场上投资的储蓄为其老年消费 c_3^t 提供资金支持。家庭内部转移的预期价值为 $\pi b^t n^t r$，方差为 σ/n。对于每个孩子，父母都有不可收回的成本 c。在金融市场上，中年人可以购买无风险债券，其回报率由利率因子 i 给出。因此，子女和债券是家庭投资组合中相互竞争的资产，个人选择使其终身效用最大化的投资组合。个体最大化以下效用函数：

$$V = U_2(y^t - A^t - b^{t-1}\rho - P - cn^t) + U_3\left(xA^t r + (1-x)A^t i + B, \frac{x\sigma}{n^t}\right) \quad (2.6)$$

A 表示从中年转移到老年的资源总量，x 是风险资产的份额，即转移给子女的总份额。$b^{t-1}\rho$ 是返还给父母的转移支付。r 表示家庭内部利率因子乘以预期的"生存"概率，等于 ρ 乘以"生存"概率 π。

Boldrin 和 Jones（2002）在他们的论文中提出了一个扩展版本的代际财富流动模型，该模型将子女提供的"养老保险"考虑进去，旨在解决家庭中老年人的养老问题，认为子女是老年人的主要养老来源。

（3）同时将子女作为消费品和投资品的生育决策模型

薛继亮（2016）基于家庭时间配置和收入的视角分别构建了子女为消费品和子女为投资品的生育决策模型，用以探究生育的性质。当子女为消费品时，他以母亲的视角设定了以下模型，其效用函数为：

$$U(c, d, n) = u(c) + v(d) + \beta(1-m)n \quad (2.7)$$

其中 c 为女性的消费、d 为闲暇时间，n 为子女的数量。$\beta(1-m)n$ 为子女带来的效用部分，其中 m 指的是新生儿的死亡率。进一步，女性面临的预算约束和时间约束如下：

$$c \leqslant Y + I_w s \quad (2.8)$$

$$I_w(K + t) + (1 - m)nh + d \leqslant 168 \tag{2.9}$$

其中 Y 代表除工资收入以外的家庭收入, I_w 代表女性因育儿而放弃就业的概率, s 代表女性的工资; K 代表每周的工作时间, t 表示每周工作所需的通勤时间, h 为女性每周花费的育儿时间。当子女为投资品时, 他采用了一个经典的两期 OLG 模型, 下标 1 和 2 代表不同的年龄群体, t 代表时间, 每一期有年轻一代和年老一代, 所有个体在年轻时工作、消费、生育、储蓄, 在老年时消费。假设子女对父母的回报为一个固定不变的数值 d, 模型与约束条件可以表示如下:

$$\text{Max}U(C_{1t}) + \beta \times (C_{2t+1}) \tag{2.10}$$

$$w_t[1 - d - \phi(f_t)] = C_{1t} + S_t \tag{2.11}$$

$$C_{2t+1} = (1 + r_{t+1}) \times S_t + w_{t+1} \times f_t \times d \tag{2.12}$$

其中目标函数中的 C_{1t} 和 C_{2t+1} 为代表性个体在成年期与老年期的消费, β 为贴现因子; w_t 为年轻人的工资, d 为年轻人对父代赡养的固定强度, f_t 为 t 期的生育率, $\phi(f_t)$ 为生育成本, 是个凸函数, S_t 为年轻人在 t 期的储蓄。r_{t+1} 为 $t + 1$ 期的利率。随后, 薛继亮利用实证分析来进一步验证生育的性质。

除了将两种性质的模型对比进行研究, 还有学者将生育的利他性和交换性同时考虑进模型中, 构建出新的代际家庭效用函数。袁扬舟(2016)认为"子女数量-质量替代模型"忽略了子女的投资效应, 而基于交换动机假设的 Rosati(1996) 和 Cigno(1991)效用函数形式不能解释我国家庭在孩子教育方面的大规模支出现象。因此他兼顾利他动机与交换动机, 基于家庭的生命周期决策, 提出了新的效用函数形式。首先, 他假设每个代表性个体的生命分为 3 期, 幼儿、成人及老年。代表性个体在幼儿时期进行消费、接受教育, 这一费用由其父辈承担; 在成人期间进行工作、生育、储蓄和赡养; 在老年期利用投资回报和子代赡养进行消费。他将出生于 $t - 1$ 期的代表性个体 i 的效用函数表示如下:

$$U_{t-1}(i) = \log C_t^y(i) + \beta \log C_{t+1}^o(i) + \log[(n_t(i))^x(\text{E}[I_{t+1}(i')])^\mu] \tag{2.13}$$

其中, $C_t^y(i)$, $C_{t+1}^o(i)$ 分别为成年和老年的消费。$n_t(i)$ 为子辈数量, $\text{E}[I_{t+1}(i')]$ 是其子辈 i' 成年时减去对父辈转移支付后的收入的期望值。$(n_t(i))^x(\text{E}[I_{t+1}(i')])^\mu$ 为代表性个体 i 对其子辈数量和子辈预期的转移后收入产生的效用, 这是利他动机的体现。即

$$I_{t+1}(i') = \xi_w \omega_{t+1}(i') - \xi_b b_{t+1}(i') \tag{2.14}$$

其中，$\omega_{t+1}(i')$ 为代表性个体的子辈 i' 在 $t+1$ 期的工资收入，为随机变量。$b_{t+1}(i')$ 为该子辈对父辈进行的转移支付。当参数 $\mu=0$，且 $b_{t+1}(i')=\varphi\omega_{t+1}(i')$，即转移支付外生给定时，效用函数转换为 Rosati(1996)的形式，体现交换动机；当 $I_{t+1}(i')=\omega_{t+1}(i')$ 时，该效用函数转化为 Becker 和 Lewis(1973)的"子女数量-质量替代模型"。

2.2.2　夫妻议价能力与生育决策模型

在上述研究中，通常将生育决策视为家庭整体的一致选择，而忽略了其内在的决策机制。近年来越来越多的研究关注到了父母在决策过程中的差异性，并利用博弈论拓展了家庭的生育决策机制。以 Manser 和 Brown(1980)为开端，他们认为家庭内部的一系列决策是家庭成员内部博弈的结果。Eswaran(2002)的模型将生育数量视为夫妻的纳什谈判解，强调双方的谈判力量在生育决策中的作用。Rasul(2008)采用家庭内生谈判模型对生育决策机制进行分析，研究结果表明，在婚前承诺的家庭关系中，夫妻双方的生育偏好是影响生育结果的唯一因素；而在允许谈判的家庭关系中，生育结果不仅受夫妻双方的生育偏好影响，还受到谈判中威胁点和各自议价能力分布等多种因素影响。

Doepke 和 Kindermann(2019)在 Rasul 模型的基础上构建了一个具有多生育期的动态模型，他们的整体分析与 Rasul 类似。不同之处是，在 Rasul 的模型设定中，母亲基于对未来谈判影响的考虑，单方面决定生育，而他们的模型设定孩子的出生必须由父母双方同意。这一项研究强调了在生育决策中夫妻双方的一致同意具有重要的影响。此外，他们进一步发现育儿负担在父母间的分配是影响生育的重要因素，如果父母中有一方要承担养育孩子的主要责任，那么如果选择生育，这一方将失去未来的议价能力，因此这一方倾向于反对生育。

2.3　家庭生育决策的影响因素分析

从经济学角度分析生育决策的文献大多遵循贝克尔新家庭经济学的分析框架，本节总结了女性个体因素(包括受教育程度与工资收入)、房价、政策制度三个方面对家庭生育决策的影响。众多内生化生育率的增长模型都从宏观层面讨论生育率与经济增长的关系。本章主要从微观层面探讨家庭的生育决策，因此后续对家庭生育决策影响因素的分析均从个体或家庭自身因素及其环境因素展开。

（1）个体因素对生育决策的影响

时间配置理论（Becker，1965）是生育决策模型的一个重要扩展。这一理论认为，生育子女需要付出大量的时间和精力。而女性的受教育水平越高、工作职位越优越、个人收入越高，由生育而产生的机会成本就越高，因此抑制了家庭的生育数量。Galor 和 Weil（1996）在家庭生育决策方面建立了一个理论模型，并对女性劳动力地位对生育数量的影响进行了深入探讨。Galor 和 Weil 发现，两性的工资差距是影响生育数量的核心因素。在一个家庭中，当女性收入与男性相比较更高时，生育数量降低。2000 年，Galor 和 Weil 建立了一个长期增长模型，引入 Becker 和 Lewis（1973）提出的子女数量和质量的替代关系，内生化了人口增长理论，被称为统一增长理论。在模型里他们论证了教育通过人力资本积累途径而作用于生育率的影响机制。此后，统一增长理论发展得更为深入，对生育率和技术进步的研究角度也更加多样化。在 Becker 的模型中，他认为收入水平的提高通过替代效应刺激了生育率的下降。但是在 Galor 和 Weil（2000）以及 Galor 和 Moav（2002）提出的机制中，他们认为后代人力资本的回报导致父母偏向于选择孩子的质量而不是数量。换角度而言，他们认为技术增长刺激了经济扩张，推动了人力资本需求的增加，从而通过子女质量-数量权衡降低了生育率。Galor 和 Moav（2002）假设家庭效用最大化用以下对数线性效用函数表示：

$$u = (1 - \pi)\ln c + \pi[\ln n + \omega \ln h] \qquad (2.15)$$

其中 n 是存活孩子的数量，h 是这些孩子的质量（衡量人力资本的标准），c 代表所有非孩子的消费品。常数偏好参数 $\pi \in (0, 1)$ 和 $\omega \in (0, 1)$ 分别代表家庭对孩子（相对于其他形式的消费）和孩子质量的偏好。每个家庭被赋予一个单位时间，它们在劳动力市场活动和养育子女之间进行划分。育儿有两个成本，v^n 是一个家庭用于孩子的时间占比，v^e 是与每个教育单位 e 相关的成本。如果一个家庭将所有的时间用于劳动力市场活动，它将产生收入 y。养育孩子代表离开工作的时间，因此每个孩子的价格都是与养育相关的机会成本。预算约束为：

$$yn(v^n + v^e e) + c = y \qquad (2.16)$$

另外，假设人力资本 h 是教育 e 和技术进步 g 的递增函数：$h = f(e, g)$；通过以上的公式，家庭的效用最大化问题可以表示为以下这个关于生育和孩子质量的瓦尔拉斯需求函数：

$$v^e f(\,\cdot\,) = \omega f_e(\,\cdot\,)(v^n + v^e e) \tag{2.17}$$

$$n = \frac{\pi}{v^n + v^e e} \tag{2.18}$$

上述模型说明了"子女质量-数量替代模型"的基本机制，并预测了为什么在微观层面上，选择投资孩子教育的家庭生育率较低。

在统一增长理论框架中，Aaronson 等(2014)进一步分析了家庭生育决策，即在质量-数量权衡模型基础上纳入广延边际(extensive margin)的生育决策(杜丽群和王欢，2021)，从女性接受教育会提高生育机会成本的角度解释了人口转型过程。

熊永连和谢建国(2016)基于 Galor 和 Weil(1996)的家庭决策模型得出，在家庭效用最大化的条件下，生育数量与女性收入成反比，女性收入水平越高，家庭的生育数量越少。进一步地，考虑贸易开放、女性受教育水平对女性工资水平的影响，得到贸易开放度的提高、女性受教育水平的提升都抑制了家庭的生育个数。

柳如眉和柳清瑞(2022)构建家庭生育的扩展世代交叠模型，根据家庭预期效用最大化理论确定了中国家庭的最优生育水平，并得出工资增长率与生育孩子数量正相关的结论。靳卫东等(2017)基于教育资源稀释理论建立了教育与生育决策模型。根据教育资源稀释理论，我国居民的生育决策受教育资源的制约，因此必须在数量和质量之间进行权衡，并得出教育与生育率之间确实存在显著的"Z"形变化关系的结论。即当父母受教育水平较低时，更多关注子女数量，子女质量对家庭效用的影响较小；如父母受教育水平逐渐提高，子女质量得以重视，家庭会选择降低子女数量以提升子女质量，家庭生育受到抑制；当父母的文化程度较高时，因为高文化程度通常会带来较高的收入和充足的教育资源，子女们不需要去争夺教育资源，教育对生育影响的程度不断减小。肖琴和郭敏涛(2020)在靳卫东的模型基础上引入子女的健康水平，用子女的健康和受教育水平共同衡量子女的质量，再次验证了教育与子女数量的"Z"形关系，而健康水平在教育的影响效应中起到调节作用，即健康水平越好，教育对生育的抑制效应越强。

（2）房价对生育决策的影响

新家庭经济学早期的研究主要从家庭收入对生育影子价格的影响来解释家庭的生育决策。但除了劳动力市场的变化外，消费品市场价格的改变同样也是造成生育影子价格变动的一个重要因素。在经济增长的过程中，住房是相对价格变化最大的一种耐用消费品之一，同样对家庭生育决策造成了很大的影响（易君健和易行健，2008）。房屋价格的影响机制涉及经济学模型中的收入效应以及替代效应。具体而言，家庭在拥有住房时，住房财富的升值会增加整个家庭财富，从而产生一种有利于促进生育的收入效应。与此同时，若房价上涨，则多生育一个孩子的住房成本亦随之提高，因此这将会挤出生育这一消费品的消费，导致负替代效应产生。

在国内的研究中，易君健和易行健（2008）基于新家庭经济学理论，从宏观角度研究了房价上涨对家庭生育决策的作用效果。基于 Becker（1964，1991）的理论模型，他们设定了一个由丈夫和妻子组成的代表性家庭，家庭的效用来自子女数目、丈夫和妻子的闲暇。将房价指数纳入这一模型中，通过家庭效用最大化问题的求解发现房价上涨对生育有抑制作用。李江一（2019）对易君健和易行健的理论模型进行扩展，认为易君健和易行健的模型忽略了家庭初始拥有的住房财富。结论表明一旦考虑家庭初始拥有的住房财富，房价对生育率的影响可能为负，也可能为正。当初始住房面积高于某一门槛时，价格上升会带来收入效应，从而提高生育水平；当初始住房面积低于某一门槛时，价格上升会带来替代效应，从而降低生育水平。在此基础上进行了实证研究，结果说明住房价格的上升会对家庭生育决策产生消极影响。除了对生育数量的负面影响以外，房价上涨还导致了生育时间的推迟。胡佩和王洪卫（2020）同样参考易君健和易行健的模型设定方式，构建了一个新的家庭生育效用理论模型，并且将初育时间与初始时间的时间距离记为 T，以此把将家庭的消费划分为初始时间到生育孩子之前和生育、养育孩子期间两个阶段。通过求解家庭效用最大化问题，得出房价越高，家庭初次生育时间就推迟得更久的结论。

此外，宋德勇等（2017）在 Becker（1960）最初的经典家庭生育决策模型基础上，将住房的支出加入家庭的预算约束，在效用最大化的理论框架下讨论得出在相同效用的水平上，住房价格的上升表明夫妻会降低生育数量。

De la Croix 和 Doepke(2003)开展了生育行为和不平等演化关系的研究。他们提出了一个增长模型，使用了类似于世代交叠模型的框架，按照 Becker 和 Barro(1988)的子女质量-数量替代模型将生育率内生化。张芬等（2023）基于 De la Croix 和 Doepke(2003)的模型，将房价与居民的购房决策纳入消费者的考虑范畴，通过模型的推导分析得出房价对生育决策的影响由个体的住房禀赋 $\overline{q_t}$ 决定。就个体而言，只有在住房需求得到充分满足的情况下（$\overline{q_t} = 0$），才不会受到房价变动的影响而调整生育决策。但当个体的住房需求未得到满足时（$\overline{q_t} < 0$），房价的上升将会对个体生育产生抑制作用。同时，当个体的住房需求得到超额满足时（$\overline{q_t} > 0$），房价的上涨则会鼓励该个体生育更多子女。

（3）制度因素对生育决策的影响

社会保障制度对个体生育决策的深远影响早已被大量研究所证实。王天宇和彭晓博(2015)通过构建两期家庭决策模型考察了新型农村合作医疗制度的建立对居民生育决策的影响。通过对最优生育数量的求解，他们得到带有补贴的新农合会为家庭的生育决策带来两种方向相反的效应：收入效应和挤出效应。前一种情况会使个体的生育意愿增加，后一种情况会使个体的生育意愿降低。于是他们进一步利用中国健康与营养调查 2000—2009 年的数据进行实证分析，发现挤出效应占主导地位，参加新农合使居民生育意愿降低了 3%~10%。

黄秀女和徐鹏(2019)在王天宇和彭晓博(2015)的模型基础上进行改进，加入了生育二孩的决策变量，以此探讨中国特殊的二孩政策背景下，基本医疗保险等社会保障制度对二孩生育意愿的作用机制。通过对家庭生育决策的效用最大化问题的求解，得到两种相反的效应。进一步使用原国家卫计委 2014 年流动人口卫生计生动态监测数据，对基本医疗保险对流动人口二孩生育意愿的影响进行了考察，得到结论：新农合补贴程度较高且以补贴效应为主，而城镇职工医疗保险补贴程度较低，自我储蓄占主导，因此导致挤出效应较大。具有补贴属性的社会保障制度有利于改善二孩生育意愿，但较高的社会保障缴纳负担则可能会对其产生抑制作用。

我国退休年龄制度是城镇职工养老保险制度的一个重要组成部分，封进等(2020)估计了父辈退休对子代生育选择的影响。结果表明父辈在超过退休年龄之后，子代生育概率显著提高 6~9 个百分点，说明子代会根据父代退休时间规划生育时间，以缓解生育和工作的矛盾。他们假定在第 t 期社会中，存在着 N_t 个未生育的家庭，这种家庭在期初包含子代、父代两代家庭成员，家庭将在期初选择是否在本期生育。通过求解不同子女数目选择下的家庭最优化问题，比较父辈已到退休年龄和父辈未到退休年龄的两种家庭生育偏好差异，他们得出结论：父母是否处于退休状态与子女的生育决策有一定的联系，在父母已超过退休年龄时，子女的生育意愿有所提升。

3 房价对家庭生育决策的影响

在中国近些年房价不断上涨而生育率持续走低的背景下，房价对家庭生育决策的影响成为热议话题，本章着重考察房价对家庭生育决策的影响及其作用机制。我们首先构建了模型，从理论角度阐述了房价与家庭生育决策的关系。然后从实证角度，基于 2010—2018 中国家庭追踪调查（CFPS）混合截面数据，通过 Probit 回归发现家庭所在区县的城镇房价会对其当期的生育决策产生显著的负向影响，且对城镇家庭、无当前住房产权家庭、已有子女家庭或女性在 31 岁至 40 岁之间的家庭而言，该影响更为明显。而且，中国政府放开计划生育"二胎"政策后，该负向影响也较放开政策前更为强烈。使用土地出让面积作为房价的工具变量后上述结论保持稳健。在影响机制方面，房价对生育存在着挤出效应，即房价通过挤出消费而抑制生育，并且挤出效应存在着异质性，一方面就消费种类而言挤出效应体现在家庭设备与日用品消费上，另一方面就不同群体而言房价主要挤出了无住房产权家庭的消费，而消费又主要影响已有子女家庭的生育决策。此外，房价对生育的影响途径可能还存在着刺激妇女提高学历、降低妇女自我认同、变相增加养育子女成本等其他机制。另外，高房价存在着对婚姻的抑制作用，这会进一步加剧房价对出生率的负向影响。

3.1 引言

自 20 世纪 70 年代中国政府实行"计划生育"政策开始，中国人口的出生率呈现明显下降趋势（如图 3.1 所示）。据国家统计局统计公报，2019 年，中国出生人口 1465 万人，比 2018 年减少 58 万人，人口出生率为 10.48‰，比 2018 年下降 0.46 个千分点。从历史数据看，10.48‰的人口出生率也是自 2000 年以来的最低值。对此，民政部原部长李纪恒撰文表示："目前，受多方影响，我国适龄人口生育意愿偏低，总和生育率已跌破警戒线，人口发展进入关键转折期。"[①]即使是在 2014 年实施"单独二孩"政策，2016 年实施"全面二孩"政策的背景下，人口出生率下降的趋势仍未得到缓解。两次的生育政策放开，均只导致了短暂的生育热潮，出生率短暂地小幅度上升之后又迅速下滑。即便是在 2021 年放开三孩政策之后，国内生育率仍持续下降。人口出生率的持续下降已经成为政府以及社会各界日益关注的话题，生育问题也成为摆在中国政府面前最为棘手的问题之一。

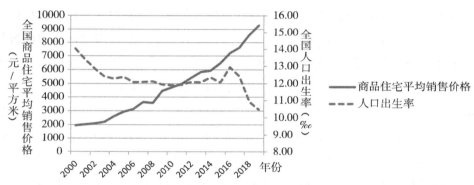

图 3.1　2000—2019 年中国人口出生率与商品住宅平均销售价格的变动趋势

数据来源：历年中国统计年鉴。

低生育率会导致适龄工作人口的减少和老龄化社会的加速到来。由此引致的人口红利的消失和人口结构的变化会对经济发展产生诸多负面影响，比如影响劳动参与率（周祝平等，2016）、降低家庭的教育支出（李昊，2021）、加剧我国农村收入不平等程度（Zhong，2011），抑制人们创业行为的参与率（Liang 等，2018）等。

在实行"单独二孩""全面二孩"政策之后，中国的人口出生率并没有显著的提高，说明当前抑制我国家庭生育意愿的已非生育政策，而是其他的社会经济因素，比如生育带来的影响工作事业的机会成本（王俊等，2021）、家庭生育观念由

①　https：//baijiahao. baidu. com/s？id＝1685423653345955815&wfr＝spider&for＝pc.

数量到质量的转变(史爱军等,2021)、高房价带来的高经济压力(葛玉好等,2019)等。与逐年下降的出生率水平相反,中国的房价在近年来保持着逐渐上涨的趋势(如图3.1所示),自2000年到2019年,我国商品住宅售价的年均增长率达到了8.57%。房价对家庭生育决策的影响成为近年来的一个热门话题,中国政府采取了出台房地产税等一系列抑制房价的政策措施并取得了一定的成效。然而,高房价和低生育率之间的负相关性只是一种表象,高房价是如何作用于生育决策的?其作用机制和渠道有哪些?是不是抑制房价就一定能鼓励生育?这些问题还值得我们进一步研究。

　　现有研究一般认为房价对生育的影响机制主要有两个方面:一是挤出效应,即高房价会挤出有购房意愿家庭的消费从而抑制生育;二是财富效应,即房价上涨使得有房产家庭的财富增加从而促进生育。不管是基于省市级层面宏观面板数据的研究,还是基于微观问卷调查的研究,国内文献普遍认为挤出效应居于主导地位,即房价的上升总体上会抑制居民的生育率(易君健等,2008;葛玉好等,2019)。房价影响家庭生育意愿和决策的机制和渠道,还有着进一步挖掘的空间。

　　本章采用从2010年到2018年间的5期CFPS数据,以每两年划分一个时期,在微观个体层面构建一个跨越4个时期的非平衡面板数据,尝试就近年房价对家庭生育决策的影响进行实证分析。具体而言,我们将每期内家庭是否存在生育行为作为被解释变量,以家庭所在区县的当期平均房价作为核心解释变量,同时控制个人层面、家庭层面、社区层面多种变量与时间固定效应、地区固定效应,进行Probit回归,考察房价对生育行为的负面影响在不同人群及不同时期间的异质性。本章还从刺激妇女提高学历,降低妇女自我认同等方面深入探讨房价作用于生育决策的其他机制。我们的分析有助于政府出台目标锚定精准施政的生育鼓励措施。

　　本章的贡献主要体现在以下几方面:

　　第一,我们对住房对生育影响的作用机制的研究更加深入。现有研究房价与生育关系的文章,少有深入探讨房价作用于生育决策的途径,大部分根据结果直接倒推出房价对生育的效应主要为"挤出效应",而缺乏对该作用机制的直接研究及其他可能机制的探讨,本章不仅直接验证了"挤出效应"的存在,而且对挤出效应进行了更深入的探讨,包括挤出效应在不同家庭之间的异质性以及房价对不同种类消费的异质性，还发现房价可能通过刺激妇女提升学历，降低妇女自我认同，变相提高育儿成本等其他途径抑制生育。

第二，我们的变量设定更加完善。一方面，由于 CFPS 可公开数据中个体的地址信息只精确到省，不包含个体确切的区县信息，只包含用于体现个体聚集性的区县顺序码，因此传统的基于 CFPS 数据考察房价的文章，都是采用省级层面的平均房价。本章将采用 CFPS 问卷中的个体所居住住房面积与个体所居住住房估价，结合区县顺序码得到个体所在区县的房价估值作为自变量。另一方面，传统的利用微观问卷数据在个体层面考察房价与生育之间关系的文章，往往以问卷当期或者某个时期(比如结婚当年)的房价作为解释变量，以问卷当期的子女数目或者其哑变量作为被解释变量，以问卷当期的收入、是否工作等属性作为控制变量。对于在调查时有子女的家庭而言，其做出生育决策的时期很可能并非问卷调查的时期，这会导致生育决策的时期与回归中其他变量的时期不匹配这一问题，这种问题对子女年龄较大的家庭而言尤其明显。而我们采用居民当期是否生育作为因变量，以此解决因变量与自变量时期不匹配的问题。此外，现有研究房价与生育之间关系的文献在考虑控制变量时囊括了家庭收入、父母教育、父母工作等多方面因素，但少有考虑到诸如子女教育成本等近期的热点议题，考虑到房价较高的地区子女教育成本往往也更高，在不控制教育成本时可能会存在遗漏变量导致的内生性。我们控制了区县的平均教育成本以避免该问题，此外也控制了"是否已有男孩"等前人在研究房价对生育的影响时相对较少考虑的变量。

第三，我们的样本覆盖更广。现有微观层面研究房价与生育决策关系的文章大多是采用基于单期问卷调查的横截面数据，而我们将结合多期问卷调查得到非平衡面板数据，横截面数据相比于非平衡面板数据而言不能充分利用问卷数据导致样本量偏少，而且不能反映房价对生育决策的影响随时间的变化。此外，现有大多数文献鉴于撰写时间较早主要采用的数据为 2016 年或更早的数据，考虑到我国 2014 年实施单独二孩政策，2016 年实施全面二孩政策，其无法考虑生育政策变动后房价对生育的影响。而我们采用 2010—2018 年五期的 CFPS 数据构建的样本将考虑放开计划生育政策后的政策效应。

本章其余部分安排如下：第二部分是文献简述与理论模型；第三部分介绍数据来源、变量设定与基准模型；第四部分为主回归结果与异质性分析结果；第五部分讨论稳健性与内生性；第六部分探讨房价影响生育的作用机制；最后是结论及政策建议。

3.2　文献简述与理论模型

3.2.1　文献简述

生育决策的现有研究主要基于贝克尔提出的新家庭经济学（Becker，1960），也即家庭关于生育的成本-收益及孩子的数量-质量权衡。家庭的收入水平一方面会增加财富，另一方面也会增加养育孩子的机会成本。李子联（2016）发现收入对生育率的影响具有 U 形曲线的阶段性特征。女性参工率和受教育水平的提高同样会在增加家庭财富的同时增加养育孩子的机会成本。Hackett 等（2019）发现女性参工率的上升会使其生育意愿降低。贾男等（2013）、Phipps 等（2001）发现随着女性受教育年限增加，人力资本提升，女性生育的机会成本随之上升，进而抑制生育意愿。家庭的生育决策还有可能受到教育成本等其他因素影响（王志章等，2017；沈亚茹，2019）。

此外，房价也是影响生育的一个重要因素，其影响具体体现在生育的各个方面，包括子女数目、生育年龄、性别偏好等。对生育的研究，可以分为对生育意愿的研究和对实际生育行为的研究两大类。在生育意愿这一角度，国内现有研究提出高房价会抑制家庭的生育意愿，具体表现为期望子女数下降，养育二胎的意愿下降等，同时高房价使家庭对子女的性别偏好更倾向于女性（刘中华，2019；宋德勇等，2017；罗凯，2019）。相比于生育意愿，目前对房价与生育之间的关系的研究更多集中在实际生育行为这一角度，本章也将探讨房价对居民实际生育决策的影响。

一般认为房价对生育决策的影响可以分为两种效应，即挤出效应与财富效应。挤出效应是指房价上升将会挤压意图购房家庭的消费能力，财富效应是指房价上升会增加已有房屋家庭的财富。挤出效应大于财富效应体现为高房价抑制生育，反之则体现为高房价促进生育。Lovenheim 等（2013）发现房价上涨使得房主生育孩子的可能性提高而对租房者的生育决策无显著影响，具体体现为住房价值每上升 10 万美元，生孩子的可能性会增加 16%~18%。Dettling 等（2014）发现在美国，房价的上升使得住房所有者的生育率上升，而非住房所有者的生育率下降。Noriko（2015）发现在日本，有房贷的居民随着住房价格上升生育率会增加，而对无房贷者而言房价对生育无显著影响。Atalay 等（2017）发现在澳大利亚，随着房价上涨，房主和租客的生育率分别呈现上升和下降的趋势。

对中国的房价与生育之间关系的研究普遍认为挤出效应占主导，即随着房价上升，家庭的生育会被抑制。易君健等（2008）利用香港的宏观时间序列数据研究发现房价指数上涨 1% 会使得总和生育率下降 0.45%。李勇刚等（2012），刘晓婷等（2016）利用全国范围内的省级面板数据研究房价对生育的影响，也发现了高房价显著抑制了出生率。靳天宇等（2019）利用省级面板数据，发现高房价收入比会显著降低城镇家庭生育率。李江一（2019）基于全国各地级市/州以及直辖市所辖区/县 2005—2012 年的面板数据，发现房价上涨过快会显著降低生育率。葛玉好等（2019）利用 2014 年 CFPS 数据，从微观层面上发现居民结婚当年的房价和结婚第五年的房价分别会显著降低生第一个孩子和生第二个孩子的概率。邓浏睿等（2019）利用 2016 年 CFPS 数据，发现生育会被高房价所抑制，并且这一效应对中高收入人群和计划生二胎的人群尤其显著。高房价不仅影响生育率，还会显著推迟妇女的生育年龄（胡佩等，2020）。

现有的文献从各个角度考察了房价对生育决策的影响，但是之前的研究还存在着以下若干缺陷。第一是国内现有的房价对生育影响作用机制的研究还存在着较大空白，主要为根据结果倒推出"挤出效应"大于"财富效应"，缺乏对作用机制的直接研究与详细探讨。第二是现有基于 CFPS 数据从微观角度研究房价对生育影响的文章均采用省级层面的平均房价作为解释变量，考虑到同一省份内不同区县的房价可能存在较大差异，省级层面房价并不精确。第三是现有研究存在解释变量的时期与生育决策的时期不匹配的问题。第四是已有研究较少考虑到将教育成本等近年的热点话题作为控制变量，可能导致遗漏变量引起的内生性问题。第五是现有研究几乎均采用横截面数据，横截面数据样本量偏少，并且不能反映房价对生育的影响随时间的变化。第六是现有研究由于撰写时间等原因，主要采用 2016 年或更早的数据，考虑到国家于 2014 年实施"单独二孩"，2016 年实施"全面二孩"，较早的数据不能反映新政策背景下房价对生育的影响。

因此，本章将克服上述问题，基于 2010—2018 年的 5 期 CFPS 数据构建非平衡面板数据，利用 CFPS 数据中居民当期是否存在生育行为作为被解释变量，当期区县城镇平均房价的估算值作为核心解释变量，控制居民的收入、受教育水平、区县的平均教育成本等变量，探讨城镇房价对家庭生育决策的影响及该影响在不同时期或不同群体之间的异质性，采用土地出让面积作为房价的工具变量以进一步验证结论，并对该影响的作用机制做深入研究。

3.2.2　理论框架

本章的理论框架基于 De la Croix 和 Doepke（2003）的模型，在参考现有文献的基础上将房价与居民的购房决策纳入消费者的考虑范畴（方迎风等，2021；罗凯，2019）。假设个体一生分为 3 期：童年、中年、老年。童年时期没有收入，其消费全部来自父母养育子女的支出。个体在中年时期工作并获得收入，该时期收入有四个用途：一部分用于当期消费，一部分用于住房支出，一部分作为储蓄用于老年时的消费，最后一部分用于孩子的人力资本培养。老年时期的唯一收入来源就是中年时期的储蓄。个体的终生效用受中年时期消费、老年时期消费、孩子数目、住房消费面积、孩子人力资本水平影响。个体效用最大化问题如（3.1）式所示

$$\max_{c_t^m,\ s_t,\ q_t,\ n_t,\ e_t} U_t = \ln c_t^m + \beta \ln c_{t+1}^o + \gamma \ln n_t h_{t+1} + \zeta \ln q_t \qquad (3.1)$$

$$\text{s. t.} \quad c_t^m + s_t + q_t P_t + n_t e_t \varepsilon_t \leqslant \omega_t h_t (1 - n_t \phi) + \overline{q_t} P_t \qquad (3.2)$$

$$c_{t+1}^o \leqslant r_{t+1} s_t \qquad (3.3)$$

其中 c_t^m 表示人在中年时期的消费，c_{t+1}^o 表示人在老年时期的消费，n_t 表示孩子的数目，h_{t+1} 表示每个孩子的人力资本水平，q_t 表示住房消费面积。

人在中年时期有住房的禀赋，其面积为 $\overline{q_t}$。考虑到住房需求未得到满足的居民往往伴随着房租等额外支出，而住房禀赋较多的居民会因为住房得到额外的财富。此处认为如果其禀赋刚好够自身居住使用，则 $\overline{q_t} = 0$；若住房禀赋无法满足居住要求，则 $\overline{q_t} < 0$；如果住房禀赋超过了自住需求，则 $\overline{q_t} > 0$（方迎风等，2021）。中年时期的收入为 $\omega_t h_t$，其中 ω_t 为单位人力资本产生的工资收入，即社会的单位有效劳动工资水平，h_t 为其自身的人力资本水平。人在中年时期的一部

分收入用于当期消费 c_t^m，一部分收入用于当期储蓄 s_t，一部分收入用于孩子的教育支付 $n_t e_t \varepsilon_t$。其中 e_t 表示孩子的受教育水平，ε_t 表示家长给予孩子单位教育的成本。假设人在中年时期抚养孩子的总成本除去培养人力资本的教育支付外，其余成本均为时间，将人整个中年时期的时间视为1，假设抚养一个孩子的成本为 ϕ（De la Croix 等，2003）。人在中年时期购房，这里假设所有的房屋是同质的。考虑到现实中居民的购房往往有信贷参与其中，但购房与其信贷都主要发生在中年时期以内而非跨期信贷，故而此处模型简化了对住房信贷的考虑。

预算约束如（3.2）式和（3.3）式所示。其中（3.2）式表示中年时期的支出不超过中年时期的收入，（3.3）式表示老年时期的支出不超过老年时期的收入。式中 s_t 表示中年时期的储蓄，r_{t+1} 为利率，P_t 表示一套住房的价格，为了简化模型，r，P，ϕ，ω 视为外生变量。

个体人力资本的形成受所接受的教育水平及其父母的人力资本水平影响，表示如下：

$$h_{t+1} = B\,(e_t)^\eta\,(h_t)^\tau \tag{3.4}$$

式中 B 表示人力资本形成中的效率系数，η，τ 分别衡量了接受的学校教育的多少以及家长自身的人力资本水平在孩子人力资本形成中的作用，可以视为学校和家庭的教育质量。

居民效用最大化一阶条件如下：

$$L = \ln c_t^m + \beta \ln c_{t+1}^o + \gamma \ln n_t h_{t+1} + \zeta \ln q_t$$
$$+ \lambda(\omega_t h_t(1 - n_t \phi) + \overline{q_t} P_t - c_t^m - s_t - q_t P_t - n_t e_t \omega_t \overline{h_t}) \tag{3.5}$$

解一阶条件可得使得居民效用最大化的子女数目如下：[1]

$$n_t = \frac{\gamma(\omega_t h_t + \overline{q_t} P_t)(1 - \eta)}{\phi \omega_t h_t(1 + \beta + \gamma + \zeta)} \tag{3.6}$$

由（3.6）式显见房价对生育的影响，且该影响由居民的住房禀赋 $\overline{q_t}$ 决定。对于住房刚好够自用（$\overline{q_t} = 0$）的居民而言，房价将不影响居民的生育决策。如果居民的住房不足以满足自用需求（$\overline{q_t} < 0$），则高房价会抑制居民的住房决策。反

①　（3.5）式到（3.6）式的详细推导过程见本章附录。

之，若居民的住房有富余（$\overline{q_t} > 0$），则随着房价上升，居民会倾向于生育更多子女。居民的现有住房需求是否得到满足影响了房价对生育的作用，这种影响将在后文的异质性分析中进一步讨论。

除房价以外，可能影响到居民生育决策的因素还有居民自身的人力资本 h_t，不过从模型来看人力资本对生育决策的影响并不明朗，一方面人力资本的上升会增加居民的财富，另一方面人力资本的上升会增加居民生育的机会成本。下文的实证部分将会引入居民受教育年限代表居民的人力资本水平。培养孩子的基础时间成本 ϕ 也会对生育决策产生负向影响，下文将用区县的平均教育成本来衡量育儿成本。此外社会的单位有效劳动工资水平 ω_t，衡量教育支出对子女人力资本形成作用的系数 η 也会影响居民的生育决策，但是这些变量可以视为定值，或者说在特定的时间、特定地区范围内视为定值，因此在下文中的实证部分将会控制时期、地区、城乡变量。另外，(3.6) 式中还存在一些无法测度的衡量居民效用的其他参数 β、γ 和 ζ，其分别衡量了居民效用的老年消费弹性、子女总人力资本弹性、住房面积弹性。

3.3 数据与估计方法

3.3.1 数据来源及变量设定

本节的实证分析数据主要来自中国家庭追踪调查（CFPS），CFPS 是全国性、多层次、多角度、大规模的社会跟踪调查项目。该数据库通过追踪个体、家庭、社区层次的多方面微观数据，从微观层面系统性地反映了中国经济社会各方面的发展与变迁。本节使用 2010 年，2012 年，2014 年，2016 年，2018 年的五期 CFPS 数据，取年龄为 20 岁到 45 岁的已婚妇女及其配偶的个人数据样本，结合家庭层面的调查问卷数据，构建以家庭为单位的 4 个时期的非平衡面板数据。剔除缺失值与异常值，最后得到非平衡面板数据总量为 11097 个样本。

本章的关键被解释变量为当期是否存在生育行为，为虚拟变量。考察 CFPS 数据中女性居民在每次调查时的子女数目，如果某次调查时的子女数量比上一次要多，即认为该个体在这一时期有生育行为，该变量记为 1。CFPS 数据并非每年都直接列出个体的子女数目，不过每年的数据中的家庭关系部分包含个体的每个子女的各种信息(编号、出生年月、学历等)，将子女信息的有效数据条数作为个体在该年的子女数目。考虑到已去世子女的信息也会被包含其中，因此采用这种方法也可以排除个别情况下子女死亡带来的对是否生育的判断的干扰。

核心解释变量为区县房价，即家庭所在区县的城镇平均房价，考虑到生育决策的滞后性，该变量采用每个时期初的数据(下文所有的解释变量都为期初的数据)。生育决策不同于普通的消费行为，生育是居民的综合决策而非临时决定，生育决策的发生可能并非完全受当期各种因素的影响，在后文的稳健性分析部分我们会进一步采用历史一期或未来一期数据作为自变量。

CFPS 公布的数据无法识别家庭所在区县的准确地理信息，只有用于显示样本聚集性的区县顺序码，因此无法得到实际的区县平均房价。不过调查中的家庭问卷部分包含"居住房屋当前市价"与"居住房屋面积"两个问题，利用某个区县中所有城镇的家庭样本的"居住房屋当前市价"之和与"居住房屋面积"之和相除得出的数据视为该区县的城镇平均住房房价。为了保证此法估计的房价的可靠性，剔除有效数据小于 5 户的区县样本。最后利用各省份各年的 CPI，得到消除价格水平影响的真实房价，然后取对数。同时考虑到房价与生育之间可能存在互为因果关系，后文的内生性讨论部分将采用土地出让面积作为房价的工具变量进行回归。

除区县房价外，根据现有文献，本章其余的变量还包括个体层面、家庭层面与社区层面的变量。社区层面的控制变量包含是否为城镇，以及区县的平均教育成本。之所以纳入区县平均教育成本这一变量，是因为不管是现有文献还是上文的理论模型部分，均支持将家庭的育儿成本作为生育决策的重要影响因素。由于 CFPS 数据中无法直接观测到家庭的育儿成本，考虑到教育成本是育儿成本中重要的一部分(王志章等，2017)，我们采用教培成本作为育儿成本的代理变量。通常情况下家庭的生育决策与教培成本并非同时期产生，家庭在做出生育决策时考虑的成本更有可能与社区平均水平正相关。因此我们采用区县中所有教培成本大于 0 的家庭的教培成本均值，消除 CPI 的影响并取对数，得到居民所处社区的教育成本水平作为控制变量。

个体层面的变量包含家庭中妻子的健康和社会地位自评，妻子和丈夫是否有工作，教育年限，政治面貌，民族。妻子的年龄也是影响其生育决策的重要变量，本章将年龄视为固定效应按照 20~25 岁，26~30 岁，31~35 岁，36~40 岁，41~45 岁分为 5 类。

　　家庭层面的变量考虑了家庭收入、已有子女数量以及是否已有男孩。财富也是影响家庭生育决策的重要因素，我们取收入作为财富的代理变量。CFPS 中个人收入数据存在着大量缺失，选择数据完整度较高的家庭上一年的人均纯收入衡量家庭的收入水平，消除通货膨胀的影响得到真实数据，然后取对数，作为家庭在该期的收入数据。考虑到生孩子的边际效用递减，已有子女数目也是影响当期是否生育的重要因素。受传统文化观念的影响，家庭的生育决策可能受到子女性别组成的影响，因此是否已有男孩可能也会影响家庭的生育决策（安格里斯特等，2019）。

　　变量的详细说明见表 3.1。考虑到生育往往存在地区效应和年份效应，本节我们固定了地区变量①和年份变量。

表 3.1　　　　　　　　　　　　　　变量描述性统计

变量名	变量定义及赋值	总数	均值	标准差	最小值	最大值
是否生育	当期生育 = 1，未生育 = 0	11097	0.08	0.27	0	1
区县房价	区县户均房价对数	11097	-1.59	0.86	-3.50	3.90
是否城镇	城镇 = 1，乡村 = 0	11097	0.51	0.50	0	1
教育成本	区县户均教育培训成本对数	11097	8.68	0.42	7.51	10.67
妻子年龄	调查时妻子的年龄	11097	36.13	6.47	20	45
妻子工作	调查时有工作 = 1，无工作 = 0	11097	0.70	0.46	0	1
妻子民族	汉族 = 1，其他 = 0	11097	0.91	0.29	0	1
妻子政治面貌	中共党员 = 1，其他 = 0	11097	0.03	0.17	0	1
妻子学历	受教育年限	11097	7.45	4.62	0	22
妻子健康	健康自评，取 1~5，5 为最好	11097	3.45	1.21	1	5

---

　　① 参考国家统计局在 2011 年制定的经济区域划分标准，根据省份分为东部、中部、西部、东北。

变量名	变量定义及赋值	总数	均值	标准差	最小值	最大值
妻子社会地位	社会地位自评，取1~5，5为最高	11097	2.72	0.97	1	5
丈夫工作	填写问卷时有工作=1，无工作=0	11097	0.84	0.36	0	1
丈夫民族	汉族=1，其他=0	11097	0.92	0.27	0	1
丈夫政治面貌	中共党员=1，其他=0	11097	0.10	0.30	0	1
丈夫学历	受教育年限	11097	8.36	4.25	0	19
孩子数量	家庭的子女数目	11097	1.57	0.78	0	7
有无男孩	调查时家庭已有男孩=1，无男孩=0	11097	0.69	0.46	0	1
家庭人均收入	上年的家庭人均纯收入对数	11097	8.74	1.26	−1.41	13.58

3.3.2 基准模型

鉴于因变量是否生育为二值变量，因此基准回归采用 Probit 模型，如下所示：

$$n_{\mathrm{ist}} = \beta_0 + \beta_1 \mathrm{house}_{\mathrm{st}} + \beta_2 X_{\mathrm{ist}} + \alpha_s + \gamma_t + \varepsilon_{\mathrm{ist}} \tag{3.7}$$

其中被解释变量 n_{ist} 表示生活在区域 s 的家庭 i 的在时期 t 内是否生育，为虚拟变量。自变量 $\mathrm{house}_{\mathrm{st}}$ 为调查年份 t 时区县 s 的城镇平均房价对数，X_{ist} 为上文提及的各种个体和家庭层面、社区层面的控制变量，α_s 和 γ_t 分别为区域固定效应与年份固定效应，其他无法观测的因素均包含在扰动项 $\varepsilon_{\mathrm{ist}}$ 中。我们将在后文中采用土地出让面积作为房价的工具变量，采用工具变量 Probit 回归来处理可能存在的内生性问题。

3.4 实证结果

3.4.1 基准回归结果

将居民当期是否生育对各自变量回归，并将标准误聚集到个体层面[①]。基于

[①] 后文的回归若无单独说明，均将标准误聚集到个体层面。

(3.7)式的基准回归结果见表 3.2。前两列为 Probit 回归的结果，其中列(1)为包含所有上文提及的个体及家庭层面变量的 Probit 回归；列(2)即为本章的主回归结果，是在考虑所有个体和家庭层面的变量基础上额外考虑了社区层面变量，地区固定效应与年份固定效应的 Probit 回归；列(3)为 OLS 回归，各变量与控制效应与主回归一致①，其结果作为稳健性的参考。

表 3.2　　　　　　　　　　　　　　主回归结果

是否生育	Probit		OLS
	（1）	（2）	（3）
区县房价	−0.073 ***	−0.094 ***	−0.012 ***
	（0.026）	（0.031）	（0.003）
是否城镇		−0.089 **	−0.018 ***
		（0.044）	（0.005）
教育成本		−0.197 ***	−0.028 ***
		（0.066）	（0.007）
妻子工作	−0.145 ***	−0.208 ***	−0.028 ***
	（0.047）	（0.049）	（0.006）
妻子民族	−0.113	−0.063	−0.01
	（0.084）	（0.094）	（0.01）
妻子政治面貌	0.113	0.109	0.009
	（0.114）	（0.113）	（0.015）
妻子学历	−0.013 **	−0.011 *	−0.002 **
	（0.006）	（0.006）	（0.001）
妻子健康	0.007	0.037 *	0.004 *
	（0.018）	（0.021）	（0.002）
妻子社会地位	0.047 **	0.039 *	0.004
	（0.021）	（0.021）	（0.003）
丈夫工作	0.046	−0.039	−0.003
	（0.062）	（0.065）	（0.007）
丈夫民族	−0.013	−0.069	0.000
	（0.093）	（0.101）	（0.012）
丈夫政治面貌	−0.102	−0.12	−0.012
	（0.074）	（0.074）	（0.007）

———————————

①　后文的回归若无单独说明，各控制变量与固定效应设置与主回归一致。

续表

是否生育	Probit		OLS
	（1）	（2）	（3）
丈夫学历	−0.008	−0.009	−0.001
	（0.006）	（0.007）	（0.001）
孩子数量	−0.471***	−0.573***	−0.063***
	（0.055）	（0.061）	（0.005）
有无男孩	−0.434***	−0.452***	−0.075***
	（0.045）	（0.046）	（0.006）
家庭人均收入	−0.054***	−0.046**	−0.005**
	（0.018）	（0.019）	（0.002）
地区、年份固定效应		控制	控制
wald	899.03	1077.66	
$p>$chi2	0.000	0.000	
R^2			0.168
样本量	11097	11097	11097

注：括号内为聚类稳健标准误。***表示 $p<0.01$，**表示 $p<0.05$，*表示 $p<0.1$。

可以看到在表（3.2）显示的三列结果中，区县房价的系数均显著为负，这说明了高房价会显著抑制家庭当期的生育。在列（2）的主回归结果中，除了房价以外，可以看到还有其他因素对生育也有显著影响。在城乡的差异上，可以看出城镇居民的生育率要显著低于农村。区县的平均教育支出水平对生育也有显著的负面影响，因为教育支出的上升意味着育儿成本的上升。家庭中妻子在有工作的情况下生育率会更低，这可能是因为有工作的情况下照看孩子的精力会减少，同时抚养孩子意味着消耗时间与精力，这不利于事业发展。同时学历上升生育率也会下降，这可能也是因为学历越高则生育的机会成本越大。有趣的是家庭中妻子的工作与学历会对生育有显著的负面影响，但是丈夫的工作和学历则对生育没有显著影响，这可能是因为职场上的性别歧视导致的。妻子良好的身体健康状况会显著促进生育。同时妻子的自我认同上升也会促进生育。在家庭层面，收入的上升会显著抑制生育，这可能也是因为收入的增加提高了生育的机会成本。考虑到子女对父母的边际效益递减，家庭已有子女越多则再生育的可能性越低，实证结果也与这一观点吻合。同时，实证表明相对于有男孩的家庭，无男孩的家庭生育的可能性更高，这一结论说明生育的性别偏好很有可能在当前依然存在。

3.4.2 异质性分析

房价对生育的影响可能在城乡之间，已有不同数量子女的家庭之间存在着异质性。因此，此处考虑将所有居民分为城乡两类考虑其异质性，以及将所有家庭按照期初的子女数目分为无子女，只有一个子女，不止一个子女三类，分别考虑其影响差异。此外，本章模型部分提出房价对生育的影响是正面还是负面由家庭现有的住房是否满足自用居住需求决定，考虑到住房需求是否得到满足并不能从CFPS数据中直接得到，此处采用家庭是否拥有当前住房的产权作为其住房需求是否得到满足的代理变量。严格来说，一部分家庭其实际居住地与其持有的住房并非一处，无当前住房产权的家庭其住房需求不一定没有得到满足，有当前住房产权的家庭其住房需求也不一定得到了满足，但是相对而言，无当前住房产权的居民其住房需求得不到满足的可能性更大，考虑到数据的可获得性本章做此权宜处理。将所有样本按照是否拥有当前住房完全产权分为两类考虑其异质性。

上述三类异质性分析的结果见表 3.3。从前两列结果可以看出房价主要影响城镇家庭的生育决策，而对乡村家庭的影响不显著，这有可能是因为大多数乡村居民拥有自己的宅基地，其住房成本主要为宅基地的建设成本，即建材、人工成本等，而近年城镇房价的上涨主要是由地价上涨引起的，因此城镇房价的上涨并未伴随着宅基地成本的上涨。从列(3)和(4)的结果可以看出，无论是否有当前房屋的产权，房价均对生育产生了显著的负面影响，且对于无当前房屋产权的家庭而言该负面影响更为强烈。上文的模型部分提到房价对生育的影响与家庭的现有住房是否满足其住房需求有关，现有住房与住房需求差距越大，高房价对生育的抑制越明显。对有当前住房产权的家庭而言房价对其生育的负面影响更小，这与模型的推论相符。同时，对两者而言房价均对生育体现了显著的抑制作用，这说明了家庭无论是否有当前房屋产权，整体上而言其现有住房持有量与理想的住房持有量之间均存在缺口。由列(5)、(6)和(7)的结果可以看出，房价主要抑制了已有子女家庭的生育，即房价显著抑制了二孩或者多孩的生育，而并未显著影响其对第一个孩子的生育决策。通常认为第一个孩子对家庭带来的边际效用要大于后面的孩子，异质性分析的结论与这一观点也是相符的。

表 3.3　　　　　按城乡、子女数目和住房需求现状考察的异质性分析

是否生育	乡村	城镇	无产权	有产权	无子女	有一个子女	不止一个子女
	（1）	（2）	（3）	（4）	（5）	（6）	（7）
区县房价	−0.020	−0.158***	−0.176**	−0.089***	−0.108	−0.076*	−0.155**
	（0.045）	（0.047）	（0.069）	（0.035）	（0.095）	（0.044）	（0.069）
各变量、控制效应	控制	控制	控制	控制	控制	控制	控制
wald	573.58	537.11	172.51	915.22	94.23	517.68	204.15
p>chi2	0.000	0.000	0.000	0.000	0.000	0.000	0.000
样本量	5493	5604	1496	9610	357	5284	5456

注：括号内为聚类稳健标准误。***表示 $p<0.01$，**表示 $p<0.05$，*表示 $p<0.1$。

值得一提的是，我们采用的数据的时间段是 2010 年至 2018 年，在这期间我国的生育政策经过了未实施单独二孩（2014 年以前）、实施单独二孩（2014 年至 2016 年）和实施全面二孩（2016 年以后）三个阶段，在不同的政策阶段房价对居民生育决策的影响也可能存在异质性，因此本节将所有样本按照所处的生育政策阶段分为三类。不同年龄段的人，其生育意愿、身体状况和所面临的购房压力也是不同的，因此将所有家庭样本按照妻子年龄 20~25，26~30，31~35，36~40，41~45 分为 5 类考察其异质性。

上述两类异质性分析的结果见表 3.4。从前三列结果可以看出，在实施单独二孩政策后，房价对生育的抑制作用更为强烈。结合基准回归部分提出的房价主要影响家庭第一个孩子以后的生育决策，我们推测生育二胎的意愿越高，房价对生育的影响越强烈，在放开政策前二孩意愿主要被政策所限制，二孩政策放开后随着二胎意愿上涨，房价对生育的影响随之加强。图 3.1 中 2015 年前后的生育小高峰也和表 3.4 中实施单独二孩政策后房价对生育的负面影响高峰在时间上吻合。从后五列的结果可以看出，生育决策受房价影响最严重的群体主要是妻子年龄在 31 岁至 40 岁之间的家庭。推测这同样是由于家庭的二孩决策大多数发生在这个年龄段。

表 3.4　　　　按家庭所处生育政策阶段和母亲年龄段考察的异质性分析

是否生育	未放开	单独二孩	全面二孩	20~25 岁	26~30 岁	31~35 岁	36~40 岁	41~45 岁
	(1)	(2)	(3)	(4)	(5)	(6)	(7)	(8)
区县房价	−0.081 **	−0.152 *	−0.100 *	0.025	−0.049	−0.159 **	−0.124 *	−0.145
	(0.041)	(0.092)	(0.054)	(0.080)	(0.056)	(0.066)	(0.066)	(0.101)
各变量、控制效应	控制	控制	控制	控制	控制	控制	控制	控制
wald	563.92	186.44	379.91.01	111.77	184.01	126.32	107.47	52.96
$p>$chi2	0.000	0.000	0.000	0.000	0.000	0.000	0.000	0.000
样本量	5867	1914	3316	744	1816	2127	2796	3514

注：前三列括号内为标准误，后五列括号内为聚类稳健标准误。***表示 $p<0.01$，** 表示 $p<0.05$，* 表示 $p<0.1$。

3.5　内生性与稳健性分析

3.5.1　内生性讨论

不仅仅是房价会对生育决策产生影响，生育状况同时也会对房地产市场产生影响。已有研究指出人口增长率会影响住房价格以及房地产销售（刘晓曦等，2019），家庭的孩子数量会对其住房需求产生负面影响（蔡宏波等，2019）。考虑到房价与生育可能存在互为因果关系的问题，参考已有文献做法，本节选择土地出让面积作为房价的工具变量，土地出让面积作为住房市场供给方面的因素，不受家庭的生育决策影响，具有很好的外生性（陈斌开等，2013；陆铭等，2015；刘军岭，2017）。由于 CFPS 数据中个体的确切地址只能精确到省，因此我们选择当年个体所在省份的土地出让面积作为工具变量。对土地出让面积取对数处理后，结果如表 3.5 所示，其中阶段一表示两步法工具变量 Probit 回归第一步的结果，阶段二表示 MLE 法工具变量 Probit 回归的结果。列（1）为全样本的结果，后续几列为上文异质性分析中提出的其生育决策对房价敏感的群体，即分别为妻子在 31 岁至 40 岁的样本，城镇地区的样本，无所居住房屋产权的样本，有子女样本，放开政策后样本（即 2014 年以后的样本）的结果。

表 3.5

工具变量法回归结果

	全样本		31~40 岁样本		城镇样本		无产权样本		有子女样本		放开政策后样本	
	阶段 1	阶段 2	阶段 1	阶段 2	阶段 1	阶段 2	阶段 1	阶段 2	阶段 1	阶段 2	阶段 1	阶段 2
区县房价		−0.260***		−0.425***		−0.296***		−0.530***		−0.306***		−0.248***
		(0.073)		(0.109)		(0.093)		(0.129)		(0.083)		(0.097)
出让地	−0.392***		−0.337***		−0.401***		−0.471***		−0.387***		−0.437***	
	(0.015)		(0.028)		(0.017)		(0.032)		(0.015)		(0.015)	
各变量、控制效应	控制	控制	控制	控制	控制	控制	控制	控制	控制	控制	控制	控制
F 值	692.52		148.74		534.27		210.59		653.84		823.25	
样本量	11097	11097	4923	4923	5604	5604	1496	1496	10740	10740	5230	5230

注：括号内为聚类稳健标准误。*** 表示 $p<0.01$，** 表示 $p<0.05$，* 表示 $p<0.1$。

从表中结果可以看出阶段一回归的出让地系数的 F 值均较大，且阶段一出让地对住房回归系数显著，因此土地出让面积是一个有效的工具变量。阶段二的结果与前文主回归结果基本一致，说明前文的结果是稳健的。区县房价对居民的生育决策存在显著的负面影响，并且系数的绝对值较主回归结果更大，暗示主回归的结果可能低估了房价对生育的影响。此外，生育决策对房价更为敏感的那部分群体的回归结果显示，其区县房价系数的绝对值也较全样本回归的系数更大。

3.5.2 稳健性检验

对主回归的结果进行稳健性分析，考虑以下六种情况，结果见表 3.6。人口的迁徙可能与房价之间存在联系，考虑到迁徙与房价之间可能存在内生性选择的问题，本章排除所有的在 2010 年至 2016 年发生过迁徙的样本，回归结果见列(1)。考虑到不同个体自身因素的差异性，在模型中引入个体随机效应，结果见列(2)。此外，孩子与一般的商品不同，考虑到家庭做出"想要一个孩子"的决定后并不会马上获得一个孩子，并且一个孩子带来的支出增加等改变在得到孩子之后的一段时间持续存在，而非金钱与商品的一次性交易。因此，一方面，家庭基于当期的房价做出生育决策后，可能生育行为会发生在未来的时期。考虑到这一点，自变量采用历史一期而非当期的数据以验证其稳健性，结果见列(3)。另一方面，家庭在考虑生育决策时也许会对短期的经济形势与自身状况进行一个估计，并根据此短期预期做出决定。因此将各解释变量由当期数据改为未来一期数据进行回归(子女数目这一解释变量依旧采用当期数据)，结果见列(4)。考虑到有少部分家庭存在一期中生育不止一个孩子的情形，之前考察家庭是否生育时只将家庭分为在该期生育与在该期不生育两类，此处剔除在一个时期中增加孩子数量大于等于 2 的个体以排除其对结果的影响，结果见列(5)。最后，参照现有文献的常规回归方式，即以家庭当期已有孩子数为因变量，作 Poisson 回归，回归的房价系数见列(6)，以其结果来支撑本章回归结果的稳健性检验。

表 3.6 中每一列的回归结果，其系数均显著为负，这与主回归结果一致。说明在不同的变量设定与样本处理下回归的结果是稳健的，区县房价对生育决策的抑制作用是显著存在的。

表 3.6 稳健性分析

是否生育	未迁徙	个体随机效应	上一期数据	下一期数据	移除多生	子女数量
	（1）	（2）	（3）	（4）	（5）	（6）
区县房价	−0.102***	−0.094***	−0.064**	−0.122***	−0.097***	−0.058***
	（0.032）	（0.031）	（0.036）	（0.035）	（0.031）	（0.007）
各变量、控制效应	控制	控制	控制	控制	控制	控制
wald	757.23	531.94	570.10	547.89	723.32	3820.11
p>chi2	0.000	0.000	0.000	0.000	0.000	0.000
样本量	10374	11097	7324	7511	11046	12562

注：括号内为聚类稳健标准误。***表示 $p<0.01$，**表示 $p<0.05$，*表示 $p<0.1$。

3.6 影响机制探讨

3.6.1 挤出效应

对于房价影响生育决策的可能影响机制和作用渠道，如前文文献所提及，现有研究普遍认为房价对生育存在着财富效应与挤出效应。财富效应即对于拥有房产的家庭而言，房价的上升会增加其财富促进生育。挤出效应即房价的上升意味着家庭会承担更多的住房支出。对于广大当前持有住房未能满足其住房需求的家庭而言，更高的房价导致家庭需要从收入中拿出更多的份额用于购置住房或支出房租，用于消费的份额便随之减少。

现有的对国内生育与房价之间关系的研究普遍认为在我国挤出效应居于主导地位，即高房价会抑制家庭的生育决策，本章的研究也支持这一观点。但现有对生育与房价之间关系的研究，均为根据房价抑制生育的结论推导出挤出效应大于财富效应，鲜有直接研究高房价与消费挤出的关系。下文将研究房价与消费、消费与生育之间的关系，以此验证房价对生育决策的挤出效应。同时，根据家庭是否有当前所住房屋产权以及是否已有子女，分析其挤出效应的异质性，以进一步验证房价对生育的挤出效应，以及该效应受家庭住房禀赋是否满足其住房需求以及家庭现有子女数的影响。

考虑到我国当前阶段经济发展在地域上的不平衡性，不同区县的家庭其整体的消费水平可能存在较大差异，因此我们采用相对消费来衡量家庭的消费水平。相对消费为家庭上一年消费性支出除以区县内消费性支出均值。如表 3.7 所示，列(1)为相对消费对区县房价进行 OLS 回归，其结果表明高房价确实显著降低了家庭的相对消费。为了进一步验证家庭消费的挤出是因为住房的因素，选择无当前住房产权与有当前住房产权的家庭分别进行回归，结果见列(2)与列(3)，可以看到对无产权家庭而言其系数绝对值较列(1)更大，而有产权家庭其系数绝对值更小，这与前文理论模型与异质性分析结果相吻合。这说明房价的确能挤出家庭的消费，并且住房需求缺口越大，消费的挤出效应越明显。列(4)为在主回归的基础上加入相对消费作为解释变量的回归结果，考虑到相对消费与收入等变量之间可能存在的共线性问题，主回归中并未引入相对消费这一变量。结果表明相对消费的下降会显著降低家庭在当期生育的可能性。这说明了高房价挤出消费，低消费抑制生育这一作用渠道是切实存在的。

前文的异质性分析中有两个重要结论，一是房价主要抑制了无当前住房产权的家庭的生育决策，二是房价主要抑制了已有子女的家庭的生育决策。从高房价的挤出效应角度考虑，推测上述两条异质性中前者主要是因为房价挤出了无产权家庭的消费，表 3.7 的列(2)和(3)也证实了这一想法。而推测后者主要是因为消费水平影响了家庭第一胎之后的生育决策而不影响家庭对生育第一胎的决策。为了检验这一点，分别对无子女家庭样本与有子女家庭样本进行回归，因变量为当期是否生育，自变量同列(4)，回归结果如表 3.7 的列(5)和(6)所示。结果表明不管是房价还是消费水平，对于无子女家庭的生育决策均不构成显著影响而对有子女家庭影响显著，这也证实了房价主要影响家庭第一胎之后的生育决策是因为家庭仅在已有子女时后续的生育决策会受到消费水平的影响，而高房价降低了家庭的消费水平从而抑制了生育。同时，房价对生育的影响与相对消费对生育的影响在家庭是否有子女这一属性上存在着同样的异质性，这也进一步验证了房价会通过降低消费来抑制生育。

表 3.7   高房价的挤出效应

	相对消费	无产权家庭相对消费	有产权家庭相对消费	是否生育	无子女家庭是否生育	有子女家庭是否生育
	（1）	（2）	（3）	（4）	（5）	（6）
区县房价	−0.058***	−0.111**	−0.043***	−0.081***	−0.143	−0.090***
	（0.015）	（0.039）	（0.017）	（0.030）	（0.087）	（0.033）
相对消费				0.037**	0.082	0.034*
				（0.018）	（0.059）	（0.019）
各变量、控制效应	控制	控制	控制	控制	控制	控制
样本量	10631	1429	9202	10631	344	10287

注：括号内为聚类稳健标准误。***表示 $p<0.01$，**表示 $p<0.05$，*表示 $p<0.1$。

为进一步探索高房价的挤出效应主要体现在何种类型的消费上，我们选择食品、衣着、文教娱乐、家庭设备及日用品这四类与家庭日常生活密不可分的支出类别。同样的，对于家庭的每一种消费，除以家庭所在区县的该类消费的平均值得到相对消费水平，分别探究高房价对其相对消费的影响，以及该类相对消费对生育决策的影响。如表 3.8 所示，奇数列展示了房价对各种类别相对消费的 OLS 回归结果，偶数列展示了房价及各类相对消费对当期是否生育的 Probit 回归结果。从列（1），（3）和（5）的结果可以看出前三种相对消费的水平都会随着房价的变高而下滑，但在列（2），（4）和（6）中只有列（6）的相对消费的系数显著为负，即在各类消费中只有家庭设备及日用品支出会对生育产生较显著的影响，这意味着挤出效应具体表现为房价对家庭设备及日用品支出的挤出并进一步影响生育水平。

表 3.8   高房价对消费挤出效应的细分

	食品支出		衣着支出		家庭设备及日用品支出		文教娱乐支出	
	相对消费	是否生育	相对消费	是否生育	相对消费	是否生育	相对消费	是否生育
	（1）	（2）	（3）	（4）	（5）	（6）	（7）	（8）
区县房价	−0.055***	−0.085***	−0.127***	−0.091***	−0.091*	−0.069**	−0.002	−0.119***
	（0.013）	（0.030）	（0.021）	（0.030）	（0.051）	（0.029）	（0.030）	（0.028）

续表

	食品支出		衣着支出		家庭设备及日用品支出		文教娱乐支出	
	相对消费 （1）	是否生育 （2）	相对消费 （3）	是否生育 （4）	相对消费 （5）	是否生育 （6）	相对消费 （7）	是否生育 （8）
相对消费		−0.017 （0.021）		0.005 （0.014）		0.015*** （0.004）		−0.014 （0.013）
各变量、 控制效应	控制	控制	控制	控制	控制	控制	控制	控制
样本量	10976	10976	10994	10994	10972	10972	11030	11030

注：括号内为聚类稳健标准误。***表示 $p<0.01$，**表示 $p<0.05$，*表示 $p<0.1$。

　　另外，为了使"房价对生育的作用途径在是否有住房产权的居民之间存在着异质性"这一论点更具有说服力，此处还列出了各个与房价作用途径有关的变量在有无产权的群体之间均值的差异。如表 3.9 所示，列（1）表示各变量在有产权群体中的均值，列（2）表示在无产权群体中的均值，列（3）表示有无产权样本的均值之差，并且通过 t 检验验证该差异是否显著。表 3.9 的行（1），行（2）说明对有产权样本而言，生育水平更高，这与前文异质性分析结果中提出的房价对有产权样本影响较轻这一观点大体符合。从行（3），行（4）可以看出有无产权群体之间的相对消费水平无显著差异，推测可能是因为一方面房价主要挤出了无产权样本的消费，另一方面无产权样本有可能是在大城市工作的外地高学历人员，他们整体而言收入水平较高，抵消了一部分房价对消费水平带来的负面影响，在没有控制收入这一变量的情况下有无产权两群体之间就体现为消费水平大体相当。行（5）的结果验证了收入水平较高这一猜想。换句话说，无产权家庭在收入水平显著更高的同时消费水平却没有变高，其原因正可能是房价更多地挤出了无产权样本的消费。

表 3.9　　　　　各变量在有无产权样本间的均值差异

		有产权样本均值 （1）	无产权样本均值 （2）	有无产权样本均值之差 （3）
是否生育	（1）	0.079	0.078	0.001

续表

		有产权样本均值	无产权样本均值	有无产权样本均值之差
		（1）	（2）	（3）
孩子数目	（2）	1.593	1.447	0.146***
相对消费	（3）	0.995	1.031	−0.036
家庭设备及日用品相对消费	（4）	1.002	0.984	0.018
家庭人均收入	（5）	8.708	8.955	−0.247***
妻子学历	（6）	7.297	8.414	−1.117***
妻子地位	（7）	2.756	2.508	0.248***
至少生一个男孩	（8）	2.974	2.717	0.257**

注：*** 表示 $p<0.01$，** 表示 $p<0.05$，* 表示 $p<0.1$。

3.6.2　房价影响生育的其他机制

除了上文提到的挤出效应之外，我国高房价对生育的负面作用可能还存在着其他机制。一方面，在高房价的环境下生活，需要承受更高的经济压力。高学历和高参工率的家庭，可能更有能力应对高房价带来的经济压力。即可能存在着高房价刺激学历与妇女参工率的提高，而妇女高学历以及妇女参加工作的家庭往往有较低的生育率。为了验证这一作用机制，将妻子受教育年限，妻子是否有工作两个变量对城镇房价回归。结果见表3.10。列（1）节选自主回归结果，用于展示这些变量与生育决策的关系。列（2）为妻子受教育年限对区县房价 OLS 回归的结果，控制变量为年龄、城乡、民族、家庭收入、区县教育成本水平，以及地区固定效应与年份固定效应。列（3）为妻子是否工作对区县房价 Probit 回归的结果。从列（1）结果可以看出妻子受教育年限，妻子是否工作均对生育产生了抑制作用。列（2）和（3）结果表明高房价会显著地提高家庭中妻子的受教育水平，而对妇女参工率没有显著影响。说明高房价带来的高经济压力刺激妇女提高自身学历，而高学历会带来生育机会成本的上升从而抑制生育率。

另一方面，高房价带来的经济生活上的压力，可能会影响妇女的身心健康，而妇女的身心健康又会作用于生育决策。此处用妻子的"健康状况自评"与"社会地位自评"来衡量其身体健康与自我认同。列(4)和(5)分别展示了这两个变量对区县房价回归的结果。考虑到问卷中这两个变量是1到5分的打分形式,因此此处采用有序Probit回归。列(1)结果展示了高自我认同与较好的身体状况会促进生育。列(4)和(5)的结果表明高房价会显著降低女性的自我认同而对身体健康没有显著影响。说明房价对生育决策的负面影响存在着高房价降低自我认同,而低自我认同抑制生育的作用渠道。

此外,表3.9的行(6),行(7)结果显示,在无产权样本与有产权样本之间,有产权样本的学历更低,而社会地位更高。这也暗示了高房价通过刺激女性提高学历以及降低女性自我认同作用于生育的机制可能也在有无产权的群体之间存在着异质性。

表3.10 高房价通过刺激女性提高学历以及降低女性自我认同作用于生育的机制分析

	主回归	妻子学历	妻子工作	妻子健康	妻子社会地位
	(1)	(2)	(3)	(4)	(5)
区县房价	-0.094***	0.482***	0.009	-0.027	-0.053***
	(0.031)	(0.068)	(0.022)	(0.017)	(0.016)
妻子工作	-0.208***				
	(0.049)				
妻子学历	-0.011*				
	(0.006)				
妻子健康	0.037*				
	(0.021)				
妻子社会地位	0.039*				
	(0.021)				
各变量、控制效应	控制	控制	控制	控制	控制
样本量	11097	11097	11097	11097	11097

注:括号内为聚类稳健标准误。***表示$p<0.01$,**表示$p<0.05$,*表示$p<0.1$。

另外,高房价给年轻人带来高昂的生活成本与经济负担,此时这些面临购房压力的年轻人的父母更有可能给予子女更多的经济援助。在社会中，父母出资帮子女买房也是较为常见的现象。这意味着多生育一个子女会在将来多承担一笔购房带来的经济负担，即多一个子女就会在将来多一笔高房价带来的大额支出。通过父母给面临购房压力的子女经济援助这一形式，房价变相地提高了父母生育子女的成本。生育子女的成本上升，生育决策自然被抑制。然而，问卷中没有变量能直接衡量父母对面临购房压力的子女的经济援助，这一效应无法直接验证。不过考虑到社会中通常男性比女性面临更大的购房压力，如果房价上涨提高了多生一个孩子给家庭新增的经济负担，那么房价对养育男孩的经济负担的推动作用要大于女孩。因此，如果家庭对于生育男孩的偏好随着房价的上涨而降低，则能侧面反映出家庭不愿意承担因子女购房带给自身的经济压力。表 3.11 中的列（1）为区县房价对家庭"至少生一个男孩"的认可度回归的结果。问卷中该变量为 1 到 5 分的得分，分数越高表示越认同，因此对房价做有序 Probit 回归①。可以看出家庭对生育男孩的偏好随着房价变高而显著下滑。这从侧面说明了因为要在将来为购房的子女提供经济援助，高房价变相提高了养育子女的成本，进而抑制生育决策这一作用机制和渠道。表 3.9 行（8）显示了在无产权样本中，至少生一个男孩的认可度整体上也较有产权样本显著更低，这说明了房价有可能会更多地影响无产权样本对未来养育成本的判断。

前文探讨了高房价对已婚女性生育决策的影响，考虑到在中国极少出现未婚生子的现象，因此高房价可能存在对婚姻的抑制作用进而影响人口的生育水平。本章取 20~45 岁女性为样本，考察当期房价对当期是否已婚的影响，因变量为是否已婚的二值变量，已婚为 1，自变量与控制的固定效应除不包含配偶数据以及孩子数量，是否已有男孩外与主回归相同，Probit 回归结果见表 3.11 中的列（2）。同时取 20~45 岁未婚女性为样本，考察房价对当期是否结婚的影响，因变量为当期之内是否结婚的二值变量，结婚为 1，自变量与固定效应与前者相同，Probit 回归结果见表 3.11 中的列（3）。可以看出高房价对居民的婚姻也存在着抑制作用，这进一步加剧了高房价对社会生育水平的负面影响。

---

① 只有 2014 年问卷中有该问题，因此回归只包含 2014 年的样本。

表 3.11   高房价通过增加育儿成本和抑制婚姻作用于生育的机制分析

	至少生一个男孩	是否已婚	是否当期结婚
	（1）	（2）	（3）
区县房价	−0.120 ***	−0.096 ***	−0.099 **
	（0.042）	（0.020）	（0.040）
各变量、控制效应	控制	控制	控制
wald	524.33	2385.97	53.92
p>chi2	0.000	0.000	0.000
样本量	1914	19476	2044

注：列（1）括号内为标准误，列（2），（3）括号内为聚类稳健标准误。*** 表示 $p<0.01$，** 表示 $p<0.05$，* 表示 $p<0.1$。

3.7 结论与政策建议

高房价在一定程度上阻碍了中国经济社会的发展。与发达国家普遍存在的高房价对生育无影响或促进生育相反（Lovenheim 等，2013，Noriko，2015），本章基于城镇房价与家庭生育决策的分析表明，在高房价背景下，家庭的住房需求会挤出其对其他消费品的需求进而抑制生育，容易造成经济结构失衡，不利于国民经济的发展。本章的分析还表明，在中国低出生率、老龄化加快的现阶段，高房价还存在对婚姻的抑制作用加大晚婚晚育程度，从而进一步抑制人口出生率。此外，理论模型与异质性分析的结果均显示，房价对生育率的抑制作用会根据家庭的住房需求是否得到满足在不同群体之间以及不同时间段之间呈现出差异性。在高房价作用于生育决策的影响渠道方面，除了常规的居于主导地位的消费挤出效应外，还存在着刺激妇女提高学历、降低妇女自我认同、变相增加养育子女成本等其他机制。

基于上述结论，我们提出以下政策建议：（1）政府应出台稳定房地产市场价格、保障房地产市场平稳合理运行，以及为"刚需"提供住房保障的政策措施。本章的分析表明，高房价会显著抑制家庭的生育决策，因而政府有必要打击学区房炒作等一系列过快上涨的房价行为。但异质性分析部分同时也说明，高房价对部分无房产"刚需"人口的消费挤出效应更强。政府应推动公租房、廉租房建设，为本地的无房者提供租房补贴，以缓解房价因素对无房者带来的消费挤出效应，进而促进生育率。(2)除了房价因素之外，育儿成本、女性对职业发展的担忧和自我认同的感知等已成为制约生育的主要因素。政府不仅应该实施更多生育配套支持措施，通过降低生育、养育和教育成本，解决家庭生育的后顾之忧，而且在鼓励生育的政策上也应精准施策，对不同年龄、不同收入群体，以及不同规模家庭采取不同类型的生育鼓励措施。

本章附录

文中(3.5)式到(3.6)式的推导过程如下：

将(3.4)式与 $c_{t+1}^{o} = s_t r_{t+1}$ 代入(3.5)式可得

$$
\begin{aligned}
L = &\ln c_t^m + \beta \ln s_t r_{t+1} + \gamma \ln n_t B(e_t)^{\eta}(h_t)^{\tau}(\overline{h_t})^{\kappa} \\
&+ \zeta \ln q_t + \lambda(\omega_t h_t(1 - n_t \phi) + \overline{q_t} P_t - c_t^m - s_t - q_t P_t - n_t e_t \varepsilon_t)
\end{aligned} \tag{3.8}
$$

可得最大化效用的一阶条件如下

$$
\frac{\partial L}{\partial c_t^m} = \frac{1}{c_t^m} - \lambda = 0 \tag{3.9}
$$

$$
\frac{\partial L}{\partial s_t} = \frac{\beta}{s_t} - \lambda = 0 \tag{3.10}
$$

$$
\frac{\partial L}{\partial n_t} = \frac{\gamma}{n_t} - \lambda \omega_t h_t \phi - \lambda e_t \varepsilon_t = 0 \tag{3.11}
$$

$$
\frac{\partial L}{\partial e_t} = \frac{\eta \gamma}{e_t} - \lambda n_t \varepsilon_t = 0 \tag{3.12}
$$

$$
\frac{\partial L}{\partial q_t} = \frac{\zeta}{q_t} - P_t \lambda = 0 \tag{3.13}
$$

$$
\frac{\partial L}{\partial \lambda} = \omega_t h_t(1 - n_t \phi) + \overline{q_t} P_t - c_t^m - s_t - q_t P_t - n_t e_t \varepsilon_t = 0 \tag{3.14}
$$

(3.11)式化简可得

$$n_t = \frac{\gamma}{\lambda(\omega_t h_t \phi + e_t \varepsilon_t)} \tag{3.15}$$

将(3.15)式代入(3.12)式中并化简，可得

$$\frac{\eta\gamma}{e} - \frac{\lambda\varepsilon_t\gamma}{\lambda(\omega_t h_t \phi + e_t \varepsilon_t)} = 0 \tag{3.16}$$

$$e_t = \frac{\eta h_t \omega_t \phi}{(1 - \eta)\varepsilon_t} \tag{3.17}$$

由(3.9)式，(3.10)式，(3.13)式分别可得 $c_t^m = \dfrac{1}{\lambda}$，$s_t = \dfrac{\beta}{\lambda}$，$q_t = \dfrac{\zeta}{P_t\lambda}$，代入

(3.14)式中可得

$$\omega_t h_t(1 - n_t\phi) + \overline{q_t}P_t - \frac{1}{\lambda} - \frac{\beta}{\lambda} - \frac{\zeta}{P_t\lambda}P_t - n_t e_t \varepsilon_t = 0 \tag{3.18}$$

化简可得

$$\frac{1}{\lambda} = \frac{\omega_t h_t(1 - n_t\phi) + \overline{q_t}P_t - n_t e_t \varepsilon_t}{1 + \beta + \zeta} \tag{3.19}$$

将(3.19)式代入(3.15)式中，得到

$$n_t = \frac{\omega_t h_t(1 - n_t\phi) + \overline{q_t}P_t - n_t e_t \varepsilon_t}{1 + \beta + \zeta} \cdot \frac{\gamma}{\omega_t h_t \phi + e_t \varepsilon_t} \tag{3.20}$$

化简之后得到

$$n_t = \frac{(\omega_t h_t + \overline{q_t}P_t)\gamma}{(1 + \beta + \zeta + \gamma)(\omega_t h_t \phi + e_t \varepsilon_t)} \tag{3.21}$$

将(3.17)式代入(3.21)式并化简，即可得到

$$n_t = \frac{\gamma(\omega_t h_t + \overline{q_t}P_t)(1 - \eta)}{\phi\omega_t h_t(1 + \beta + \gamma + \zeta)} \tag{3.22}$$

证明完毕。

4 二孩政策对家庭生育决策的影响

生育政策的贯彻落实对于改善我国人口结构，促进经济发展具有重要作用。评估过往生育政策的实施效果，有助于政府制定合理的生育政策与配套政策，进而改善我国人口结构，促进经济持续健康发展。本章利用 2012—2018 年 CFPS 的微观数据，使用双重差分倾向得分匹配法，从微观角度探究了全面二孩政策的实施对于政策目标家庭生育决策的影响。文章结果显示，全面二孩政策实施后政策目标群体的家庭生育二胎比例提升了 3.6%，我们使用安慰剂检验、缩尾处理等方法对结果的稳健性进行了检验。政策执行效果具有地区异质性与年龄异质性，计划生育政策执行力度较大地区的家庭在政策后生育二胎的比例提升了 8%，女性年龄在 30~38 岁的家庭生育二胎的比例提升了 5.9%。根据影响政策执行效果的因素，政府未来可以从宣传新型规范家庭、建设托育服务机构与扩充城市养育空间等方面制定相关政策，使得目前的三孩政策取得良好的实施效果，进而促进中国人口的长期平衡发展。

4.1 引言

人口结构会从贸易、储蓄、政府公共支出等方面影响中国的经济发展。近些年中国的老龄化程度不断上升，截至 2020 全国老年人口抚养比为 19.7%，比 2010 年提高 7.8 个百分点①。中国的"未富先老"特征使得劳动力供求关系可能在未来失衡，政府公共支出增加，经济增长也可能因此丧失可持续性。2022 年政府工作报告提出："积极应对人口老龄化，优化城乡养老服务供给，推动老龄事

----

① 数据来自《2020 年度国家老龄事业发展公报》。

业和产业高质量发展。"应对人口老龄化已上升为我国的国家战略,这也体现出改善人口结构的必要性。

为了改善我国的人口结构,我国于 2013 年底开始实施单独二孩政策;2016 年,我国开始实施覆盖范围更大的全面二孩政策:"对于符合特殊情况的已经育有一个孩子的夫妻,由夫妻双方共同申请,经县级(含县级市、区)计划生育行政部门审批,可按人口计划及间隔期规定安排再生育一个子女。"2021 年,我国又出台了三孩政策①。生育政策的不断调整完善表明我国对于人口均衡发展的关注与重视。但一系列放松生育限制的政策并没有有效提高中国的生育率。自 2017 年开始,我国出生人数不断下降,2022 年全国人口仅增加了 48 万。在此背景下,探究生育政策对家庭生育决策的影响,进而有针对性地调整配套措施,就显得尤为重要。

家庭生育决策会直接影响生育率,也可以直接反映生育政策的目标群体对于生育政策的响应程度。因此,本章通过探究家庭对于全面二孩的响应程度,定量分析全面二孩政策对家庭生育行为的提高程度。文章是对以往从宏观角度定性评价政策效果的文献的一个有效完善与补充。本章的分析有助于我们了解生育政策对家庭生育决策的影响。同时,通过分析影响政策贯彻实施的具体因素,解析现阶段"全面三孩"生育政策的执行情况,有助于我们出台完善在教育、医疗等方面的配套支持措施,促进人口与经济社会高质量可持续的协调发展。合理的生育及配套支持政策可以有效提升家庭生育意愿,优化人口结构。新生儿人数的增加有助于降低未来的老年抚养比,缓解人口老龄化与政府财政负担,促进经济的高质量发展。

4.2 文献简述

4.2.1 家庭生育决策的影响因素

关于家庭生育决策的影响因素,国内外已有大量的学者从微观和宏观不同层

---

① 2021 年 5 月 31 日,中共中央政治局召开会议,审议《关于优化生育政策促进人口长期均衡发展的决定》并指出,为进一步优化生育政策,实施一对夫妻可以生育三个子女政策及配套支持措施。

面进行了相关研究。

微观变量包括收支情况、年龄、受教育程度等。Becker（1960）提出了新家庭经济学理论，从微观角度将生育行为视为一种面向效用最大化的行为，家庭根据成本与收益确定孩子的数量。部分微观因素，如收入、受教育程度和人力资本投资，可以纳入新家庭经济学理论中考量。其中，教育会提高抚养孩子的单位时间成本，同时，由教育带来的思想观念转变也会减少家庭的生育数量（石冰玉，2021）。收入同样会影响家庭的生育决策：一方面，收入的增加使得生育与养育的机会成本增加；另一方面，收入的增加也可以提高家庭的抚养能力。对中国的实证分析显示，家庭收入对于生育主要具有正向的影响。王晓娟等（2022）使用2018年CLDS数据的研究结果显示，绝对收入与相对收入对家庭生育决策都有显著的正效应。风笑天（2018）的研究也显示，家庭收入对于二孩生育决策有显著的正向影响。与此同时，经济不确定性同样会降低家庭的生育意愿。易君健等（2008）利用中国香港1971—2005年的生育率进行实证分析，发现房价会改变家庭预算约束，提高了生育的影子价格，从而抑制生育。

影响生育意愿的宏观因素有城市化水平、社会文化、城乡类型、社会互动等。首先，社会文化会潜移默化地影响家庭的生育决策。儒家文化长期以来对中国的生育行为产生影响，儒家对家庭的重视与多子多福的思想贯穿始终（Tang，1995）。Spolaore等（2019）的研究表明，法国生育率下降的现象，始于对传统宗教价值观和世俗态度的削弱。高生育率成为既定家庭精神的一部分，并得到道德制度的支持。其次，家庭生育决策也会受到社会互动的影响。Rotering（2017）收集了瑞典生育过渡早期的数据，表明父母和儿童之间的生殖结果存在微弱的正相关关系，并且代际生育连续性持续存在。Laura（2003）的研究表明社会中的生育压力与周围群体中已经生育的人数成正比；个人与朋友相似的生育经历也可以获得与朋友更频繁的联系。Ajzen等（2013）提出了计划行为理论，文章认为态度、主观规范、知觉行为控制共同影响人们的意向，意向最终影响行为。即个人的喜好与社会压力与客观现实共同决定了生育意图，生育意图最终对实际生育行为造成影响。但也有学者指出，生育意愿和生育决策之间的系统性差距是导致低生育率的原因之一（Morgan & Miles，2006）。

而计划生育时期倡导的晚婚晚育观念同样会影响家庭生育决策，降低总和生育率(曾毅,1991)。关于推迟生育的研究显示,推迟生育会直接导致生育数量的下降。邓翔等(2018)利用 23 个国家 1980—2014 年的面板数据进行了实证研究,研究发现人力资本投资成本上升会推迟生育,推迟生育会降低再次生育的可能。李月、张许颖(2021)则使用 2017 年全国生育状况抽样调查数据对总和生育率进行分解,结果显示女性的生育峰值年龄在 28 之前,28 岁以上的群体生育率迅速下降。

城乡类型也会影响家庭生育决策。Riederer 等(2019)的研究显示,中国农村地区的生育意愿明显高于城市地区;农村地区更为普遍的性别偏好也会提高家庭的生育数量;而城市环境为人们的生活方式提供了更多可能性,提高了生育的机会成本。城乡差异同样对生育率有影响,农村的生活更亲近自然环境与其他家庭,更有益于养育儿童(Hill,2013)。此外,宏观经济发展同样会影响经济发展的趋势,钟水映等(2022)利用 OECD 近 40 年的面板数据得出结论,对于发达经济体,经济发展对生育率有显著的促进作用。

4.2.2　全面二孩政策的效果分析

总体而言,对全面二孩政策实施效果的探讨有两种角度。第一种是根据宏观人口统计数据,对政策的整体效果进行评价。在全面二孩政策实施前,翟振武等(2014)使用 2005 年全国 1% 人口抽样调查数据进行推算,认为全面二孩政策会使得新生儿数量每年增长千万,要慎重考虑这项政策的实施。翟振武等(2016)依据 2014 年抽样调查结果,使用分年龄分要素回推预测方法,预测由全面二孩政策产生的新增人口数量为 160 万~470 万人,不会出现人口的大量增长。任远(2017)针对 2016 年的出生人数统计数据进行分析,认为虽然新增了 200 万左右的新生儿,但生育政策对生育增长没有显著的实际效果。穆光宗(2018)由 2016 年与 2017 年的新生儿数量及其构成得出结论,生育行为受政策影响的程度较小,低生育率趋势不可避免。陈海龙等(2019)使用 2005—2016 年 31 个省级区域的数据作双重差分,对二孩政策的效果进行分析,认为由于全面二孩政策出生的人口数在 157 万,低于先前其他学者的估计。

另一种研究思路是从个体角度出发,探究实施全面二孩政策后,政策目标人群的生育意愿与生育行为的变化,这类研究相对较少。张丽萍等(2015)根据原国家卫生和计划生育委员会 2013 年的调查,对家庭生育意愿进行分析,发现育龄人群的二孩生育意愿较低且保持稳定，仅有少部分家庭有生育二孩的打算。钟晓华(2016)基于广东省1017名双非夫妇的生育意愿，评估全面二孩政策的实施效果，研究结果表明，政策对于生育意愿的影响十分有限。李翔等(2019)对福建地区15~49岁的常住育龄人群的生育意愿进行调查，研究结果显示，受全面二孩政策影响，被调查群体生育意愿有明显提高。石智雷等(2021)根据2011—2018年流动人口的生育水平与趋势分析二孩政策的效果，研究使用了全国流动人口动态监测调查数据，研究显示二孩政策影响明显但是堆积的生育意愿释放较快。

从结果上来看，仅有少部分的研究认为二孩政策效果较好。原新(2016)使用2016年的新生儿数据与2013年二孩政策调整之前的数据作对比，从出生人口规模停止递减、出生人口的二孩比例大幅度上升等方面出发，认为全面二孩政策的生育效果正在逐渐展现，政策是有明显效果的。宋健(2017)认为全面二孩政策的效果在初步显现。文章结论同样是依据2016年"出生人口的回升"与"出生人口中二胎比例的增加"得出的。

但大多数的学者认为二孩政策没有改变人们的生育意愿与生育行为。穆光宗(2018)根据2017年新生儿数量重新下降的现象，推测生育政策没有起到预料中的促进家庭生育的效果，生育率的短暂反弹说明政策效应已经充分得到释放了。

风笑天(2020)对现有文献从来源、方法、结论等多个角度进行了梳理与总结，也认为新生儿的短期少量增加为累积生育意愿的释放，二孩政策未达预期的深层因素是人们生育观念的改变。

4.2.3 文献评述

目前已有的对二孩政策的效果预测多是结合生育意愿与宏观层面人口数据进行推测，对二孩政策效果研究大多数通过使用国家层面的人口与新生儿统计数据与预期进行比较，进一步得出政策的实施效果，并且多从定性的角度对于全面二孩政策的实施效果进行评估。文章的评价结果推断性较强，不够具有说服力。部分研究对政策的评价范围也不够精确，仅仅研究政策前后新生儿数量的变动，没有考虑到生育政策的相互影响，从而没有做到精准识别受二孩政策影响的家庭。

微观研究也多为对个人生育意愿的研究，部分文献对生育意愿进行研究时，仅考虑理想子女数，忽视了从理想子女数到计划子女数再到实际生育子女数之间的偏差。还有部分研究着眼于育龄女性的二胎生育意愿，但生育决策不是个人决策，而是一项家庭决策，比较合适的研究对象应该是育龄夫妇。

考虑到先前部分研究仅从定性角度或使用宏观数据对政策进行评估，并且没有去发掘家庭的生育决策，本章使用 CFPS2012—2018 年的统计数据，从微观角度探究二孩政策对家庭生育决策的影响。与先前学者使用宏观人口数据的研究相比，从微观角度可以更好地观察个人的生育决策，对每个家庭及其特征进行更好的收集，这样可以剔除其他影响因素，更加精准地反映生育行为的变化原因，也能更好地捕捉二孩政策对家庭生育决策的影响效果。

4.3 研究设计

4.3.1 数据来源及变量选取

本章使用 CFPS2012—2018 年的数据。CFPS 对个体、家庭、社区三个层次的数据进行跟踪收集，样本覆盖 25 个省市自治区，包含家庭、社区、成人、少儿四种主体问卷类型。问卷中信息可以帮助我们捕捉到目标群体的特征与环境，筛选出与家庭生育决策的和家庭分类有关的信息。

选取家庭是否生育二孩作为被解释变量。现有研究多是对个人或家庭的生育意愿进行调查，但现有文献指出，生育主体是家庭，且家庭理想子女个数与现实生育子女个数之间也存在偏差。因此，我们选择家庭实际生育决策作为被解释变量。

文章使用虚拟变量 dt 区分全面二孩政策实施前后。虚拟变量 du 区分实验组与对照组。由于全面二孩政策在全国统一实施，没有办法直接分地区设置对照组与实验组。对生育政策进一步展开研究发现，全国有 19 个省域在全面二孩政策实施前，额外实施了一孩半[①]政策，如果农村夫妇生育的第一个孩子为男孩，则

---

① 一孩半政策指农村夫妇生育第一个孩子为女孩的，可以再生育一个孩子。政策在河北、山西、内蒙古、辽宁、吉林、黑龙江、浙江、安徽、福建、江西、山东、河南、湖北、湖南、广东、广西、贵州、陕西、甘肃等 19 个省域农村地区实施。

不许再次生育；如果是女孩，则允许生育二胎。我们借助一孩半政策，根据第一个孩子的性别，对样本进行分组。根据户口与第一个孩子的性别，我们设定对照组为第一个孩子为女孩的农业户口家庭，对照组的家庭生育决策不受政策影响，其他情况为实验组。

本章结合影响生育率的主要因素与实际数据的可测量性与可获得性选取了控制变量。我们使用家庭的收支数据控制了家庭的经济状况；使用住房归属权与医保类型衡量家庭的不确定性；使用家庭的社区类型与所在省份的城市化率共同衡量了城市化水平与城乡差异对家庭生育决策的影响。同时，使用村居生育率衡量社会互动对于家庭生育决策的影响。我们使用女性受教育程度衡量人力资本。根据对家庭生育意愿的调查问卷，我们还控制了第一个孩子的年龄。

4.3.2 模型构建

为了排除宏观新生儿数据中由于胎次、生育群体对研究二孩政策实施效果的干扰，精确识别由于全面二孩政策造成的家庭生育选择变化，本章使用双重差分法探究二孩政策的实施效果。

利用双重差分法的最关键前提是实验组与对照组必须满足共同趋势假设，即如果没有全面二孩政策的实施，实验组与对照组的家庭生育决策变化不会存在系统性的差异。但根据"一孩半"政策进行的分组很可能无法满足这个假设。然而，PSM-DID 可以有效地解决这个问题。

PSM 的思想来自匹配估计量，基本思路是在不受全面二孩政策影响的群体中找到某个家庭 m，使得 m 与受二孩政策影响的家庭 n 的家庭背景特征尽可能类似，当 m 与 n 的其他家庭背景特征比较相似时，两个家庭的生育决策就比较相似，进而可以更准确地对全面二孩政策的影响进行分析。本章使用半径匹配法将对照组与处理组进行匹配。匹配后大多数变量的标准化偏差小于 10%，图 4.1 展示了各变量标准差在匹配前后的变化，可以发现这些变量的标准差在匹配后明显缩小了。并且大多数 t 检验的结果不拒绝处理组与对照组无系统差异的原假设。

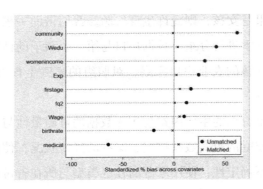

图 4.1　各变量的标准化偏差

观察图 4.2 可以发现，大多数观测值均在共同取值范围内，在倾向匹配得分时仅会损失少量样本。

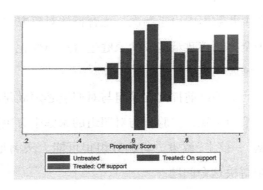

图 4.2　倾向得分的共同取值范围

基准回归模型如下：

$$Y_{ij} = \alpha_0 + \alpha_1 du + \alpha_2 dt + \alpha_3 dt \times du + \gamma_t + \mu_j + \mathcal{X}_{i_t} \tag{4.1}$$

其中，因变量 Y_{ij} 为位于 j 省区市的家庭 i 的生育选择，如果家庭选择生育二胎，那么取 1，否则变量取 0。dt 在全面二孩政策实施后取 1，全面二孩政策实施前取 0。du 为分组二值变量，对照组取 0，实验组取 1。γ_t 表示年份固定效应，μ_j 为省份固定效应。$\mathcal{X}_{i_t}$ 代表其他影响家庭生育决策的控制变量。$dt \times du$ 为交互项，交互项的系数衡量政策对家庭生育决策的影响程度。

DID 模型中各个参数的含义如下。由回归方程(4.1)可得，对于受全面二孩政策影响的家庭，政策前后的家庭生育决定为 $\alpha_0 + \alpha_1$ 和 $\alpha_0 + \alpha_1 + \alpha_2 + \alpha_3$；对于不受全面二孩政策影响的家庭，政策前后的家庭生育决策为 α_0 与 $\alpha_0 + \alpha_2$。用实验组在全面二孩政策实施后的决策水平差异减去对照组在全面二孩政策实施后的决策水平差异，就可以得到全面二孩政策对家庭生育决策的影响程度。

4.3.3 样本统计描述

表 4.1 对样本家庭的总体特征作了统计描述。其中女性的平均年龄约为 35 岁，被调查村居家庭中平均新生儿的比例约为 7.7%，家庭中第一个孩子的平均年龄约为 7.4 岁，家庭平均年支出约为 45200 元，家庭平均年收入约为 79300 元，女性平均年收入约为 13400 元。32.5%的家庭所在社区类型为居委会。表 4.2 显示了各年份各组家庭的生育决策。

表 4.1 **样本统计特征**

解 释 变 量	均值	方差
女性年龄	35.135	6.989
村居生育率(%)	7.651	7.621
住房归属权	1.432	1.369
第一个孩子年龄	7.441	4.485
医保类型	4.353	1.173
社区类型(0：村委会；1：居委会)	0.325	0.469
家庭年支出(千元)	45.207	51.164
家庭收入(千元)	79.291	152.613
女性收入(千元)	13.397	25.308
女性受教育程度	3.029	1.402
所在省份城镇化率(%)	54.838	12.995

住房归属权：从 1~7，家庭住房产权越来越小

医保类型：从 1~7，保障水平依次减小

女性受教育程度：从 1~8 受教育水平依次增加

表 4.2　**2012—2018 年各组家庭生育决策**

	年份与分组							
	2012 年		2014 年		2016 年		2018 年	
	对照组	实验组	对照组	实验组	对照组	实验组	对照组	实验组
生育二孩比例(%)	0.092	0.037	0.126	0.041	0.136	0.082	0.18	0.15

4.4　实证分析

4.4.1　平行趋势检验

如果实验组与控制组在事件发生之前存在时间趋势上的差异，那么结果就会产生偏差，即家庭生育决策的变化不是由二孩政策所致，而是由于政策制定前实验组与对照组的生育决策变动趋势不同所引起。因此，为了证明本章使用 PSM-DID 探究全面二孩政策效果的合理性，需要对实验组与对照组在二孩政策制定前的生育决策变化趋势进行检验。

观察图 4.3 可以发现，在实行二孩政策之前，实验组与对照组大致保持相同的增长趋势，而在实行政策后，实验组的二孩生育比例有明显的上升趋势。因此，对照组与实验组满足平行趋势假设。

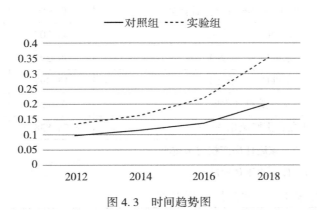

图 4.3　时间趋势图

4.4.2 基准回归与分析

表 4.3 中显示了回归结果，我们略去了省份固定效应、年份固定效应和部分控制变量的结果。可以发现政策交互项的系数为 0.036，也就是政策实施后政策目标群体的家庭生育二孩比例提升了 3.6%，交互项的系数在 10% 的水平下显著。这说明全面二孩政策有效提升了目标家庭的生育比例。鉴于已有研究多是对宏观新生儿数量或者是全面二孩政策下的生育意愿进行分析，尚无研究对二孩政策前后家庭的生育比例作对比。但我国家庭基数庞大，目标群体家庭生育二孩比例提升 3.6% 也会带来数据上的明显变化。国家统计局的数据显示，二孩出生数量在 2016 年与 2017 年分别比 2015 年增加了 20.7% 与 26.8%。本章得出的目标家庭生育二孩比例的显著上升与国家统计局的数据没有出现方向上的偏差。

表 4.3　　　　　　　　　　　　　　**PSM-DID 回归结果**

家庭生育决策	（1）系数	（2）平均边际效应	（3）概率比系数
政策×分组	0.684 * 0.382	0.036 * 1.790	1.983 * 0.758
分组二值变量	−0.702 *** 0.197	−0.037 *** −3.540	0.495 *** 0.088
政策二值变量	−0.883 0.848	−0.046 −1.040	0.413 0.351
村居生育率	0.073 *** 0.009	0.004 *** 7.560	1.075 *** 0.01
第一个孩子年龄	0.117 *** 0.028	0.006 *** 4.060	1.124 *** 0.032
家庭支出	0.004 *** 0.001	0.000 *** 3.070	1.004 *** 0.001
家庭收入	−0.001 0.001	−0.000 −1.230	0.999 0.001

续表

家庭生育决策	（1）	（2）	（3）
	系数	平均边际效应	概率比系数
女性收入	−0.013*	−0.001*	0.987*
	0.007	−1.890	0.006
女性受教育水平	0.071	0.004	1.073
	0.087	0.820	0.093
女性年龄	−0.141***	−0.007***	0.868***
	0.018	−7.390	0.016
医疗保障水平	0.081	0.004	1.085
	0.12	0.680	0.13
住房归属权	−0.071	−0.004	0.931
	0.073	−0.980	0.068
社区类型	−0.619**	−0.032***	0.539**
	0.255	−2.420	0.137
城镇化率	0.108	0.006	1.021
	0.094	1.150	0.084
截距项	−3.958		0.191
	3.767		0.719
省份固定效应	✓	✓	✓
年份固定效应	✓	✓	✓
有效观测	3039		
adj. R-sq	0.165		

注：列（1）与列（3）括号中为标准误；列（2）为 z 值。***表示 $p<0.01$，**表示 $p<0.05$，*表示 $p<0.1$。

回归结果中的概率比系数同样显示，在其他变量相同时，第一个孩子的年龄增加 1 岁，家庭生育可能性同比增加 12%；女性年龄每增加 1 岁，家庭生育二孩的可能性就降低 14%；女性的收入每增加 1000 元，家庭生育二孩的可能性减少 1.3%。同时，城乡类型与村居生育率也会影响家庭的生育决策。回归结果还显示，其他变量相同时，周围家庭中的新生儿比例增加 1% ，家庭生育二孩的可能性增加了 7.5% ；城镇家庭生育二孩的可能性是乡村家庭的一半。

4.4.3　稳健性检验

我们采用了三种方式进行稳健性检验，均显示基准回归中的结果稳健。第一，安慰剂检验。假设全面二孩政策为 2014 年开始实施。如果这种情况下全面二孩政策对家庭生育决策的影响仍然显著，那么家庭生育决策的变化可能来自其他的政策变化或者是随机因素。回归结果显示，此时系数值并不显著。因此，实验组家庭生育二孩比例的增长可以归因于全面二孩政策的实施。第二，排除极端值影响。根据表 4.1 中的样本统计特征，可以发现家庭收入的样本方差均值较大，样本内部可能存在极端异常值。我们对家庭收入进行上下 1% 的缩尾处理，缩尾处理后，交互项的系数在数值上与显著性上与基准回归一致。第三，变换样本范围。仅保留 2014—2018 年数据，对其进行双重差分，交互项的系数与基准回归基本一致，进一步验证了基准回归的准确性。

4.4.4　异质性分析

上文文献表明，全面二孩政策的执行释放了计划生育时期家庭堆积的生育意愿。因此，家庭对于全面二孩政策的响应程度就会由于计划生育政策的执行力度产生差异。

全面二孩实施前的各省份新生儿性别比是对计划生育政策执行强度的常用衡量方式之一。我们又根据各省份六普的性别比，对样本中的家庭做了平均划分。此处根据已有文献对二孩政策地区异质性的研究，选择分组回归的方式进行。对所在省域新生儿性别比较低的家庭的回归结果显示（见表 4.4），全面二孩政策交互项的平均效应系数为 0.08 ，是基准回归中交互项的系数的 2.2 倍，系数在 5% 的水平下显著。在新生儿性别比较高的家庭中，交互项的平均效应系数为 0.024 ，且并不显著。这表明计划生育政策执行较为严格的省份的家庭在全面二孩政策后生育二孩的比例更高。可以合理推测，二孩政策未能达到预期也可能是部分省域家庭的生育意愿已经提前释放。

表4.4 地区异质性分析

因变量：家庭生育选择	高强度省域		低强度省域	
	（1）	（2）	（1）	（2）
	系数	平均边际效应	系数	平均边际效应
政策×分组	1.781**	0.080	0.415	0.024
	（0.808）	（2.180）	（0.473）	（0.880）
分组二值变量	−0.648**	−0.029	−0.744***	−0.043
	（0.322）	（−2.000）	（0.253）	（−2.920）
政策二值变量	−2.894**	−0.131	1.467	0.084
	（1.449）	（−1.980）	（1.319）	（1.110）
村居生育率	0.079***	0.004	0.082***	0.005
	（0.014）	（5.360）	（0.014）	（5.770）
第一个孩子年龄	0.129***	0.006	0.115***	0.007
	（0.046）	（2.770）	（0.037）	（3.050）
家庭支出	0.005*	0.000	0.004	0.000
	（0.002）	（1.900）	（0.002）	（1.510）
家庭收入	−0.002	−0.000	0.002**	0.000
	（0.003）	（−0.960）	（0.001）	（2.040）
女性收入	−0.01	−0.000	−0.013	−0.001
	（0.01）	（−0.950）	（0.009）	（−1.490）
女性受教育水平	−0.002	−0.000	0.109	0.006
	（0.144）	（−0.010）	（0.11）	（1.000）
女性年龄	−0.15***	−0.007	−0.138	−0.008***
	（0.031）	（−4.660）	（0.024）	（−5.710）
医疗保障水平	0.059	0.003	0.165	0.009
	（0.18）	（0.330）	（0.171）	（0.970）
住房归属权	−0.081	−0.004	−0.126	−0.007
	（0.118）	（−0.690）	（0.103）	（−1.230）
社区类型	−0.976**	−0.044	−0.463	−0.027
	（0.423）	（−2.280）	（0.337）	（−1.370）

续表

因变量：家庭生育选择	高强度省域		低强度省域	
	（1）	（2）	（1）	（2）
	系数	平均边际效应	系数	平均边际效应
城镇化率	0.296**	0.013	−0.184	−0.011
	（0.149）	（1.980）	（0.156）	（−1.170）
截距项	−13.618*		7.573	
	（7.645）		（7.276）	
省份固定效应	✓	✓	✓	✓
年份固定效应	✓	✓	✓	✓
有效观测	1418		1621	
adj. R-sq	0.184		0.1712	

注：列（1）括号中为标准误；列（2）括号中为 z 统计量。*** 表示 $p<0.01$，** 表示 $p<0.05$，* 表示 $p<0.1$。

下面探究女性年龄对于二孩政策实施效果的异质性。一方面，年轻女性的生育意愿更强烈。已有文献对中国总和生育率的分解研究结果表明，女性年龄对生育有显著的抑制作用，且女性的生育本身存在一定的时间间隔。二孩政策释放了先前计划生育时期部分家庭未能实现的生育意愿。根据前述文献，二孩出生数量的增长主要来源于 30 岁及以上人群生育二孩的数量增加。因此，我们认为女性年龄可能导致政策实施效果出现异质性。综上，我们以 30 岁与 38 岁为分界线，按女性年龄把家庭平均分为三组。表 4.4 中展示了交互项回归的结果。30~38 岁女性组的边际效应系数为 0.059，且系数在 1% 的水平下显著。这表明二孩政策使得女性年龄在 30~38 岁的家庭的生育比例提升了 5.9%。

表 4.5　　　　　　　　　　　　女性年龄异质性分析

家庭生育决策	（1） 系数	（2） 平均边际效应
政策×分组 1	0.344	0.018
	（0.441）	（0.780）

续表

家庭生育决策	（1）系数	（2）平均边际效应
政策×分组2	1.141*** (0.432)	0.059 (2.630)
政策×分组3	0.409 (0.815)	0.021 (0.500)
分组二值变量	−0.694*** (0.197)	−0.036 (−3.490)
政策二值变量	−0.929 (0.854)	−0.048 (−1.090)
村居生育率	0.075*** (0.01)	0.004 (7.590)
第一个孩子年龄	0.114*** (0.028)	0.006 (3.970)
家庭支出	0.004*** (0.001)	0.000 (3.170)
家庭收入	−0.001 (0.001)	−0.000 (−1.450)
女性收入	−0.014** (0.007)	−0.001 (−2.040)
女性受教育水平	0.079 (0.086)	0.004 (0.910)
女性年龄	−0.144*** (0.019)	−0.008 (−7.300)
医疗保障水平	0.095 (0.121)	0.005 (0.780)
住房归属权	−0.068 (0.073)	−0.004 (−0.930)

续表

家庭生育决策	（1） 系数	（2） 平均边际效应
社区类型	-0.628^{**} （0.255）	-0.033 （-2.460）
城镇化率	0.113 （0.094）	0.006 （1.200）
截距项	-4.185 （3.778）	
省份固定效应	✓	✓
年份固定效应	✓	✓
有效观测	3039	
adj. R-sq	0.1677	

注：列（1）括号中为标准误；列（2）括号中为 Z 统计量。***表示 $p<0.01$，**表示 $p<0.05$。

4.5　政策建议

通过对回归结果做分析，我们从微观视角探究了影响家庭生育二孩的因素。现如今已经开始实施三孩政策，部分省域甚至已经完全放开生育限制，而近些年的出生数据也是连续走低，根据国家统计局发布的 2021 年新生儿人数与死亡人数[①]，2021 年全国新增人口仅 48 万。怎样提升人们的生育意愿，打消人们的生育顾虑，是需要考虑的问题。研究二孩政策的执行效果，只是第一步，最为关键的是，从人们的生育决策中提取信息，服务于后续生育政策的制定。这也是在三孩政策已经启动，二孩政策变成过去式的现在，我们仍然研究二孩政策的原因。

研究结果显示，城镇家庭生育二孩的可能性仅为农村家庭的 50%。这表明城镇家庭的二孩生育率还有较大的提升空间。众多研究也表明，相比于农村地区，

---

① 数据来源于《2021 年国民经济和社会发展统计公报》。

87

城市高昂的生育成本、养育成本、教育成本会抑制人们的生育行为。因此，国家需要出台相关的生育配套政策。比如，扶持智慧托育等产业的发展，推动建设托育服务机构，完善社区儿童活动场所与服务设施；推动教育资源的均衡发展，平衡家庭的教育负担。这些生育配套措施可以有效降低家庭生育成本，提高家庭的生育意愿。

研究发现，周边家庭生育率上升显著增加了被调查家庭生育二孩的可能性，这说明社会互动对家庭生育决策有着很大的影响。因此，想要提高生育率，应该在社会层面宣传与计划生育时期不同的生育理念，提倡优生优育、适龄生育，以促进人们生育观念的变化。

政府一方面应该建立新的家庭规模规范，另一方面通过完善男女同休产假，减少就业歧视，提供良好的养育环境，努力使得家庭生育意愿可以更好地化作生育行为。生育政策的制定是为了人口平衡发展，人口平衡发展是为了促进中国经济健康持久发展，使中国人民生活幸福。切不可在追求更高生育率的过程中违背人民意愿制定生育政策，损害群体福利。而只有制定切实为人民着想、具有人文关怀的政策，才能在促进经济发展的同时，提升人民的幸福感。

本章的不足之处在于：首先，数据涉及的年份较少，由于全面二孩政策的效果具有滞后性，我们需要用更长的时间才能看清楚未来的效果。但截至本章成文的时间为止，2020 年的数据还不够完善，因此无法纳入研究。现有数据只能展示全面二孩政策的短期效果。

其次，本章的研究范围有待进一步扩大，比如仅把家庭作为研究对象进行研究，与我国人口均衡紧密相关的还有日渐庞大的独居人群与单身群体，他们的特征与意愿没有被纳入考虑。而登记结婚人数从 2013 年的 1306 万对一路下跌到 2021 年的 763.6 万对，这同样也是在研究生育相关话题时不可忽视的因素。还有诸如社会文化等不可观测因素在研究时未能被纳入考量。

5 家庭内部议价能力与贫困差异

家庭经济学中，家庭内部资源是有限的。而议价能力是决定家庭资源分配的重要影响因素。"精准扶贫"是我国脱贫攻坚战的核心要义。我国已实现消除"绝对贫困"的艰巨任务，下一阶段应在此节点上进一步消除"相对贫困"。这就要求"精准扶贫"工程进一步识别更为贫困的个人，将有限的扶贫资源集中分配到最需要的帮扶对象上。但中国目前的扶贫政策中的精确识别仍停留在家庭层面上，对于脱贫攻坚而言，"精准到人"有新的时代内涵，其更符合消除"相对贫困"的要求。一是为了有助于促使"精准扶贫"相关项目能有一个更深刻的层次，二是为了避免脱贫以后的返贫现象，本章对个人贫困与家庭贫困进行研究，旨在分析出个人贫困与家庭贫困之间差异的原因，并将个人贫困与家庭贫困之间的差异定义为贫困差异。基于 Rossella（2020）的研究，贫困差异是家庭内部资源禀赋不平等的表现，受到家庭内部议价能力的影响，也属于家庭经济学的重要研究内容。因此本章借用家庭内部议价能力解释贫困差异的原因，从而更精准地识别帮扶对象。

5.1 引言

习近平总书记在全国脱贫攻坚总结表彰大会上指出，我国脱贫攻坚战取得了全面胜利，现行标准下 9899 万农村贫困人口全部脱贫，832 个贫困县全部摘帽，12.8 万个贫困村全部出列，区域性整体贫困得到解决，完成了消除绝对贫困的艰巨任务。但消除绝对贫困并不是扶贫的终点，而是精准扶贫的重要节点。在这个新的节点上，我国"精准扶贫"工程进入新阶段，应当将重点从"绝对贫困"的方向上转移到"相对贫困"的方向上来。这意味着我国的精准扶贫工程正在步入一个更高的层次，而本章所考虑的对贫困差异的研究也是解决"相对贫困"的重要参考。

但是，无论是以往的研究还是扶贫项目，大多以家庭内部的资源平等分配为前提。而近年来的研究表明家庭内部资源并非平均分配，大部分家庭内部资源分配更加倾向于男性。因此，从目前来看，我国精准扶贫的工程在家庭层次上已经是里程碑的成就，接下来应该更加注重个人层次上的贫困。精准扶贫，不仅要精准到户，还要做到精准到人。因而，从家庭内部资源分配不均的方向出发，从家庭经济学的角度，研究家庭内部成员的议价能力的差异也就成了分析个人贫困与家庭贫困之间差异的重中之重。

本章的研究旨在研究以下两个方面的问题：一是家庭内部成员之间的议价能力存在差别，这将使家庭内部资源分配发生偏移，普遍出现向男性偏倚。这种资源上的偏倚则会造成家庭成员之间贫困状况的差异，即个人贫困与家庭贫困之间的差异。二是研究影响家庭内部议价能力的主要因素。我们认为家庭内部议价能力不应仅仅由经济收入贡献构成，更应包含其他非经济因素，比如干家务时长、财务决定权、育有子女等非经济贡献。这些因素有助于我们研究家庭内部资源的偏倚是否仅仅是经济资源上的偏倚。将非经济因素纳入研究以后，是否会使得家庭成员之间贫困状况的差异进一步加大？

5. 2　文献综述与理论假设

本章文献综述主要从贫困差异以及家庭内部议价能力两个角度出发。贫困差异的相关研究主要侧重于个人信息的缺失无法测算真正的个人福利，而家庭内部资源分配的不均等往往就是造成贫困差异的重要原因，这为本章的研究提供了重要的理论支持。

5. 2. 1　有关家庭内部个体贫困差异的研究

早期对贫困问题的研究主要集中在家庭层次上。一方面是由于数据的限制，个人信息难以获取；另一方面则是因为大多数研究假定家庭贫困等同于个人贫困，以至于之前的研究中两者之间的差异鲜少被提及。然而，近年来大量文献表明个人贫困与家庭贫困存在差异。Grown（2014）、Lanjouw（2012）、Deere 等（2012）都曾指出，真正的个人福利往往没有被观测到而家庭测算通常忽略了家庭内部消费及其他资源禀赋的不平等。Kanbur（1990）和 Chant（2010）都曾指出家庭内部所有成员并非平等享受其家庭资源禀赋。Boudet 等（2018）在研究贫困中性别差异及家庭组成时，提到一个关键性问题——在缺乏个人层面的贫困数据时，从个人除贫困外的其他相关信息如何分析出贫困中的性别差异。他们认为个人贫困和家庭贫困并不一致，并提出从人口统计学维度和经济学维度解释是否存在某一特定类型的家庭更容易陷入贫困。

Ravallion 和 Wodon（1990）曾指出家庭数据集及基于此进行的相关贫困研究存在以下问题：一是数据限制，目前许多地区难以得到个人层面的福利信息，这一数据限制迫使许多项目以贫困家庭为靶，认为解决了家庭层面的贫困就能改善个人的福利状况；二是前提假设过于理想，当前相关研究和扶贫项目都是基于家庭内部资源平均分配的假设前提，这一前提忽略个人真正的福利状况。因此，Ravallion 和 Wodon（1990）旨在将个人福利情况与家庭贫困区分出来，借助个人营养状况等代理变量，将个人差异和贫困差异联系起来，从而解决真正的"贫困"问题。该论文提供了一种将个人贫困和家庭贫困联系起来的渠道，从而使得个人信息和家庭贫困的分析能够相互比较和联系。但是作者的重心在于检验家庭贫困和个人贫困之间的相关关系，并未分析导致个人贫困和家庭贫困的主要差异的原因。因此，家庭内部福利分配不均可能导致家庭贫困与个人贫困之间存在差异。基于此我们提出：

假设 1：测算出的家庭贫困并不等同于个人贫困，且贫困差异由家庭内部资源分配不均造成。

5.2.2 贫困差异的影响因素

第一，性别因素。诸多研究试图将贫困问题同性别因素联系起来。而这其中主要分为两类，一类致力于研究贫困的性别差异，另一类则是试图研究贫困的家庭户主性别。至于前者的研究，Boudet 等人（2018）利用 Global Monitoring Database（GMD）统计的世界范围的家庭调查数据研究提出，虽然整体而言无法观测到性别差异，但是若以年龄为特征分组，其下子群组中的性别差异就会明显得多，部分原因是由于 GMD 数据是从家庭层次出发。另外，随着女性在劳动力市场的参与度越来越高，女性的家务和育儿的责任分配就越来越受到研究者的关注。受到传统文化和社会准则的影响，女性一直在家庭中承担更多家务和育儿的责任，难以在职场上取得成功，从而造成女性比男性更易陷入贫困。Alon 等人（2020）提出与以前的经济衰退相比，新冠疫情对女性雇佣比例高的企业造成更大的威胁。但是新冠疫情也可能会改善劳动力市场上性别不平等的境况。一是因为商业模式可能会采取更加灵活的工作安排，二是许多父亲也将不得不承担育儿的责任，从而使家务和育儿的任务分配向更平衡的方向发展。Meriküll（2020）对爱沙尼亚家庭的研究发现平均财富中的无条件性别差距为 45%。显然，男性女性在财富上存在固有差异。

因此，本章假设男性女性除开财富上固有差异外，在家务和育儿时间分配上的差异导致其在劳动力市场上参与程度的差异，进一步导致男性女性贫困之间的差异。而"精准到户"会忽略男性女性差异，使家庭中男性女性贫困程度"平均化"进而造成个人贫困与家庭贫困的差异。因此，在研究家庭内部议价能力差异时，性别因素在财富上的固有差异也需要进行考虑。

大部分经济学家认为女性户主家庭比男性户主家庭更为贫困（比如，Dreze 和 Srinivasan，1997；Meenakshi 和 Ray，2002；Gangopadhyay 和 Wadhwa，2003）。Buvivnic 等人（1997）也曾提出女性受到性别歧视，应以女性户主家庭为目标减少贫困。但是，近年来却有研究认为并没有强有力的证据表明女性户主家庭比男性户主家庭更贫困。D'Acunto（2020）认为传统的性别角色使男性和女性在日常生活中受到不同的经济信号的影响，而这反过来又产生了预期的系统性变化。也就是说，男性和女性在家庭中本身对于经济信号会产生不同的预期，从而做出不同的经济决策影响其经济境况。Rajarams（2009）则指出，贫困测算的选择决定了女性户主家庭是否比男性户主家庭更为贫困，而政府以特定的人口组别为目标试图减少贫困可能会给大多数贫困测算下的目标组别优待。因此，本章假设户主性别的不同会做出不同家庭经济决策，从而造成个人贫困与家庭贫困的差异。

第二，受教育程度。Boudet 等人（2018）基于 GMD 全球视角的数据分析指出正规学校教育与男女贫困负相关。在 15 岁或以上的贫困人口中，41%没有受过教育。妇女占 15 岁或以上贫困人口的 62.3%，但只有 36.9%的贫困人口接受过高等教育。生活在贫困家庭中的妇女所占比例因学校教育而减少。受教育程度越高，男性和女性的贫困风险都会越低；受教育程度越低，男性和女性的贫困风险都会越高，其中女性贫困风险更高。Pintu（2019）考察印度地区女孩受教育程度和家庭贫困对女孩童婚现象的影响时指出，更高的中学教育程度和更高的受教育水平显著降低了女童婚的流行程度，并且从最贫困的家庭转移到最富裕的家庭也大大降低了童婚的可能性。由此，作者提出增加女童接受教育和向贫困家庭提供经济资助的机会可能是消除印度女童婚的有效战略。类似地，由于中国农村"重男轻女"等传统观念，女孩在较小年龄结婚生子在农村贫困地区也是存在的。

因此，本章认为受教育程度与个人贫困的风险是负相关的，受教育程度越高，个人的贫困风险越低；受教育程度越低，个人的贫困风险越高。个人受教育程度对男性女性贫困风险的影响不同。从家庭内部议价能力出发，这种性别上的差异实际上造成的就是家庭内部个人贫困之间的差异。家庭贫困会使得这种差异平均化，从而造成个人贫困和家庭贫困之间的差异。

第三，工作类型。Boudet 等人（2018）指出在贫困家庭中，虽然大多数男性是有偿工人或自雇人士，但超过一半的女性不在劳动力市场。并且，在撒哈拉以南非洲和南亚地区，自给自足行业与男性贫困密切相关，但对女性而言则略有下降。由此，他们认为就业与贫困之间的关系因性别和就业类型而异。August 等人（2017）认为反贫困计划利用财政激励措施可以促进福利受益人和其他低收入成年人的教育和就业。

还有一些文献则将研究对象放在已婚女性上，探讨了女性的工作状态和贫困之间的关系。Singh 和 Pattanaik（2019）使用印度的调查数据分析发现，已婚女性参与有偿活动的人数一直在下降，无偿工作活动量显著增加，并且对于受教育程度较低、被边缘化并属于较贫困家庭的已婚女性而言，无偿活动的增加更为激烈。尽管作者并没有将无偿工作的增加对贫困的影响作为研究重点，但的确说明了工作状态与贫困之间存在相关关系。Sarah 等人（2017）利用美国社区调查数据研究指出，从事兼职工作、失业以及没有劳动力的女性从 2001 年到 2010 年的贫困风险增加最为明显。因此，本章认为工作类型与个人收入存在相关关系，会影响其自身在家庭内部的议价能力，从而造成个人贫困和家庭贫困之间的差异。

第四，家庭已有子女数量。尽管数据来源不一，许多研究均表明，妇女和儿童受贫困影响的程度各异。大多数的贫困测算根据家庭状况将个体归类为贫困或非贫困人口。而这一测算方式掩盖了同一家庭中个人之间的贫困差异。来自全球的数据表明，几乎1/5的儿童生活在贫困家庭中，生活在贫困家庭的儿童数量是成人的2倍（世行报告，2018）。由此，我们可以认为贫困人群似乎更加倾向于生活在有更多儿童的家庭中。因此，本章假设家庭育有子女数目会影响到家庭贫困而造成个人贫困和家庭贫困之间的差异。

另外也有一些学者致力于剖析子女性别与女性家庭决策权之间的关系。殷浩栋（2018）发现生育男孩对农村妇女家庭的家庭决策权的提升有正向影响，尤其是在贫困地区。同时还提出，生育男性虽然会提升女性的家庭决策权，但在购买日常消费品、耐用消费品和建房、家庭借贷、子女教育这4项家庭事务上存在异质性。也就是说，不仅是家庭子女数目，而且家庭子女中是否有男孩都可能会影响到家庭中女性决策权（家庭地位）。那么，家庭育有子女因素一定会影响到家庭内部议价能力。因此本章认为育有子女的不同情况会对个人贫困和家庭贫困的差异造成不同的影响。

第五，家庭规模。大量证据表明，在发展中国家中，家庭规模和人均消费（收入）存在显著的负相关关系。通常认为，更大且更年轻的家庭显然更加贫困，但其中因果存在争议。Nelson（1993）从儿童福利中区分出成人福利有利于引起在研究和政策中使用实证福利测算。Ravallion（1994）发现了家庭内部资源禀赋不均等的现象，进而Lanjouw和Ravallion（2011）利用巴基斯坦综合家庭调查（PIHS）中的调查分析指出，实证上的关系相对脆弱。不同的福利测算得到不同的弹性，要么与传统观念（更大规模的家庭倾向于更贫困）一致，要么同家庭规模与贫困负相关相一致。基于非食品支出作为成人福利替代变量的Rothbarth方法则表明小规模家庭倾向于更贫困而严重的儿童营养不良的人体测量指数指出更大规模的家庭倾向于更贫困。由于家庭规模会对家庭贫困产生影响，因此在研究个人贫困和家庭贫困的差异中，我们将家庭规模作为控制因素，从而避免家庭规模造成的误差，高估或低估家庭内部因素对个人贫困和家庭贫困差异的影响。

第六，区域因素。一些经济学家对贫困的研究往往是基于某些特定的贫困地区，而这些地区往往是属于发展中国家。基于这些特定地区的研究更容易得到与贫困的相关结论。比如Lanjouw和Ravallion对巴基斯坦的研究，Ravallion和

Wodon 对对孟加拉国的研究，以及 Ravallion 对印度及中国等地的研究。也有另一些经济学家，则致力于从全球视角上对贫困进行研究。在这些研究中也产生了许多有趣的结论。比如，Boudet、Buitrago 等经济学家基于世界 89 个国家的样本数据对全球贫困整体现象的研究。

很多研究认为地理因素也能对贫困造成影响。早期便已经有一些经济学家从城乡特征和人口流动等方面对贫困问题进行研究。DasGupta（1987）就已经指出在不发达的乡村地区存在地理移民限制。Datt 和 Ravallion（1998）认为由于超过 3/4 的印度贫困人口居住在乡村地区，故而研究印度的乡村贫困比城镇贫困更重要。同时 Ravallion 和 Wodon（1999）利用孟加拉国的两个跨时间段（1988—1989 年、1991—1992 年）的调查数据，在控制一系列家庭的非地区特征后，研究发现地域对生活条件有显著的影响，指出孟加拉国生活标准存在明显的地理区别，即使是考虑到其他可见的影响贫困特征的家庭空间集聚。即同样的等价的家庭可能在某一地方贫困而在另一地方却不是。此时，一个人住在哪里对于解释孟加拉国的贫困是十分重要的。最后，论文提出在一些没有明显的对移民存在阻碍的经济环境下，反贫困项目以贫困地区为目标是合理的。另外，所在地区的文化和社会准则同样会影响家庭内部分工，从而对个人贫困和家庭贫困造成差异。Blau（2020）提出男孩母亲是在职的情况下，更愿意与在职女性结婚。其研究结果表明，更广泛的文化因素确实会影响家庭中的性别分工。

可以认为地理因素即特定的贫困地区对个人贫困和家庭贫困也会产生影响，因此，我们将控制地理特征——城乡特征、所在社区平均收入等变量，以避免夸大家庭内部因素对个人贫困和家庭贫困之间差异的影响。基于此，我们提出：

假设 2：在其他条件不变的情况下，本章假设贫困差异来源于家庭内部因素，包括家庭成员的性别、受教育程度、工作状态以及家庭育有子女数目及子女性别比例以及户主性别，而这些因素对家庭内部议价能力存在不同影响。

综合假设 1 和假设 2，本章提出最为核心的假设，即贫困差异可以用家庭内部议价能力进行解释。

5.2.3 个人在家庭内部议价能力的相关研究

从以往的研究看来，女性无论是在社会还是在家庭中都处于相对劣势的地位，无可避免会遇到"性别"歧视的问题。2020 年 3 月 5 日，招聘平台 BOSS 直聘发布《2020 中国职场性别薪酬差异报告》，报告显示，2019 年，中国城镇就业女性平均薪酬为 6995 元，薪酬均值为男性的 81.6%。且自 2016 年始，该平台发布的报告表明中国城镇就业女性平均薪酬始终处于男性的 80%左右。虽然近几年，女性从事管理层和新兴技术类工作比例上升，但是从平均薪酬来看，男女的薪酬差异始终存在。李实等（2013）指出改革开放以来，中国女性的失业率有所下降。造成女性就业问题的原因一是"男主外，女主内"的传统社会思想根深蒂固，二是企业追求利益最大化的过程中，普遍认为女性劳动力持续性不比男性，尤其是认为育儿会限制女性职业发展。Henrik 和 Camille 等人（2020）在其家庭政策能否消除性别不平等的研究中指出帮助育儿相关的公共政策并不能改善性别不平等，仅仅只是短期内对女性就业市场带来影响，没有长期效应。Goldin（2014）也曾提出相似结论，即提出两性趋同更多依赖于劳动力市场的均衡特征而非政府干预。

　　女性的弱势情况同样存在于家庭内部。Bhalotra 和 Attfield（1998）研究了巴基斯坦农村的半参数恩格尔曲线，表明成年男性比成年女性消费更多。Roy 和 Chaudhuri（2008）表明印度老年妇女报告的自我评估健康状况更差，残疾患病率更高，医疗保健利用率低于男性，但在控制经济独立时，性别差异消失了。这也就说明可能女性在家庭内部的经济决策能力决定其在家庭中资源分配的能力，以及能影响其自身健康状况和寿命。Maharana 和 Ladusingh（2014）使用 Theil 分解指数评估印度老年人在保健和粮食支出方面的不平等，发现存在重大性别歧视的证据。Anderson 和 Ray（2018）指出 20 岁至 65 岁的女性死亡率过高且在未婚妇女和寡妇中尤为严重。

　　家庭内部的不平等可以大大改变对个人贫困水平的评估，尤其是在家庭贫困程度本来就比较高的家庭中。一些研究旨在分析家庭行为是否符合单一模型进行实证检验，在这些模型中常暗含这样一个假设：家庭资源在家庭内部是平等分配的。然而近年来的研究已表明，家庭内部资源的配置并不是平等的，在这其中，女性往往处于相对劣势地位。于是，女性在家庭内部议价能力的测算成为学者们感兴趣的方向。Browning 等人（2013）利用女性的资源分配份额测算其议价能力。比如，妇女消费占家庭总支出的比例。Dunbar 等人（2013）是通过比较专门由妇女、男子或儿童消费的服装项目的恩格尔曲线来确定资源份额的。已有的研究表明，女性在家庭内部的资源分配份额与男性相比更少，同时随着年龄增长逐渐下降。由此可见，妇女在家庭内部的资源分配并不是之前研究中假设的平均分配。基于此，我们提出：

假设3：家庭内部女性的资源禀赋低于男性，且家庭内部女性的议价能力也低于男性。

个体在家庭内部议价能力受到多方面因素的影响。其议价能力多以劳动收入来衡量，其影响因素不仅源于自身特征，如：年龄、受教育程度等，同样包括在家庭内部的贡献程度，而这一点则主要是通过干家务时长衡量。西方经济学者通过"家务劳动的惩罚效应"来解释家务劳动负担对女性劳动收入的负向影响。这些研究主要分为精力分配理论、家务时点与弹性理论、补偿性工资差异理论以及信号理论四种。精力分配理论最先用来解释家务劳动与收入间的关系。其主要观点认为承担大量家务劳动所导致的时间精力消耗必然减少劳动者在工作中的投入程度，导致收入降低。由于家务负担不同，具有相同人力资本和职业特征的女性相对于男性而言程度更多的家务职责降低了其在劳动力市场中的经济回报。

家务时点与弹性理论的提出为家务劳动与收入的关系提供了新的解释。它旨在强调家务劳动发生的时点和类型同样对个体在劳动力市场的经济回报有重要影响。该理论将家务劳动分为工作日和休息日，并提出男性可以将家务劳动推移到休息日而女性不能，由此进一步加大两性收入差距。补偿性工资差异理论认为，家庭通过限制个体工作和职业选择而影响收入。相较于男性，女性往往倾向于选择工作时间弹性大而报酬较低的工作，而男性承担的家庭职责会使其偏好于高投入、高回报的工作。比如，Kevin（2020）试图用"男性和女性对待竞争的态度差异"去解释双方劳动参与率的差异。长此以往，两者之间的差距越来越大。

信号理论的解释则是从雇主的性别歧视角度出发，指出由于社会普遍认为女性承担了主要的家务职责，会导致其工作效率低，相比之下，雇主则会更加倾向于雇佣男性。综合来说，以上四种理论都基于一个普遍的现象——女性在家庭中承担更多的家务份额。无论是从家庭内部还是社会环境来看，女性在其中都处于相对弱势地位，这一现象最终会导致女性的劳动收入报酬都会低于男性，且这种现状会存在长期影响，逐渐加剧两性收入差距。因此，对于女性而言，这种环境会降低女性在家庭内部的讨价还价能力，并且使得家庭内部成员之间的贫困状况存在差异，即存在贫困家庭中不贫困的男性个体或是不贫困家庭中的贫困女性个体。基于此，我们提出：

假设 4：在其他因素不变的情况下，工作日干家务时长对个人在家庭内部议价能力存在负向影响。

Rossella（2020）在其研究中指出，随着年龄增长，女性在家庭内部的讨价还价能力降低。伴随着年龄增长的还有育儿的问题。殷浩栋、毋亚南等（2018）发现生育男孩对农村妇女家庭决策权的提升有正向影响，尤其是在贫困地区。Rossella（2020）还强调了女性尤其是在生育子女后，其内部的讨价还价能力进一步降低。其实证研究表明在有子女的家庭中，妇女的资源份额平均为男子的67%；在没有 15 岁以下子女的家庭中，妇女的资源份额平均为男子的 80%。也就是说，育有子女后，妇女的资源份额与之前所占的资源份额相比会进一步降低，进一步使得其在家庭内部的议价能力降低。从这一层面上来说，应在个人贫困而非家庭贫困层次上解释。由此可见，不仅仅是年龄的增长，育儿同样会对女性在家庭内部中的讨价还价能力产生影响。吴晓瑜、李力行（2011）指出，妇女地位提高对于提高她们的人力资本水平有帮助，而这在长期有助于减少性别歧视和消除贫困。

从现有文献来看，育儿对女性在家庭内部议价能力的影响主要来源于两个方面，一方面是女性育儿以后职业发展的影响，另一方面则更多是在贫困家庭中的影响，是"重男轻女"的思想使得"母凭子贵"，而提升了女性在家庭内部的议价能力。但遗憾的是，在吴晓瑜、李力行的研究中并未提到如何改善女性在家庭内部的议价能力。尤其是在中国实行计划生育政策后，计划生育政策约束了绝大多数家庭可生育子女数量，在性别偏好变化相对滞后的情况下，生育控制政策会通过诱发家庭的性别选择行为提升男孩出生的性别比（Hongbin et al.，2011）。陆万军、张彬斌（2016）利用双重差分研究了计划生育政策对女性教育获得和收入地位的影响。其实证研究发现计划生育政策对女性教育获得产生了显著的正面影响，女性在市场中的相对收入也显著提高，性别间收入差距缩小。这也就是说，计划生育政策对女性地位的影响一方面源于"独女户"使得女性受教育程度提高，另一方面则可能是因为家庭的性别选择行为迫使女性在家庭内部议价能力提高。同时，文章还评估了计划生育政策对性别观念的影响，发现性别观念并没有受到计划生育政策的显著影响。性别歧视仍然存在于我国的教育和劳动力市场中。基于此，我们提出：

假设 5：在其他条件不变的情况下，育有儿子的数量增加会提高女性家庭内部议价能力。

近年来，中国男性和女性在受教育程度方面的差距逐年缩小，但是这种缩小却往往忽略了家庭之间的异质性。Bauer 等人（1992）就曾提出在中国，受教育的性别差异在城乡之间、在不同背景之间和不同子女数量的家庭之间均存在显著差异。其中，Blake（1981）提出的资源稀释理论认为，子女数量的增加会稀释家庭成员获得的资源禀赋。Chu 等人（2007）指出在中国传统儒家思想影响下，兄弟姐妹数量的增加往往进一步削弱了在家中本就处于劣势地位的女性。而受教育程度的差异会在个体日后的成长过程中造成更为深远的影响，其中一个较为直接的表现即是劳动收入。在本章中提出的女性在家庭内部的议价能力并不涉及子女中的女性。但是受教育程度一方面会影响女性收入水平，另一方面则会影响其在家庭中的经济决策水平，最终仍然会导致其在家庭内部议价能力的差异。基于此，我们提出：

假设 6：在其他情况不变的情况下，个体受教育程度越高，其在家庭内部的议价能力越高。

综合已有文献来看，个人在家庭内部的议价能力受到多种因素的共同影响，一方面是由于其自身因素所致，比如：自身年龄、工作状态、受教育程度。另一方面则受到家庭内部因素的影响，主要包括家庭内部干家务时长、育儿数量和育有子女是否为男孩。

5.3 个人贫困与家庭贫困的差异事实

由于家庭内部议价能力没有某一或某些变量能够完全对其进行替代，因此，本节将在此前所述文献的基础上以 CFPS 数据为基础先对个人贫困与家庭贫困之间的差异进行统计描述。CFPS2016 年数据共由 6 个子总体组成，代表上海、辽宁、河南、甘肃、广东和其他省区市，经过加权而代表全国。CFPS 共包括 5 个子数据库，根据研究需要我们选择 CFPS 中成人和家庭 2 个数据库作为研究对象。

对于贫困的研究，无论是各种贫困调查，还是政府的扶贫项目，都是以家庭为最基本单位。数据的来源也都是建立在家庭基础上。而个人在家庭中的构成往往被假定是公平的，但事实并非如此。之前已有研究证明女性和儿童在家庭中往往是劣势地位。因此，政府的扶贫项目将目标定在"家庭"并非真的有利于家庭中每个人的福利改善。CFPS2016 年数据也表明，个人收入低于贫困线占总样本的 81.10%，而家庭人均收入低于贫困线的却只占总样本的 8.10%。显然，个人贫困与家庭贫困之间存在显著差异。

本节将家庭分为 4 组，第 0 组代表个人收入和家庭人均收入均高于贫困线的人群；第 1 组代表个人收入低于贫困线，而家庭人均收入高于贫困线的人群；第 2 组代表个人收入高于贫困线，而家庭人均收入低于贫困线的人群；第 3 组代表个人收入和家庭人均收入均低于贫困线的人群。

首先，以家庭层次为出发点，根据家庭人均收入是否低于贫困线可以将 28961 个调查对象分为贫困家庭和非贫困家庭。如表 5.1 所示，在贫困家庭的 2342 个对象中，个人贫困的有 1944 个，而非个人贫困的有 398 个，约 17% 的非个人贫困生活在贫困家庭中。贫困个体出现在非贫困家庭中的占比高达约 92%。因此，有必要分析非贫困家庭中的贫困个体。

表 5.1 个人与家庭之间贫困状况对比表

		家庭人均收入低于贫困线		total
		0	1	
个人收入	0	5076(0)	398(2)	5474
低于贫困线	1	21543(1)	1944(3)	23487
total		26619	2342	28961

注：括号内数字为分组变量赋值。

5.3.1 贫困差异的个人因素

正如前文所述，可从个体性别、年龄、工作类型和受教育程度四个维度对个人和家庭贫困之间的差异进行分析。

　　第一，在性别维度上，男性贫困与女性贫困之间存在明显差异。如图 5.1 和图 5.2 所示，无论是在城镇地区还是在乡村地区，尽管在每一组中男性比例都高于女性，但仍然可以看出第 0 组和第 2 组中男性比例明显高于第 1 组和第 3 组。这表明非贫困个体多为男性，即使该男性生活在贫困家庭中。而这一现象在乡村地区比在城镇地区更为明显。这一结果与以往的研究结论是一致的，家庭内部中的资源禀赋往往不是平均分配。

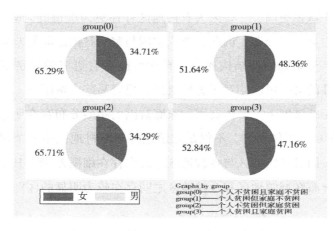

图 5.1　乡村地区不同组别的性别比例

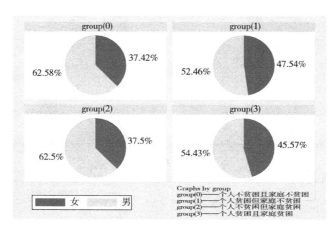

图 5.2　城镇地区不同组别的性别比例

首先，以城镇地区为例，如图 5.2 所示，由第 0 组与第 1 组相比可以看出，第 1 组中的女性比例相对较高，也就是说在非贫困家庭中，女性相对于男性个人贫困的风险更大。这是因为男性在家庭中可能占据更多的资源禀赋，从而使其从贫困家庭中脱离而相对富裕，使得女性更容易陷入贫困。在贫困家庭中亦是如此。也正因此才会产生个人不贫困而家庭贫困的现象，从而使得个人贫困和家庭贫困之间产生差异。

其次，以上现象在乡村地区中则更为明显。无论家庭是否处于贫困线下，男女比例在非贫困个人中的差异相较于城镇地区更大。这可能是因为，一是农村中男性比例相对于城镇更高，二是因为农村地区存在更为严重的"重男轻女"现象，男性在家庭中占有更多资源，因此，个人贫困与家庭贫困之间的差异更大。

综上所述，于家庭内部结构而言，男性可能占有更多的经济资源禀赋。因此，家庭中女性的贫困风险相对于男性更高，更容易陷入贫困。

第二，在年龄维度上，个体贫困和家庭贫困的年龄分布存在明显差异。如图 5.3 和图 5.4 所示，整体而言，不仅是城镇地区和乡村地区中各个组别之间年龄分布存在差别，而且城镇地区与乡村地区之间也存在细微差别。其中，第 2 组和第 3 组的年龄分布在城镇地区和乡村地区之间存在较为明显的区别。

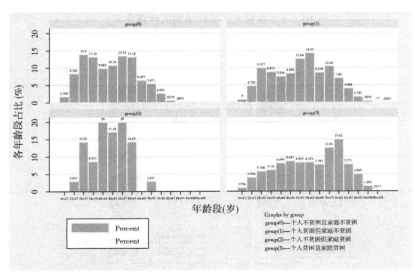

图 5.3 乡村地区不同组别的年龄段分布

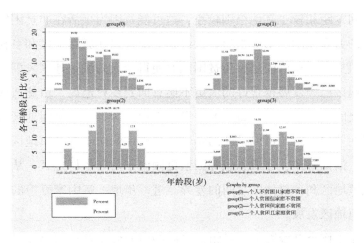

图 5.4 城镇地区不同组别的年龄段分布

首先，从城镇地区的不同组别的年龄占比来看，如图 5.4 所示，可以得到一些结论。各个组别都呈现两边小，中间大的形状，而第 0 组个人和家庭都不贫困的人群主要分布在 34~39 岁的年龄区间，第 1 组则是更多集中在 60~70 岁的年龄区间，第 2 组则是集中在 30~40 岁的年龄区间，第 3 组是集中在 70~80 岁的年龄区间。第 0 组与第 1 组相比可以看出，非贫困家庭中的个人贫困主要集中在 50 岁以上年龄段，非贫困个体集中在 20~30 岁的年龄段。这可能是因为非贫困家庭中，父母所拥有的资源会向其子女转移，从而导致父母可能相对于子女更贫困。第 0 组与第 2 组相比则可以看出个人非贫困而家庭贫困主要集中在 30~50 岁的年龄段，极少有 50 岁以上的人口属于个人非贫困而家庭贫困类型。由第 1 组和第 3 组的年龄分布对比可以看出，第 3 组的分布中老龄人口较第 1 组而言明显增多。这可能是因为对于老龄人而言，如果个人已经处于贫困中，那么其所在的家庭也可能会陷入贫困的境况。由第 2 组和第 3 组的年龄分布对比来看，在家庭处于贫困的情况下，老龄人口更易陷入贫困。同样的，这一点在乡村地区的不同组别之间的年龄分布中得到进一步的证实。

其次，各个组别的年龄分布在城镇地区与乡村地区之间也存在较为明显的差别。整体而言，城镇地区 20~30 岁区间的人口相较于乡村地区更多，这可能是因为乡村地区的年轻人口更加倾向于生活和工作在城镇地区。其中，第 1 组年轻人口城乡之间差距相较于其他组别较小，这可能是因为生活在非贫困家庭会减少贫困年轻人的城乡流动，第2组年轻人口和老龄人口在城镇地区和乡村地区之间差别较其他组更大，这可能是因为贫困家庭使得个人向城镇地区发展，也可能是因为在城镇地区已经发展得很好的人更不愿意回到乡村地区。由此造成城镇地区和乡村地区之间第二组年龄分布上的差异。类似地，第3组城镇地区和乡村地区年龄分布存在差异。因此可以推断出年轻人口更加倾向于在城镇地区发展，老龄人口由于一些诸如身体、守旧思想等因素更倾向于留守乡村地区，从而造成了不同组别在城镇地区和乡村地区之间的差异。进一步地，贫困家庭中的年轻人更可能向往在城镇地区发展。

第三，在工作类型维度上，各组别之间的职业分布存在明显差异。首先，从图5.5和图5.6中，我们可以明显看出城乡之间工作类型的区别。与乡村地区的职业分布情况相比，城镇地区的人口中从事农业活动的人口明显较少，从事私营企业/个体工商/其他自雇和受雇的人口较多。这种城镇与地区之间的职业分布差别是符合我国当前现实的，农村地区多从事与农业活动相关的工作，而城镇地区多从事非农活动相关的工作。一方面是由于历史传统因素的影响，乡村地区发展农业，城镇地区发展工商业。另一方面也是由于城乡的发展始终存在差距导致的，城镇地区经济发展速度比乡村地区快得多，而且两者之间的差距逐渐扩大。

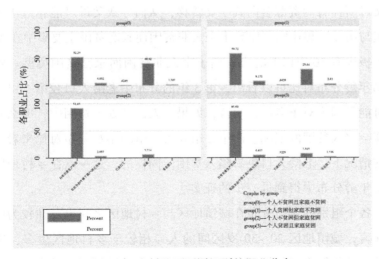

图 5.5　乡村地区不同组别的职业分布

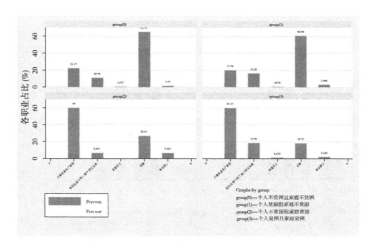

图 5.6　城镇地区不同组别的职业分布

其次，尽管城镇地区与乡村地区的职业分布存在固有的差别，但是不同组别之间的差别却相似。无论是在城镇地区还是在乡村地区，当个人已经生活在非贫困家庭时，个人是否贫困并不影响人口的职业分布情况。但如果个体身处贫困家庭，不管个体是否贫困，个体更多地从事农业活动。换言之，个人职业选择可能与个人贫困境况无关，但与家庭贫困状况有关。

第四，在受教育程度维度上，贫困家庭中的个人受教育程度普遍较低，而非贫困家庭中的个人受教育程度较高。首先，整体而言，城乡之间存在教育差异。如图 5.7 和 5.8 所示，不同组别在城镇地区和乡村地区之间存在明显差异。尽管总体而言，样本人群中受教育程度普遍集中在高中及以下学历，但是城镇地区的人群受教育程度普遍高于乡村地区。在第 0 组和第 1 组中近似于正态分布，大部分人受教育程度集中在初中到高中教育水平，而第 2 组和第 3 组受教育程度更多集中于初中及以下水平。但同样，每个组别在城镇地区和乡村地区的分布"形状"是相似的，这代表着一定程度上说，家庭贫困与个人贫困之间的差异并不受到个人或个人所在家庭是否在城镇地区的影响。

其次，贫困家庭中个体的受教育程度普遍偏低。对于贫困家庭（第 2 组和第 3 组）而言，超过 60% 的贫困家庭中个体受教育程度是小学及以下，对于非贫困家庭（第 0 组和第 1 组）而言，高受教育程度的人占比相对家庭贫困而言增多。这

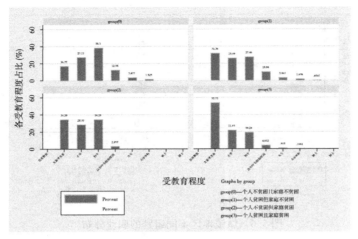

图 5.7　乡村地区不同组别受教育程度分布

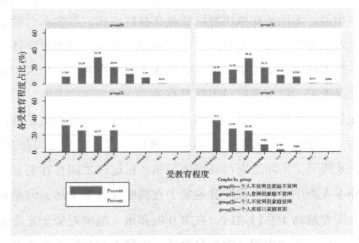

图 5.8　城镇地区不同组别受教育程度分布

说明个人受教育程度普遍与家庭经济状况相关。此外，个人受教育程度与个人及家庭贫困之间的差异存在明显的相关性，个人受教育程度低可能使得个人贫困风险和家庭贫困风险均增大，但对家庭贫困风险影响更大，从而造成个人和家庭之间的贫困风险差异。第 0 组和第 2 组（以及第 1 组和第 3 组）比较，第 2 组中人群的受教育程度 95% 以上是初中及以下，且 30% 以上受教育程度是文盲，而第 0 组中的人群受教育程度为初中及以下的占比约 80%。可见，个人受教育程度越低，其所在家庭越容易陷入贫困的境况；个人受教育程度越高，其所在家庭越不易陷入贫困的境况。综合来看，个人受教育程度可能对个人是否贫困的影响较小，而对家庭是否贫困的影响较大，从而使得个人贫困与家庭贫困之间产生差异。

5.3.2 贫困差异的家庭因素

首先，就育有子女数目而言，无论家庭是否处于贫困境况，非贫困个人更倾向于少生。如图 5.9 和图 5.10 所示，贫困家庭中的贫困个人育有子女情况为：超过一半的贫困个人育有 2 个及以下的子女，近 90% 的贫困个人育有子女数在 5 个及以下。而非贫困个人占比最高的是没有子女选项。这可能与抚养孩子高额的经济成本相关，少生或是不生孩子在某种程度上减轻了贫困家庭的贫困程度。

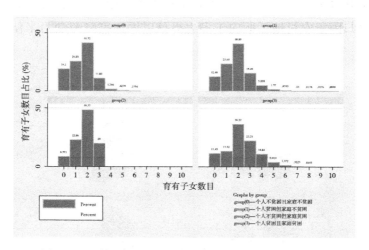

图 5.9　乡村地区不同组别的家庭育有子女数目的分布

如图 5.11 和图 5.12 所示，从城镇地区与乡村地区的比较来看，城镇地区的各组别中大于 2 个子女数目的人口占比：第 0 组为 8.86%，第 1 组为 10.49%，第 2 组为 37.5%，第 3 组为 30.31%，而乡村地区的各组别中大于 2

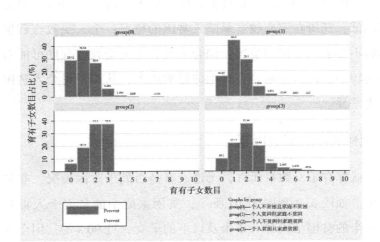

图 5.10　城镇地区不同组别的家庭育有子女数目的分布

个子女数目的人口占比为：第 0 组为 13.54%，第 1 组为 22.97%，第 2 组为 20%，第 3 组为 30.29%。可见，第 0 组和第 1 组中乡村地区倾向于多生孩子。这可能主要归因于农村地区倾向于多生男孩以增加家庭劳动力来使得家庭和个体脱贫。

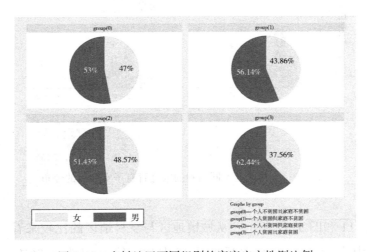

图 5.11　乡村地区不同组别的家庭户主性别比例

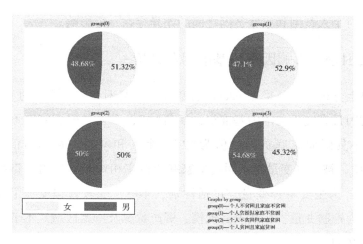

图 5.12　城镇地区不同组别的家庭户主性别比例

其次，在家庭户主性别的维度上，本章采用财务回答人代替户主性别对个人和家庭贫困之间的差异进行分析，这主要是因为财务回答人相对于户主性别而言，在家庭中更能体现个人的经济决定权，反映出家庭资源禀赋的分配状况。因此，我们选择财务回答人作为户主性别的替代变量。各个组别的户主性别比例在城镇地区和乡村地区呈现较为明显的区别，城镇地区除第 3 组外，女性户主比例高于男性户主，而乡村地区各个组别中男性户主比例明显更高。这可能与乡村地区"男主外，女主内"的传统思想相关。城镇地区与乡村地区之间户主性别比例之间存在既定差异，但是从各个组别之间的比较而言，该既定差异并不对组别之间的差异产生影响。即使是在乡村地区各个组别男性户主比例明显偏高的情况下，各个组别之间的户主性别比例仍然值得研究和分析。

进而，根据城镇地区和乡村地区中各个组别之间的相互比较，可以看出个人贫困与家庭贫困之间存在的差异同样与户主性别相关。以城镇地区为例，由第 0 组和第 1 组比较可以看出，对于非贫困家庭而言，女性户主家庭更可能使得个人陷入贫困的境况。而由第 2 组和第 3 组情况可以看出对于贫困家庭而言，男性户主家庭更可能使得个人陷入贫困。进一步，由第 0 组和第 2 组比较可以看出对于非贫困个人而言，男性户主家庭更可能使家庭陷入贫困。而第 1 组和第 3 组比较则表明，对于贫困个人来说，男性户主家庭更可能使家庭陷入贫困。可见，家庭的户主性别对个人贫困和家庭贫困之间的差异存在一定影响。

5.3.3 贫困差异影响因素的基准回归分析

基于以上分析，本节采用 mlogit 模型对个人贫困和家庭贫困进行实证分析。以个人不贫困且家庭不贫困为基准组，赋值"0"，个人贫困而家庭不贫困赋值为"1"，个人不贫困而家庭贫困赋值为"2"，个人和家庭均贫困赋值为"3"。在 mlogit 模型中，被解释变量是不同类型家庭的概率相对于基准组类型家庭的概率比值。其中 x_i 为主要解释变量，包括性别、年龄、受教育程度、工作类型、子女数等，y_i 为控制变量，包括家庭规模、资产状况及所属区域。本节中的解释变量均来自前文的分析。

$$\ln\left(\frac{\pi_{ij1}}{\pi_{ib1}}\right) = \ln\left(\frac{P(y_{i1}=j\mid x)}{P(y_{i1}=b\mid x)}\right) = x'_{i1}\beta_{j1} + y'_{i1}\alpha_1 + \varepsilon_{t1} \text{ for } j = 1, 2, 3 \quad (5.1)$$

具体考察观测被解释变量由以下方程决定，本章以 group = 0 为基准组：

$$\text{group} = \begin{cases} 0, & \text{若 incomea}>=3000,\ \text{fincome1\_per}>=3000 \\ 1, & \text{若 incomea}<3000,\ \text{fincome1\_per}>=3000 \\ 2, & \text{若 incomea}>=3000,\ \text{fincome1\_per}<3000 \\ 3, & \text{若 incomea}<3000,\ \text{fincome1\_per}<3000 \end{cases}$$

年龄段变量（agegroup）将受访者 16~45 岁的个人赋值为"1"、46~65 岁的个人赋值为"2"、66~104 岁的个人赋值为"3"。性别变量（gender）将受访者中男性赋值为"1"，女性赋值为"0"。工作类型变量（jobclass）依次将"自家农业生产"赋值为"1"、"私营/个体"赋值为"2"、"农业打工"赋值为"3"、"受雇"赋值为"4"和"非农打工"赋值为"5"。受教育程度变量（edu）将受访者学历"文盲/半文盲"赋值为"1"、"小学"赋值为"2"、"初中"赋值为"3"、"高中"赋值为"4"、"大专"赋值为"5"、"大学本科"赋值为"6"、"硕士"赋值为"7"。家庭规模（familysize）是受访者所在家庭的总人口数、家庭净资产的对数（asset）是受访者所在家庭净资产的对数、城乡特征（urban）是指受访者所在社区基于国家统计局的城乡分类，将"城镇地区"赋值为"1"、"乡村地区"赋值为"0"。

表 5.2 为基准回归结果。

表 5.2　　　　　　　　　　　贫困差异影响因素的基准回归结果

变量	（1）group（1）	（2）group（2）	（3）group（3）	（4）group（1）	（5）group（2）	（6）group（3）
gender（性别）	−0.285 ***	−0.255	0.028	−0.318 ***	−0.145	0.080
	（−5.28）	（−1.09）	（0.31）	（−6.03）	（−0.63）	（0.94）
agegroup（年龄段）	0.394 ***	−0.046	0.316 ***	0.512 ***	−0.204	0.394 ***
	（8.29）	（−0.24）	（4.49）	（11.37）	（−1.08）	（6.04）
edu（受教育程度）	0.158 ***	−0.265 **	−0.055	0.233 ***	−0.454 ***	−0.125 ***
	（6.60）	（−2.22）	（−1.21）	（10.49）	（−3.88）	（−2.88）
jobclass（工作类型）	−0.216 ***	−0.220 **	−0.809 ***	−0.167 ***	−0.193 **	−0.779 ***
	（−10.42）	（−2.46）	（−17.47）	（−8.35）	（−2.25）	（−17.40）
childn（家庭育有子女数目）	0.163 ***	−0.159	0.187 ***	0.128 ***	−0.095	0.251 ***
	（5.29）	（−1.29）	（4.19）	（4.26）	（−0.75）	（5.86）
c_1（第一个子女性别）	−0.061	0.004	0.010	−0.071	−0.029	0.034
	（−1.14）	（0.02）	（0.11）	（−1.37）	（−0.13）	（0.40）
r_gender（财务回答人性别）	−0.050	0.259	0.105	−0.072	0.278	0.061
	（−0.95）	（1.10）	（1.18）	（−1.40）	（1.21）	（0.72）
Constant（常数项）	0.143	5.041 ***	6.727 ***	0.841 ***	−1.188 **	−0.081
	（0.51）	（4.92）	（14.94）	（6.58）	（−2.27）	（−0.40）
控制变量	控制	控制	控制			
样本数量	13452	13452	13452	13846	13846	13846
r^2_p	0.115	0.115	0.115	0.0716	0.0716	0.0716

注：括号中为 z 统计量，***，**，* 分别表示 1%，5%，10%的显著性水平。

由以上回归结果可以得到以下简单结论。

从工作类型来看，随着工作类型的数值增大，受访者越倾向于受雇于企业而非自给自足。从事农业工作的个人更可能陷入个人贫困进而家庭贫困增大的险境，且个人贫困风险的增大程度远大于家庭贫困增大的风险度。个人与家庭之间的贫困风险存在差异。

从年龄来看，年龄更大的个人更不容易遭受贫困，而其所在家庭却更容易陷入贫困。从养育孩子数目的角度来看，在其他条件不变的情况下，养育孩子越多，无论是个人还是家庭，其贫困风险都大大增加，其中对于家庭影响更大。此外，若家庭财务回答人为男性，家庭且个人都贫困的概率上升，而家庭贫困，个人不贫困的概率下降。原因可能在于，家庭中管理财务的人为男性往往可能将资源更多分配于自身，从而家庭中其他成员陷入贫困，自身处于非贫困的境况。

故而，基于本章对贫困的定义，个人贫困并不等于家庭贫困，两者之间的确存在差异。在扶贫政策的评估中，由于贫困和行为决策的影响因素较多，实证分析中不仅可能存在双向因果关系，还存在很多不可观察的个体特异性因素（方迎风，2019）。因此，本章后续引入家庭内部议价能力这一变量，从个人在家庭内部议价能力角度解释贫困差异。

5.4　家庭内部议价能力对贫困差异的影响

上文中，我们利用个人因素和家庭因素试图解释贫困差异的产生。但将个人因素和家庭因素区分，容易忽略掉某些对家庭内部资源分配产生重要影响的因素，比如干家务时长、家庭财务回答人性别等。鉴于此，借鉴 Rossella（2020）的研究，本节我们将引入个人家庭内部议价能力这个重要解释变量，用个人收入与家庭收入之比代表个人在家庭内部的议价能力，分析其对贫困类型的影响。

5.4.1　数据与变量

本章以 CFPS2016 数据为基础对个人贫困与家庭贫困之间的差异进行测算。选择 CFPS2016 的数据作为研究的样本是基于以下两方面的原因：

一是因为在 CFPS016 的调查问卷中不仅涉及家庭层次上的信息，它还囊括了个人层面的信息以及家庭内部结构方面的信息。比如，在 CFPS2016 的数据中可以体现年龄、受教育程度、当前工作状态和婚姻状态等个人层次上的特征，以及在家庭中工作日干家务时长、家庭净资产、家庭人口规模等家庭层次上的特征。这为本章的研究提供了丰富而充足的资料，将女性在家庭中的贡献度和其分配的资源份额可以进行比价，从而能够反映出女性在家庭内部的资源份额是否与其贡献度相匹配，以便于进一步解释女性在家庭内部资源份额的影响因素，从而能够对女性在家庭内部的议价能力进行分析。

二是因为 CFPS2016 中对个人和家庭的调查问卷都有唯一的编号，且能够通过计量软件将个人层次的信息和家庭层次的信息联系起来，整合为既包括个人特征也包括家庭特征的数据。这种联系不仅帮助我们分析个人在家庭内部的资源份额的公平与否，更有助于进一步分析个人层次上贫困与家庭层次上贫困之间的差异，从而反映出家庭内部资源份额分配不均的现象，也揭示了"精准扶贫"政策的下一步目标：个人层次上的精准扶贫。基于以上两点原因，我们选择CFPS2016样本中的数据对这一问题进行研究。

CFPS2016同时包含着个人和家庭的信息，结合家庭层次和个人层次的数据，将个人信息和其所在家庭的信息整合为一个观测值。虽然整合后，不同个体可能会处在同一个家庭中，但这种处理不仅不会使得观测值重复，反而丰富了样本数据，有助于解释家庭中家庭成员之间的差异。

个人层次而言主要包括性别、年龄、受教育程度、干家务时长等，家庭层次方面则包括家庭规模、家庭净资产等。在研究中，研究对象的年龄选择在16岁以上。如此考量是由于儿童绝大多数没有收入，避免扩大个人贫困的程度而导致个人贫困与家庭贫困之间的差异扩大。同时，考虑到受访对象并不一定了解或愿意透露自己真实收入的情况，在处理数据时，将低于贫困线的受访对象用"1"表示，而高于贫困线的受访对象用"0"表示。

表5.3为变量说明，被解释变量贫困差异是所属组别对基准组的自然对数。家庭内部议价能力（bargaining_power）和性别（gender）为核心解释变量，使用受访者个人收入占家庭收入的份额作为其替代变量。性别变量（gender）为虚拟变量，对男性赋值为"1"，女性赋值为"0"。表5.4是所有变量的描述性统计。

表 5.3　　　　　　　　　　　　　解释变量说明表

类别	变量符号	变量名称	描　　述
分组变量	group	家庭类型组别	以贫困线为界，将受访者分为四种家庭类型：个人不贫困且家庭不贫困(0，即基准组)、个人贫困但家庭不贫困(1)、个人不贫困但家庭贫困(2)、个人贫困且家庭贫困(3)
	incomea	个人所有一般工作的税后总收入	用以判断个人贫困与否，当≤3000时，个人贫困；当>3000时，个人不贫困
	fincome_per	人均家庭纯收入	用以判断家庭贫困与否，当≤3000时，家庭贫困；当>3000时，家庭不贫困

续表

类别	变量符号	变量名称	描　述
关键解释变量	bargaining_power	家庭内部议价能力	受访者个人收入在其所在家庭收入的占比份额
	gender	性别	受访者的性别：男(1)、女(0)
	jobclass	工作类型	受访者的工作类型：自家农业生产(1)、私营/个体(2)、农业打工(3)、受雇(4)、非农打工(5)
	agegroup	年龄段	受访者所在年龄段：16~45岁(1)、46~65岁(2)、66~104岁(3)
	health	健康状况	受访者的健康状况：非常健康(1)、很健康(2)、比较健康(3)、一般(4)、不健康(5)
	edu	受教育程度	受访者的学历：文盲/半文盲(1)、小学(2)、初中(3)、高中(4)、大专(5)、大学本科(6)、硕士(7)
	marriage	婚姻状况	受访者的婚姻状况：未婚(1)、在婚有配偶(2)、同居(3)、离婚(4)、丧偶(5)
	child	家庭育有子女数目	受访者所在家庭育有子女数目
	child3	家庭育有3岁及以下子女比例	受访者所在家庭育有3岁及以下子女比例
	child6	家庭育有4~6岁子女比例	受访者所在家庭育有4~6岁子女比例
	child15	家庭育有7~15岁子女比例	受访者所在家庭育有7~15岁子女比例
	childb	家庭育有男孩比例	受访者所在家庭育有男孩比例
	r_gender	财务回答人的性别	受访者家庭财务回答人的性别：男(1)、女(0)
非家庭内部构成因素（控制因素）	familysize	家庭规模	受访者的家庭总人口数
	urban	所在社区特征	受访者家庭所在社区基于国家统计局的城乡分类：城镇(1)、乡村(0)
	asset	家庭总资产的对数	家庭总资产的对数
	community	小区公共设施状况	受访者家庭所在社区的公共设施状况：很好(1)、好(2)、一般(3)、较差(4)、很差(5)

表 5.4 变量的统计描述

变量	描述	样本数量	平均值	标准误	最小值	最大值
urban	城乡特征	21956	0.435	0.496	0	1
age	年龄	21956	44.614	14.215	16	104
gender	性别	21956	0.552	0.497	0	1
childn	受访者子女数目	21956	1.596	1.16	0	10
edu	受教育程度	21956	2.629	1.353	1	7
marriage	当前婚姻状态	21955	2.014	0.678	1	5
incomea	所有一般工作的税后年收入总和	20478	2622.643	73012.024	0	10299996
jobclass	工作类型	21956	2.473	1.457	1	5
health	健康状况	21956	2.94	1.201	1	5
housework1	工作日干家务时长(小时)	20478	1.845	1.837	0	21
housework2	休息日干家务时长(小时)	20478	2.256	1.907	0	23
community	小区公共设施状况	20478	2.726	0.914	1	5
c_1	第一个孩子性别	13846	0.589	0.492	0	1
familysize	家庭人口规模	21956	4.432	2.045	1	19
asset	家庭净资产(元)的自然对数	21294	12.312	1.357	4.605	17.828
fincome_per	人均家庭纯收入	21928	21389.267	56355.563	40	2051666.7
indpov	个人收入低于贫困线	21956	0.85	0.357	0	1
fpov	家庭人均收入低于贫困线	21956	0.076	0.266	0	1
childb	育有男孩比例	18030	0.415	0.499	0	6
child3	育有3岁及以下子女比例	18030	0.048	0.207	0	2
child6	育有4~6岁子女比例	18030	0.052	0.201	0	2
r_gender	财务回答人性别	21956	0.537	0.499	0	1
group	分类组别	21956	1.003	0.654	0	3
agegroup	年龄段	21956	1.642	0.736	1	3
bargaining_power	个体议价能力	20450	0.0393	0.235	0	12
x_1	性别与个人议价能力交互变量	20450	0.0288	0.209	0	12

5.4.2 实证模型

本节引入家庭内部议价能力，并将个人因素与家庭因素联系起来去解释贫困差异的影响。贫困线标准以 2016 年中央扶贫工作会议中划定的每年人均纯收入 3000 元为准。将高于 3000 元的划分为非贫困人群，低于 3000 元(包括 3000 元)的人群划分为贫困人群。根据贫困线将家庭分为四个类型，选择 mlogit 模型对个人贫困和家庭贫困进行实证分析。

被解释变量由以下方程决定，还是以 group=0 为基准组：

$$\text{group} = \begin{cases} 0，若 \text{ incomea} >= 3000，\text{fincome1\_per} >= 3000 \\ 1，若 \text{ incomea} < 3000，\text{fincome1\_per} >= 3000 \\ 2，若 \text{ incomea} >= 3000，\text{fincome1\_per} < 3000 \\ 3，若 \text{ incomea} < 3000，\text{fincome1\_per} < 3000 \end{cases}$$

将"个人不贫困且家庭不贫困"赋值"0"并以其为 mlogit 模型回归的基准组，"个人贫困而家庭不贫困"赋值为"1"，"个人不贫困而家庭贫困"赋值为"2"，"个人贫困且家庭贫困"赋值为"3"。

考察以下回归模型：

$$\ln\left(\frac{\pi_{ij2}}{\pi_{ib2}}\right) = \ln\left(\frac{P(y_{i2} = j \mid x)}{P(y_{i2} = b \mid x)}\right) = x'_{i2}\beta_{j2} + y'_{i2}\alpha_2 + \varepsilon_{i2} \quad \text{for } j = 1，2，3 \quad (5.2)$$

如前所述，本节通过家庭内部议价能力对个人贫困和家庭贫困之间的差异进行实证分析。回归数值的经济含义可以解释为相对于基准组选择 j 组的概率胜算比。同时，引入性别变量以及性别与个人议价能力的交互变量对贫困差异进行研究。

$$\frac{\partial \ln\left(\dfrac{\pi_{ij2}}{\pi_{ib2}}\right)}{\partial b\_p} = \beta_{b\_p} + \beta_{b\_p \times \text{gender}} \times \frac{\partial b\_p}{\partial \text{gender}} \quad (5.3)$$

上式衡量议价能力、性别对贫困差异影响的边际效应。式中 b_p 为 bargaining_power 的缩写。

5.4.3 回归结果

本节用 CFPS2016 年数据对式(5.2)和式(5.3)进行回归分析，以个人和家庭均非贫困为基准组，个人贫困而家庭不贫困的概率比即为个人贫困的概率，个人不贫困而家庭贫困的概率比被视为家庭贫困的概率，议价能力、性别对贫困差异的影响及其边际效应分析的结果见表5.5和表5.6。

表5.5 议价能力、性别对贫困差异的影响

变量	(1) group(1)	(2) group(2)	(3) group(3)	(4) group(1)	(5) group(2)	(6) group(3)
gender （性别）	−0.448 *** (−8.48)	0.192 (0.57)	−0.411 *** (−5.53)			
bargaining_power （个人议价能力）				−87.854 *** (−31.05)	0.524 *** (4.98)	−75.895 *** (−18.03)
Constant	1.924 *** (7.41)	−0.196 (−0.14)	6.697 *** (19.62)	13.650 *** (13.40)	−0.982 (−0.70)	18.466 *** (17.66)
控制变量	控制	控制	控制	控制	控制	控制
样本数量	19，868	19，868	19，868	19，843	19，843	19，843
r^2_p	0.0687	0.0687	0.0687	0.535	0.535	0.535

注：括号中为z统计量，***，**，*分别表示1%，5%，10%的显著性水平。

表5.6 议价能力、性别对贫困差异的边际效应

变量	(1)	(2)	(3)	(4)	(5)	(6)
bargaining_power （家庭内部议价能力）	−1.276 *** (0.230)	0.011 *** (0.003)	0.697 *** (0.227)			
gender （性别）				−0.044 *** (0.006)	0.001 (0.001)	−0.001 (0.003)
控制变量	控制	控制	控制	控制	控制	控制
样本数量	19843	19843	19843	21294	21294	21294

注：括号中为标准误，***，**，*分别表示1%，5%，10%的显著性水平。

根据表5.6中的结果，可知：

　　第一，家庭内部议价能力的确能够在一定程度上解释个人与家庭之间的贫困差异，即假设 2 成立。表 5.6 的第（1）列系数为 -1.276，这说明在其他情况不变的情况下，个人议价能力每增加 1 个单位，选择个人贫困而家庭不贫困的概率比选择个人不贫困且家庭不贫困的概率减少 1.276 个单位。同理，表 5.6 的第（2）列系数为 0.011，这说明在其他情况不变的情况下，个人议价能力每增加 1 个单位，选择个人不贫困而家庭贫困的概率比选择基准组的对数增加 0.011 个单位，两者相比，可以看到，个人议价能力每增加 1 个单位，选择个人不贫困而家庭贫困的概率比更高。也就是说在个人议价能力增强时，家庭贫困的概率增加，个人非贫困的概率减少，因此造成个人贫困与家庭贫困之间的差异。总而言之，个人议价能力越高，其个人贫困而家庭不贫困的可能性越低，换言之家庭贫困而个人非贫困的可能性越高。

　　第二，个人议价能力（x_1）的回归结果显示个人议价能力对选择个人贫困而家庭不贫困的概率的影响远大于选择个人不贫困而家庭贫困的概率的影响。这说明个人议价能力对个人贫困状况的影响大于对家庭贫困状况的影响。

　　第三，男性比女性的确在家庭内部中拥有更多家庭资源的可能。在引入性别的交互变量前，在表 5.6 中，性别变量（gender）的第（1）列回归结果为 0.044。这说明在其他条件不变的情况下，男性选择个人贫困而家庭不贫困的概率与选择基准组的概率的胜算比比女性低，说明在家庭不贫困时，男性比女性选择个人贫困的可能减少 0.044 个单位。也就是说，当家庭不贫困时，男性的确比女性更不易陷入贫困。这可能是由于男性"抢占"了女性的家庭资源而使得个人贫困状况产生差异。

　　引入性别与个人议价能力交互变量后，根据表 5.7 和 5.8，可知：

　　首先，性别不仅对贫困差异产生影响，而且还通过个人议价能力的作用加强对贫困差异的影响。引入交互项后，对比表 5.5，可以看到表 5.7 中性别（gender）变量的显著性和系数大小均得到显著提升。并且，交互项的系数十分显著。这说明性别并不仅仅只是直接作用于贫困差异，而是通过个人议价能力对贫困差异产生影响，性别的优势可能更多地本身就体现在其个人议价能力的差异中。

表 5.7　　　　　　　　议价能力、性别及其交互变量对贫困差异的影响

变量	(1) group(1)	(2) group(2)	(3) group(3)	(4) group(1)	(5) group(2)	(6) group(3)
bargaining_power （个人议价能力）	−99.907 *** （−21.96）	1.462 *** （3.24）	−125.414 *** （−8.41）	−95.464 *** （−22.23）	1.576 *** （3.57）	−124.039 *** （−8.41）
gender （性别）	−0.560 ** （−2.40）	0.538 （1.19）	−0.550 ** （−2.30）	−0.530 ** （−2.35）	0.698 （1.56）	−0.519 ** （−2.25）
x_1 （性别与个人议价 能力的交互变量）	19.657 *** （3.61）	−1.034 ** （−2.23）	65.195 *** （4.25）	19.140 *** （3.59）	−1.161 ** （−2.56）	67.024 *** （4.40）
Constant （常数项）	14.114 *** （13.53）	−1.804 （−1.20）	18.927 *** （17.69）	5.653 *** （30.82）	−4.622 *** （−11.75）	3.226 *** （17.25）
控制变量	控制	控制	控制			
样本数量	19843	19843	19843	20450	20450	20450
r^2_p	0.538	0.538	0.538	0.469	0.469	0.469

注：括号中为 z 统计量，***，**，* 分别表示 1%，5%，10%的显著性水平。

表 5.8　　　　　　　　议价能力、性别及其交互变量对贫困差异的边际效应

	(1) group(1)	(2) group(2)	(3) group(3)	(4) group(1)	(5) group(2)	(6) group(3)
bargaining_power （个人议价能力）	0.969 （0.885）	0.015 *** （0.004）	−1.636 * （0.890）	1.361 （0.971）	0.014 *** （0.002）	−2.034 ** （0.979）
gender （性别）	−0.005 （0.004）	0.001 （0.001）	0.000 （0.004）	−0.005 （0.004）	0.001 （0.001）	0.000 （0.004）
x_1 （性别与个人议价 能力的交互变量）	−2.686 *** （0.921）	−0.005 *** （0.002）	2.838 *** （0.925）	−3.132 *** （1.009）	−0.005 *** （0.001）	3.300 *** （1.017）
控制变量	控制	控制	控制			

注：括号中为标准误，***，**，* 分别表示 1%，5%，10%的显著性水平。

通过个人在家庭内部议价能力对贫困差异的实证分析可以看出，个人议价能力和性别对贫困差异存在影响，由此证明假设 1 和假设 2 的合理性，即个人在家庭内部的议价能力对贫困差异存在影响，个人在家庭内部的议价能力越高，其对个人贫困概率的影响低于其对家庭贫困概率的影响，从而造成了贫困差异。

5.4.4 异质性分析

（1）城乡异质性

虽然在前文中进行研究时将城乡地区特征作为控制变量已经控制起来，但是在中国特殊的国情之下，中国城镇地区与乡村地区存在不容忽视的差异，其中就包括受到传统思想的影响的不同。因此，我们认为仍然有必要对城乡地区进行异质性分析。

表 5.9 是本章将城乡地区由式（5.2）进行分开回归后的实证结果，可以得到以下结论：

表 5.9 城乡特征的异质性分析

变量	城镇地区			乡村地区		
	group（1）	group（2）	group（3）	group（1）	group（2）	group（3）
bargaining_power （个人议价能力）	−117.420 *** （−14.98）	2.889 *** （2.62）	−1675.592 （−0.02）	−89.013 *** （−16.14）	1.100 ** （2.05）	−109.519 *** （−7.35）
gender （性别）	−0.350 （−1.00）	1.034 （0.96）	−0.399 （−1.08）	−0.679 ** （−2.01）	0.338 （0.66）	−0.652 * （−1.90）
x_1 （性别与个人议价能力的交互变量）	2.452 （0.24）	−1.397 （−1.20）	1593.164 （0.02）	25.323 *** （4.00）	−0.761 （−1.39）	58.906 *** （3.85）
Constant （常数项）	14.955 *** （9.73）	−1.874 （−0.73）	17.319 *** （10.91）	14.468 *** （9.55）	0.001 （0.00）	20.387 *** （13.25）
控制变量	控制	控制	控制	控制	控制	控制
样本数量	8815	8815	8815	11028	11028	11028
r^2_p	0.629	0.629	0.629	0.481	0.481	0.481

注：括号中为 z 统计量，***，**，* 分别表示 1%，5%，10%的显著性水平。

第一，通过表5.9中的城乡对比，可以看到城镇地区与乡村地区的确存在显著差异，这表明前文控制城乡因素是有必要的。并且城镇地区中的个人议价能力对贫困差异的影响比农村地区更大。这可能是因为城镇地区相对于乡村地区经济发展更快，而导致个人收入差异更大，从而增强了个人议价能力对贫困差异的影响。但无论是城镇地区还是乡村地区，个人议价能力对个人贫困的影响都大于对家庭贫困的影响，因而导致了贫困差异的产生。

第二，乡村地区性别因素影响更大，乡村地区中性别变量(gender)的回归结果为-0.679，而城镇地区性别变量(gender)的回归结果为-0.350，再结合性别与个人议价能力的交互变量(x_1)的回归结果和个人议价能力与性别的相关性来看，城镇地区个人议价能力与性别的相关性为0.0491，乡村地区个人议价能力与性别的相关性为0.0709。这说明与城镇地区相比，在乡村地区男性比女性更少地在个人贫困而家庭不贫困的组别中，且这一情况比城镇地区更为明显。这可能与农村地区传统思想更根深蒂固的原因相关。乡村地区相对于城镇地区而言受到"重男轻女"的思想影响更严重。

(2)区域异质性

不仅城乡之间存在差异，中国不同地区之间也存在较大的地域差异，家庭内部之间不同成员的议价能力也相应不同。CFPS2016的数据来自全国不同地区的样本，下文将从南北方以及东、中和西部来对这些样本进行分类，从而进一步分析城乡间个人议价能力对贫困差异的影响差异。

首先，本章将对南方地区的城乡特征进行异质性分析。由于CFPS数据原因，北方地区的回归结果不收敛，无法得到相应结论，因此表5.10仅展示南方地区的城乡特征异质性分析。从表5.10来看，南方地区的城镇地区与乡村地区之间的差异相较于整体而言更为明显，城镇地区男性个人议价能力对贫困差异的影响更为显著，且与整体而言的情况相反。可见，在南方地区中，性别因素在分析家庭内部之间的个人议价能力对贫困差异的影响中起到更为明显的作用。

表 5. 10 南方地区城乡特征的异质性分析

变量	城镇地区			乡村地区		
	group（1）	group（2）	group（3）	group（1）	group（2）	group（3）
bargaining_power（个人议价能力）	−108.684***	2.668**	−1485.202	−84.042***	0.543*	−98.358***
	（−9.78）	（2.16）	（−0.00）	（−13.12）	（1.92）	（−6.82）
gender（性别）	0.435	0.862	0.557	−0.700*	−0.442	−0.641
	（0.65）	（0.62）	（0.81）	（−1.70）	（−0.75）	（−1.53）
x_1（个人议价能力与性别的交互变量）	−42.513**	−1.682	128.628	21.207***	−0.094	43.024***
	（−2.36）	（−1.28）	（0.00）	（2.86）	（−0.25）	（2.78）
Constant（常数项）	15.377***	0.124	17.987***	14.789***	2.142	21.223***
	（6.00）	（0.03）	（6.85）	（7.76）	（0.86）	（10.93）
控制变量	控制	控制	控制	控制	控制	控制
样本数量	4383	4383	4383	7118	7118	7118
r^2_p	0.649	0.649	0.649	0.490	0.490	0.490

注：括号中为 z 统计量，***，**，* 分别表示 1%，5%，10%的显著性水平。

其次，基于东中西部地区城乡异质性的分析表明，中部地区和东部地区之间的城乡差异会比整体更大。由表 5.11 可见，个人议价能力对贫困差异的影响在不同地区的城乡之间存在差异，尤其是中部城镇地区中，其个人议价能力对个人贫困状况的影响远大于对家庭贫困状况的影响。

表 5. 11 中部地区城乡特征的异质性分析

变量	城镇地区			乡村地区		
	group（1）	group（2）	group（3）	group（1）	group（2）	group（3）
bargaining_power（个人议价能力）	−148.269***	1.971	−1473.786	−72.800***	7.123**	−79.892***
	（−6.20）	（1.57）	（−0.00）	（−9.44）	（2.55）	（−4.89）
gender（性别）	1.414	0.675	1.825	0.208	1.499	0.377
	（0.72）	（0.34）	（0.93）	（0.34）	（0.70）	（0.61）

续表

变量	城镇地区			乡村地区		
	group(1)	group(2)	group(3)	group(1)	group(2)	group(3)
x_1 （个人议价能力与 性别的交互变量）	-194.317** (-2.54)	0.430 (0.27)	-6344.052 (-0.01)	-10.309 (-0.87)	-6.561** (-2.36)	-1782.476 (-0.02)
Constant （常数项）	21.201*** (4.37)	-0.009 (-0.00)	23.412*** (4.75)	13.842*** (4.25)	-0.877 (-0.12)	20.070*** (6.06)
控制变量	控制	控制	控制	控制	控制	控制
样本数量	2630	2630	2630	3080	3080	3080
r^2_p	0.704	0.704	0.704	0.527	0.527	0.527

注：括号中为 z 统计量，***，**，* 分别表示 1%，5%，10% 的显著性水平。

东部地区的城乡差异较中部地区明显缩小，但总体趋势保持一致（见表 5.12）。但可能由于样本数的原因，其个人议价能力与性别交互变量的系数并不显著（x_1），可能是因为性别因素在较为发达地区影响较小。

表 5.12 东部地区的城乡特征的异质性分析

变量	城镇地区			乡村地区		
	group(1)	group(2)	group(3)	group(1)	group(2)	group(3)
bargaining_power （个人议价能力）	-140.004*** (-9.86)	38.117 (0.01)	-2094.339 (-0.01)	-99.133*** (-10.00)	0.281 (0.69)	-121.026*** (-4.42)
gender （性别）	0.043 (0.08)	37.933 (0.01)	-0.140 (-0.24)	-1.090* (-1.90)	0.366 (0.39)	-1.082* (-1.85)
x_1 （个人议价能力与 性别的交互变量）	-1.831 (-0.10)	-34.368 (-0.01)	-6162.837 (-0.01)	42.950*** (4.06)	0.087 (0.18)	79.058*** (2.86)
Constant （常数项）	15.062*** (6.14)	-64.703 (-0.02)	17.131*** (6.75)	16.504*** (7.22)	-0.520 (-0.16)	22.316*** (9.55)

续表

变量	城镇地区			乡村地区		
	group(1)	group(2)	group(3)	group(1)	group(2)	group(3)
控制变量	控制	控制	控制	控制	控制	控制
样本数量	4323	4323	4323	3934	3934	3934
r^2_p	0.698	0.698	0.698	0.525	0.525	0.525

注：括号中为 z 统计量，***，**，* 分别表示 1%，5%，10% 的显著性水平。

总体而言，不同地区间的城乡差异显著不同，因此在后续精准扶贫政策中也需要因地制宜，针对不同地区的城乡采取不同扶贫手段，以避免返贫现象的发生。

5.5　影响机制和渠道的进一步研究

前文论证了个人家庭内部议价能力对家庭贫困差异的影响，个人在家庭内部的议价能力增强对个人贫困的影响区别于对家庭贫困的影响而造成贫困差异，且性别对贫困差异的影响不仅表现为其在家庭内部资源禀赋的差异，还包括性别对个人议价能力的影响。结合事实描述部分的内容，本节通过衡量个人因素及家庭因素对个人议价能力的影响，进一步检验其对贫困差异的影响机制。

5.5.1　回归方程及变量描述

Rossella(2020)利用结构家庭模型估计了妇女讨价还价能力的年龄分布，并构建了妇女的相对贫困率。在其论文中，Rossella 引入妇女继承权的变量作为外生变量，采用了食物、服装支出占家庭总支出比重衡量其家庭内部议价能力，他如此处理的原因是基于研究女性议价能力与相对贫困率的关系，而其相对贫困率则是以个体的健康来衡量。本章出于自身研究目的，将采用(5.4)式测算家庭议价能力对贫困差异的影响。其中 y 为被解释变量，X' 为解释变量组，假定扰动项 ξ 服从正态分布，期望为 0，方差均为 1。

$$y = \alpha + \beta_1 X' + \beta_2 Z' + \xi \qquad (5.4)$$

被解释变量。被解释变量个人议价能力(y)= 个人收入/家庭内部纯收入。这样的定义是基于家庭收入用于家庭支出,难以区别开个人所占份额,而个人收入的部分会更有可能由自己支配,也正因此才能用来衡量个人对经济资源的决策能力即家庭内部的议价能力。

关键变量组 $X' = \{$gender、edu、housework1、housework2、agegroup、childn、$c_1\}$。虚拟变量性别(gender)是本章研究模型中最为重要的变量,男性赋值为"1",女性赋值为"0"。受教育程度(edu)中,受访者的学历中,将文盲/半文盲赋值为"1"、小学赋值为"2"、初中赋值为"3"、高中赋值为"4"、大专赋值为"5"、大学本科赋值为"6"、硕士赋值为"7",变量赋值越高,受访者学历越高,受教育程度越高。工作日干家务时长(housework1)是以小时为单位,是个人工作日在家庭中干家务的时长。休息日干家务时长(housework2)则是个人在休息日在家庭中干家务时长。年龄(agegroup)是受访者所在年龄段:将 16~45 岁的个人赋值为"1"、将 46~65 岁的个人赋值为"2"、将 66~104 岁的个人赋值为"3"。第一个孩子性别(c_1)是个人在家庭中育有的第一个孩子的性别,男性赋值为"1",女性赋值为"0"。家庭育有子女数目(childn)是指受访者所在家庭中育有子女数目。后文对育有子女情况将会引入育有子女中的男孩比例(childb)和育有子女中 3 岁以下子女比例(child3)和育有子女中 4~6 岁子女比例(child6)。

家庭维度的解释变量主要是家庭子女数目 child(受访者育有子女数目),家庭财务回答人的性别(r_gender);个人维度变量包括性别 gender(受访者是否为男性),受教育程度(edu,受访者学历),年龄(agegroup,受访者的年龄段),工作类型(jobclass),婚姻状态(marriage)。

控制变量的选择。对于家庭特征的控制,主要考虑的是家庭作为一个整体而具有的特征,主要包括家庭规模(familysize)和家庭净资产的对数(asset),从而使得家庭与家庭之间可比。对于社区特征的控制,主要考虑的是家庭所处社区的城镇/乡村特征(urban)。

5.5.2 实证结果分析

如表 5.13 所示，第(1)列和第(3)列是个人议价能力对主要解释变量的回归结果，第(2)列和第(4)列是引入控制变量后的回归结果。由回归结果，本章得到以下结论：

表 5.13   个人家庭议价能力回归结果

变量	(1)	(2)	(3)	(4)
gender	0.030 ***	0.032 ***	0.030 ***	0.031 ***
（性别）	(6.360)	(6.713)	(6.262)	(6.646)
agegroup	−0.020 ***	−0.022 ***	−0.019 ***	−0.022 ***
（年龄段）	(−5.484)	(−6.036)	(−5.479)	(−6.038)
jobclass	−0.009 ***	−0.008 ***	−0.008 ***	−0.008 ***
（工作类型）	(−4.619)	(−4.090)	(−4.544)	(−4.035)
edu	−0.006 ***	−0.004 *	−0.006 ***	−0.004 *
（受教育程度）	(−3.275)	(−1.787)	(−3.254)	(−1.771)
housework1	−0.006 ***	−0.006 ***	−0.006 ***	−0.007 ***
（工作日干家务时长）	(−3.475)	(−3.649)	(−3.482)	(−3.655)
housework2	0.005 ***	0.005 ***	0.005 ***	0.005 ***
（休息日干家务时长）	(2.768)	(3.008)	(2.739)	(2.984)
c_1	−0.012 ***	−0.011 ***	−0.013 ***	−0.012 ***
（第一个子女性别）	(−2.788)	(−2.587)	(−2.826)	(−2.623)
childn	−0.004 *	−0.005 *	−0.004 *	−0.005 *
（家庭育有子女数目）	(−1.654)	(−1.827)	(−1.691)	(−1.860)
r_gender	−0.005	−0.004		
（财务回答人性别）	(−1.131)	(−0.943)		
_cons	0.109 ***	0.152 ***	0.107 ***	0.150 ***
（常数项）	(9.396)	(6.223)	(9.347)	(6.166)

变量	（1）	（2）	（3）	（4）
控制变量		控 制		控 制
样本数量	12924	12559	12924	12559
r^2	0.008	0.012	0.008	0.012
F	12.270	12.088	13.643	13.021

注：括号中为 t 统计量，***，**，* 分别表示 1%，5%，10% 的显著性水平。

第一，性别对于个人议价能力的确存在影响，男性在家庭内部的议价能力往往更高。从第 4 列的回归结果来看，性别变量（gender）的系数是 0.031，这说明在其他条件不变的情况下，在家庭内部男性会比女性有更高的议价能力。其系数则是说明个体收入在家庭中收入占比份额的影响，在其他条件不变的情况下，男性比女性在家庭中议价能力高 3.1 个单位。

第二，工作日干家务时长与休息日干家务时长对个人议价能力都会产生影响，但工作日产生的是负向作用，而休息日干家务时长对议价能力却是正向作用。这与本章所提出的假设有所不同。本章基于之前的研究假设工作日干家务时长对人在家庭内部议价能力有正向作用，但从本章分析结果来看，工作日干家务时长越长，个人在家庭内部的收入占比份额越低，其议价能力也降低。之所以出现这样的结果，本章认为可能存在这样一种解释——工作日干家务的时长更长的人可能工作越具有弹性，其工作的个人收入也就越低，个人在家庭内部的议价能力也就越低。而休息日干家务时长越长，其个人议价能力越高。这可能是因为家庭成员在休息日的家务劳动被认为是"真正"的家庭贡献，而不是工作的替代劳动。

第三，年龄段变量的系数为负，在其他情况不变的情况下，随着年龄增长，个人的议价能力降低。这是因为随着年龄增大，可能在家庭中会逐渐将资源向子女倾斜，其结果就是议价能力下降。这有可能是因为老人本身没有劳动能力，并且随着人口老龄化相关医疗保健支出较高，其自身在家庭收入占比降低，最终导致其个人议价能力降低，在家庭内部资源配置中自然处于劣势地位，从而造成老龄段人口的个人更易使自身陷入贫困，造成其与所在家庭贫困状况之间的差异。

第四，受教育程度越高，其个人议价能力反而会降低。这可能是因为个体受教育程度越高，个人收入也越高，其所在家庭人均收入也越高，从而使分析结果中呈现出个人议价能力降低的"假象"，这可能与教育的正外部性相关。而在家庭不贫困时，个人议价能力越高，其个人越不可能落入贫困中，从而缩小了个人贫困与家庭贫困之间的差异。这与现实情况也十分符合。因为受教育程度越高，家庭内部个人并不追求以物质衡量其经济决策权，反而会更加倾向于将其个人收入与家庭其他成员分享，而使得家庭内部资源分配更加均衡，减少了个人贫困与家庭贫困之间的差异。

第五，就工作类型而言，职业变量的数值越大，受访者越倾向于受雇于企业，职业变量的数值越小，则越倾向于自雇/自营。从工作类型方面来看，受访者越倾向于受雇于企业，其家庭内部议价能力越低，这可能是因为受雇于企业会将自身更多的精力放在企业中，而忽视家庭。受访者越倾向于自力更生的职业，则会有更多的精力注重其家庭自身。

第六，至于家庭财务回答人，根据表5.13的回归结果可以看到财务回答人性别对个人家庭内部议价能力并不产生影响。也就是说个人在家庭内部的议价能力与其财务回答人是男性还是女性无关。这可能是由于财务回答人这个变量并不能影响其个人在家庭内部的议价能力。

第七，至于家庭育有子女的情况，本章从三个方面分析其对个人贫困与家庭贫困之间差异的影响：一是家庭育有子女的数目，二是第一个子女的性别和家庭育有子女中男孩的比例，三是家庭育有子女中3岁以下子女的比例和家庭育有子女中4~6岁子女的比例。从表5.13可以看到，育有子女的三个方面中仅有第一个子女的性别是通过影响个人家庭内部议价能力而造成个人贫困与家庭贫困之间的差异。

首先，就育有子女数目而言，如表5.14所示，育有子女数目越多，个人家庭内部议价能力越低，这主要是由于家庭子女数目增加，其个人收入越会向家庭子女倾斜，由此降低了个人在家庭内部的议价能力。从养育孩子数目的角度来看，在其他条件不变的情况下，养育孩子越多，无论是个人还是家庭，其贫困风险都大大增加，其中对家庭影响更大。

表5.14 育有子女对个人在家庭内部议价能力的影响

变量	（1）	（2）
gender （性别）	0.029 *** （6.117）	0.031 *** （6.708）
agegroup （年龄段）	−0.020 *** （−5.949）	−0.023 *** （−6.745）
jobclass （工作类型）	−0.007 *** （−3.842）	−0.007 *** （−3.547）
edu （受教育程度）	−0.005 *** （−2.700）	−0.002 （−1.132）
housework1 （工作日干家务时长）	−0.007 *** （−3.691）	−0.007 *** （−3.914）
housework2 （休息日干家务时长）	0.005 *** （3.030）	0.006 *** （3.438）
c_1 （第一个子女性别）	−0.015 *** （−2.597）	−0.015 *** （−2.620）
childb （育有男孩比例）	0.003 （0.460）	0.004 （0.730）
child3 （育有 3 岁以下子女比例）	0.008 （0.914）	0.002 （0.258）
child6 （育有 4~6 岁子女比例）	−0.006 （−0.662）	−0.004 （−0.383）
_cons （常数项）	0.094 *** （8.345）	0.141 *** （5.674）
控制变量		控制
样本数量	11410	11089
r^2	0.009	0.014
F	10.268	11.290

注：括号中为 t 统计量，***，**，* 分别表示1%，5%，10%的显著性水平。

第一个子女性别变量(c_1)的系数为负，说明第一个子女为男孩时，其个人议价能力会降低，这与我们的假设相悖。主要原因可能在于，若第一个子女为男孩，则其家庭纯收入会增加，主要是因为男性作为劳动力市场上的主力军，为家庭带来了更多的收入，而稀释了个人的议价能力。引入家庭育有男孩比例变量后，该变量并不显著，并不能证明生男生女对个人或家庭贫困状况存在显著影响。同样地，引入家庭育有不同年龄段的子女比例变量后，不同年龄段的子女比例变量的显著性很小，并不能证明家庭育有不同年龄段的子女对个人和家庭贫困状况存在显著影响。

另外，家庭育有子女中3岁以下子女的比例和家庭育有4~6岁子女比例的各项回归结果均不显著，说明可能两者对个人贫困与家庭贫困之间的差异并不存在影响。

综上所述，我们认为性别、年龄段、工作类别、受教育程度、工作日干家务时长、休息日干家务时长、第一个子女性别和家庭育有子女数目这些因素都对个人在家庭内部的议价能力存在影响。又因为个人议价能力对个人贫困的影响高于对家庭贫困的影响而造成贫困差异。那么，这些因素对个人家庭内部议价能力的影响最终会反映到贫困差异上。以性别为例，男性个人在家庭内部的议价能力高于女性，进而会造成其贫困差异较大。也就是说，对于一个家庭而言，男性家庭内部议价能力高于女性，那么其个人贫困与家庭贫困的差异也就越大，也就是说男性会加剧贫困差异。

5.6　政策建议及展望

"相对贫困"比起"绝对贫困"而言，其复杂性主要表现在个体之间的差异远比家庭层面上的多样，之前的减贫项目或扶贫政策多是以家庭层次为减贫项目的最小单位。也因此，个体之间的差异会被整体所掩盖，也就是"绝对贫困"消除了，但是"相对贫困"也随之产生。家庭经济学为我们提供了一个全新且符合精准扶贫内涵的扶贫新思路。

本章的研究主要有以下两个观点。第一，"精准到人"更具有时代内涵。政府试图通过家庭层次的贫困状况的调研而提出的扶贫政策在解决个人层面上的贫困问题时的效果有待加强。因此，区别个人贫困和家庭贫困对扶贫政策而言是有一定意义的。针对我国目前瞄准性政策而言，结合本章结论，本章认为瞄准性扶贫应针对家庭内部议价能力低的个体而实施政策，比如我国基本养老保险政策在农村地区亟待完善，应提高农村老龄人口的老年收入，增强其在家庭内部的议价能力，促使家庭内部资源合理分配。

第二，"精准到人"强调家庭内部因素对家庭贫困和个人贫困之间差异的影响。个人贫困和家庭贫困的差异是存在的，且受到诸多因素的影响。因此，在分析个人贫困及家庭贫困差异时尤其应注重家庭内部资源不平等分配的现象。本章认为"相对贫困"产生的原因来源于家庭内部。一是因为目前已有的减贫政策以及贫困测算都是基于家庭层面，而忽略了家庭内部的资源分配情况。这种资源分配不均的情况往往会使得家庭内部的贫困状况存在差异，其差异主要体现在性别差异上。二是在中国传统思想的影响下，家庭内部资源的差异往往体现在男性和女性的差异上，尤其是向男性偏倚。男性无论是在家庭内部还是社会上都具有更有优势的资源分配，而女性往往会因为家务职责的问题而承受不同的歧视。因此，本章将研究重点放在家庭内部的女性上。本章试图研究女性在家庭内部的议价能力与家庭贫困之间的关系，从个人贫困与家庭贫困之间的差异着手，从不同的角度出发进一步解释女性在家庭内部的议价能力。

基于此，提出如下政策建议。首先，政策的扶贫对象不应仅仅停留在贫困个人和贫困家户的数量，而应该注重区别个人贫困和家庭贫困之间的区别，确保扶贫政策帮扶的是真正的贫困对象。也就是说，应将政策的着眼点放在"扶持谁"这一问题上。虽然我国已然实现"绝对贫困"的消除，但仍然可能存在个人因为家庭分配不均而致贫，家庭本身却不贫困的现象被排除在扶贫对象之外，也就会导致扶贫政策并未帮助到此类贫困对象。同样的，可能存在家庭贫困中因剥夺家庭资源而贫困的个人受到帮扶，使得家庭资源分配更加不均。因此，我国的扶贫政策更应该将扶贫的对象进一步区分，尤其应当注重区分贫困个人和贫困家户。

其次，只有将扶贫对象按照特征区分开来才能准确解决"如何扶"这一更重要的问题。尤其是对于特定类型的贫困家户或个人，在确认帮扶对象时尤其应当注意家庭中资源是否分配不均，家庭资源是否集中于某一个人而使得家中其他人陷入贫困。这些现象的存在意味着不能仅仅凭借贫困线划分贫困对象进行帮扶。由于不能逐家逐户地追查其贫困原因，因此，将贫困家庭和贫困个人按照家庭内部因素特征进行区分，比如户主性别、家庭育有子女数目等，进一步采取相应措施则会使扶贫产生更有效的结果，利用更少的资源帮扶更多的贫困个人及家庭。假设这些家庭或个人致贫的原因相似，将相似的贫困家庭或个人归于一个群体能有效提高我国扶贫政策的精准性，进而能够有效解决"如何扶"的问题。以家庭育有子女数目特征为例，家庭育有子女数目越多，家庭贫困风险越大，那么扶贫政策就应该将家庭育有子女数目不同的贫困家庭或贫困个人区别开来，对于育有子女数目多的家庭进行专项扶贫，而育有子女数目少的贫困家庭则寻找其他致贫原因。这样一来，便能确保扶贫政策精准地针对贫困原因而开展扶贫工作。更长远来说，也能确保已经通过扶贫工作脱贫的家庭或个人不再返贫，帮助这些贫困人群彻彻底底脱贫。

借用习近平总书记的一段话对本章的研究进行总结。"'胜非其难也，持之者其难也。'我们要切实做好巩固拓展脱贫攻坚成果同乡村振兴有效衔接各项工作，让脱贫基础更加稳固、成效更可持续。对易返贫致贫人口要加强监测，做到早发现、早干预、早帮扶。"诚然我国脱贫攻坚战取得了举世瞩目的成就，然而守好这样一份成就仍然需要我们付出更大的努力，更深层次地对贫困问题进行剖析。

6　家庭中个体的代际社会流动性分析

改革开放 40 多年来，中国经济稳定高速增长，人民生活水平极大地改善。随着市场经济的深入发展，中国的社会流动性不断变化，如何改变自己的阶层也成了大众热议的话题(王学龙和袁易明，2015；李路路和朱斌，2015)。但由于改革过程中不断加剧的利益分化，个体及家庭的阶层流动在过去呈现固化趋势，因外部条件不同带来的阶层分化已成为转型期中国的突出问题(邓志强，2013)。如何促进社会的流动、缓解阶层固化趋势是当前面临的重大社会难题。针对当前社会阶层日趋固化、社会流动性下降，党的十九大报告强调："破除妨碍劳动力、人才社会性流动的体制机制弊端，使人人都有通过辛勤劳动实现自身发展的机会。"

本章主要对个体社会流动受到外部因素影响的程度进行了测度。首先从理论模型的角度切入，分析家庭中个体社会流动的外部影响机制，然后基于多层非线性模型进行更深入的实证和分解分析。研究发现，近年来社会结构的改善集中于城镇而非农村地区，个体社会流动的城乡贡献约 17%，外部总贡献超过了 35%；教育、迁移、收入和婚姻是连接外部因素和社会流动的桥梁，对教育不平等分解发现外部贡献随着出生年代在递增；另外，东部地区相对于中西部地区呈现出区域优势，下层出身的个体对地区经济水平的依赖性更强。

6.1　引言

影响社会流动性的因素有外部环境因素和内部自身因素两大类。外部环境因素主要包括地区发展水平、邻里环境和家庭资源背景等方面，内部自身因素主要是家庭中个体自身的行为，如个体的教育和迁移等。然而，地区间资源分配不均、发展差距较大等外部环境因素已日益成为阻碍中国社会流动的主要因素。地区的外部环境因素不仅直接影响到个体的机会公平，还会间接影响到个人发展的过程公平性，即通过影响内部自身因素而影响了家庭中个体流动的渠道，诸如受教育机会、收入不平等、婚姻"门当户对"、个体迁移机会等。尤其是教育，作为人力资本的重要组成部分，教育公平是促进社会流动主要动力。伴随着中国高等教育的迅速发展和经济结构的持续转型，教育成为一项越来越有价值的投资（刘泽云，2015）。2020 年关于高考被顶替的新闻频繁成为热搜话题，教育公平的讨论再次进入大众的视线中。自中华人民共和国成立以来，中、高等教育的城乡不平等问题存在上升趋势，中等教育的城乡差异是教育分层的关键所在（李春玲，2014）。Bénabou（1996）采用理论建模的方式分析发现，社区因素和家庭教育等外部因素在社会分层和个体发展不平等中起到至关重要的作用。

然而，目前国内外关于社会流动的研究主要集中在社会流动的趋势测度和影响因素的实证分析两个方面（王学龙，袁易明，2015；李春玲，2019；朱月季等，2020），很少有通过实证分解来关注不同因素对社会流动的贡献度及其动态变化。本章基于中国综合社会调查（CGSS）多年的数据，筛选整合出个体、家庭、社区等多个层次的混合数据，以多层非线性实证模型为基础，研究并测量各层次因素（包括省份、城乡、社区或村、家庭）对社会代际流动性的影响和贡献。具体来说，本章首先使用多层非线性模型分析各层次因素对社会流动的影响，以佐证我们在理论模型分析中提出的假说。其次，使用多层空模型做贡献分解，得到各层次因素对社会流动性的影响程度。再次，研究外部因素如何通过内部因素影响社会流动，在机制分析中，分别对教育、迁移、收入和婚姻做中介变量分析和分解，并着重探讨不同年代人的教育不平等程度。本章后续还测算了经济较发达的东部地区对不同阶层出身的社会成员的影响，并发现影响主要集中在下层出身的群体中。最后是稳健性检验，并将社会流动性与不平等问题做了对比。

6.2 文献综述

随着对各个层面和维度的不平等问题研究的不断深化，社会阶层流动研究在近十几年达到了高潮（李春玲，2019）。对于社会流动的可能影响因素，一般来说，主要包括社区环境、家庭背景和个人特征三大类。本章定义前两者为外部因素，后者为内部因素，并从这两个方面对国内外关于社会流动的研究现状进行探讨。

6.2.1 外部因素与社会流动的研究

首先，社区邻里环境对社会成员的社会流动性存在着显著影响。居住社区的环境好坏往往意味着不平等的资源分配，近些年被炒得火热的学区房，只是因为提供了进入好学校的门票，便成为每个城镇里的爆款。除了义务教育资源质量的差异，还有医疗资源、便利程度、社区安全等优势因素，甚至"圈子"也成为社区的亮点。在国外的研究中，社区环境对社区成员的发展具有显著的作用：Ryabov（2020）认为青少年时期的邻里环境会影响一个人在成年早期的成就；Murphy 和 Wallace（2010）研究表明，相比于郊区贫困社区，生活在城镇内贫困社区的成员能获得更多的资源；Musterd 等（2003）则认为，邻里环境对非贫困家庭的社会流动性的影响，甚至比对低保家庭的影响更大。在国内的研究文章里也发现了类似的结论，Chen 等（2018）使用中国 2014 年 CLDS 数据研究发现邻里关系会显著影响个体对社会地位的感知，解垩和宋颜群（2020）认为社区邻里效应显著影响个体贫困情况。由此观之，社区资源的不平等会继续分化出不同层次居民的后代。

其次，家庭背景是社区因素外另一种重要的流动影响因素。家庭背景会为子代的社会阶层定级提供便利。代际流动性的宏观测量一直是经济学研究的重要课题，测算一个国家或地区的社会流动性指标有利于比较各地的公平程度。有学者测算中国的代际收入弹性约为 0.5，相比于欧美国家要高，说明国内的"二代"现象还比较明显（何石军和黄桂田，2013）。国内外关于家庭环境对子代影响的研究颇多，邹薇和马占利（2019）分析认为家庭中父代受教育程度的增加可以显著提高子代的最高受教育程度。Lee 和 Seshadri(2019)通过构建模型研究发现，父母的阶层可以解释孩子一生中一半的财富不平等和 1/4 的收入不平等。Becker 等(2018)认为，即使在一个拥有完美资本市场、没有先天能力差异的世界，富裕家庭也会比贫困家庭对子女的投资更多。世界银行 2018 年出版的新书《公平真的进步了吗：全球跨代经济流动》中提到，父代受教育程度可以通过提高子代的最高学历，间接增加子代的收入水平，这种途径的贡献率约占收入代际流动的 10%。Page 和 Solon(2019)使用社区内女孩们的收入面板数据进行研究发现，收入相似的女孩多源于在同样的家庭长大。

6.2.2　内部因素与社会流动的关系

内部因素和外部因素共同决定了社会成员的阶层地位，而教育则是个人层面中最有代表的因素之一。接受好的教育往往可以从事薪酬更高的工作，并结识到同一层次的人脉，有利于个体改变和提升自己的社会地位。学术界对于教育与社会流动的关系存在着两种主流观点：

第一种观点认为教育促进了社会成员的阶层流动(高文涛和郝文武，2018；解雨巷和解垩 2019；陈爱丽等，2019)。在信息技术时代，知识技能对于生产力的发展变得尤为突出。过去关于普及义务教育和推进高等教育的政策，都为社会底层群众提供了竞争上岗的技术支持，并促进了相对公平的就业环境的形成。接受高等教育的底层群体，可以迁移到更发达的城镇，选择更加舒适、更加体面的技能型工作，在逃离以辛苦的体力劳动为基础的工作环境的同时，还可以享受到城镇发展带来的红利。中国学者对教育促进社会流动问题做了许多研究，张凯宁(2014)认为个体接受高等教育有助于抵消因为家庭背景造成的收入差异。马莉萍和刘彦林(2018)分析指出大学教育可以促进生源地级别低的学生迁移到更高级别的城镇。

第二种观点认为社会成员面临着教育机会不平等问题，从而不利于社会流动。虽然教育能够促进个体向上流动，但是地区教育资源不平等会显著影响个体获取平等教育的机会。比如中国省域之间的高等教育资源差异和城乡之间教育资源不平等。尤其是城乡之间，Qian和Smyth(2008)认为中国教育不平等的主要原因不是沿海和内陆省份之间的教育机会差距，而是城乡资源分割。吴愈晓(2013)也认为在教育规模迅速扩张的同时，中国城乡教育不平等现象有所上升，Lei和Shen(2015)在关于教育的研究中发现，在较低的教育水平上城乡差距已经缩小，但是高等教育城乡间的不平等现象也存在扩大的趋势。国外也有学者提出在不改变现有教育项目的情况下，对中低收入家庭实行大学名额分配可以显著增加代际流动性(Raj et al.，2020)，这与中国贫困县高考专项计划有相通之处。

除了教育之外，迁移、收入和婚姻同样也是影响社会成员向上流动性的因素。对于迁移到更高层次城镇或者拿到更多收入的人来说，实现向上流动的难度会偏低，因为他们达到了相对更高的平台，未来的发展前景相对更明朗。与更高层次的配偶结婚也会产生互补效应，进而促进社会成员的流动，比如雷晓燕等(2015)认为高攀的女性对生活的满意度更高，抑郁程度更低。但是这三者同样也受到外部因素的影响。江求川等(2014)认为中国城镇居民机会不平等的增速要大于收入不平等的增速。王伟同等(2019)认为代际流动性较低的地区会对人产生挤压效应，迫使他们发生迁移。廉思和赵金艳等(2017)认为住房成为衡量对方经济条件和家庭状况的重要指标，"住房门当户对"的婚姻可以增强其阶层的内聚性和身份排斥性。Chetty和Hendren(2017)研究了美国700多万家庭，认为孩子成长的社区影响他们的收入、大学入学率、生育率和婚姻模式。因此，本章在机制分析中，会深入讨论教育、迁移、收入和婚姻作为中介变量对社会流动的作用，并对变量的不平等程度做贡献分解。

6.2.3 本章基于文献的发展

纵观现有的研究文献，学者们关注了教育对社会成员阶层流动的影响，但是在研究方法上还存在着两点不足：

(1)在测度社会阶层变量时，多采用主观阶层评价得分，该回答带有强烈的主观因素，可能受到回答人自身教育水平和周边环境的影响。[1] 社会阶层的划分

---

① 在本章的稳健性检验部分也有讨论。

方式目前并不存在着官方版本，学术界也存在着分歧，学者们往往根据各自的研究情境采取不同的标准（Iversen 等，2019）。在国内，陆学艺（2002）以职业分类为基础，并综合考虑社会成员的经济资源、文化资源和组织资源的拥有情况，提出了十大阶层的划分理论。朱月季等（2020）按照个人所得税纳税层级，对个体的月平均收入进行阶层划分。张明等（2016）、陈爱丽等（2019）采用调查对象自述阶层评价得到阶层信息，这种测度方式在研究社会阶层流动的国内论文中比较常见。考虑到目前中国的中低层次人均可支配收入差距不大①，本章参考杨中超（2016）的做法，采用客观的 EGP 阶层分类方法，并根据中国国情转换为社会上、中、下层，以便研究。

（2）虽然国内有关阶层流动的研究较为丰富，但是大多集中在因果分析上或仅关注某一方面（比如教育）的流动分析，对社会流动的影响因素进行贡献分解的研究较少，从而不利于发现社会阶层固化形成背后的深层次原因。本章立足于前期的研究，分别从理论和实证的两个角度，构建理论模型和多层非线性回归模型，研究外部因素对社会流动的贡献，并且还分析了教育、婚姻、迁移等中介变量在外部因素影响路径中的作用。本章结论总结了阶层跃迁的外部影响机制，并为政府缓解阶层固化趋势提供了政策建议。

6.3 理论模型

本章以 Bénabou（1996）的研究为框架构建理论模型，从理论上研究不同层面因素对个体向上流动的影响机制。模型分别从人力资本和生产部门两个角度讨论，最后综合成最终的模型。详细分析过程如下：

6.3.1 从人力资本的角度看

假设存在一群连续且代际交叠的家庭 $i \in \Omega$，每个家庭都只有一个孩子。处于幼年期的孩子不需要工作挣钱或者独立消费，他们唯一的目的就是培养自身的

---

① 具体数据可见《中国统计年鉴》中收入五等份下各层次群体的平均收入差距。

人力资本。在每个时期家庭里的家长会分配时间于工作或者培养他们的子女，并且总时间是一定的。简单起见，假设分配比例是固定的，每个家庭会以同样的比率分配抚养孩子的时间，并且孩子组建家庭后也会同样对待下一代。假设孩子的人力资本满足公式：

$$h_{t+1}^i = \kappa \xi_t^i ((1-v)F_t^i)^\delta (E_t^i)^{1-\delta} \qquad (6.1)$$

其中，h_{t+1}^i 是孩子的人力资本，F_t^i 是和家庭特征有关的变量。所有家庭会按照固定比例 $v(\leqslant 1)$ 分配工作时间，获得的收入为 $y_t^i = vw_t^i$，剩下的 $1-v$ 时间用于培养子女①，并且培养效果与家庭特征正相关。另外，孩子的人力资本还会受到个体特征 ξ_t^i 的影响，比如才能存在着遗传的现象，有的孩子更加勤奋或者成熟较早。除此之外，当地的教育资源和文化氛围 E_t^i 也会影响孩子的人力资本，发达的地区会有更多的经费招聘到高质量的教师群体，并为孩子提供现代化的教学模式、修建较多的图书馆和艺术馆等文化设施，这会助力孩子的人力资本开发。假设政府提供的教育经费完全来自当地的税收，即：

$$E_t^i = \tau Y_t^i = \tau \int_0^\infty y \, dm_t^i(y) \qquad (6.2)$$

Y_t^i 是家庭 i 所在的社区 Ω_t^i 的总收入，m_t^i 是本社区劳动力收入的分布，τ 为固定税率。政府通过税收的方式获得财政收入，通过财政支出对社区文化氛围和教育质量进行改善，可以促进下一代社区居民人力资本的提高。从式子上看，当地社区的总收入越高，政府的财政收入也就越多，当地的教育资源也相应更多。

6.3.2 从生产部门的角度看

根据式(6.1)和式(6.2)，社区因素主要体现在社区总收入越高则税收越大，投资到社区教育文化产业的能力越强，进而影响人力资本。因此这里可以考虑社区的总收入和劳动力人力资本的关系，假设社会上存在完全竞争市场，并且市场上生产产品的竞争企业的生产技术都可以写为如下形式：

---

① 子女数不影响本章的分析，为简单起见可视为独生子女。

$$Y_t = \left(\int_0^\infty (x_t^i)^{(\sigma-1)/\sigma} \, \mathrm{d}i \right)^{\sigma/(\sigma-1)} \tag{6.3}$$

并且市场上存在大量的消费者，企业生产的产品会随着生产工艺的提高而增加售价，也会随着产量的增多而变得廉价。因此假设产品存在向下倾斜的需求价格曲线：

$$p_t^i = (x_t^i / Y_t)^{-1/\sigma} \tag{6.4}$$

其中，$x_t^i(= vh_t^i)$ 为劳动者的产出，与劳动者的人力资本和工作时间都有关系。劳动者的收入则为产出和价格的乘积：

$$y_t^i = p_t^i x_t^i = (vh_t^i)^{(\sigma-1)/\sigma} (Y_t)^{1/\sigma} \tag{6.5}$$

由于前文假设工作时间 v 是常数，所以可以将变量 v 提出，并整理成下式：

$$Y_t = v \left(\int_0^\infty (h)^{(\sigma-1)/\sigma} \mathrm{d}\mu_t(h) \right)^{\sigma/(\sigma-1)} = vH_t \tag{6.6}$$

其中，μ_t 为生产部门 Ω 全劳动力样本的人力资本分布，所以 H_t 衡量的是在全局范围内的技术积累。另外将式（6.6）代入式（6.5）可以得到劳动力 i 的收入：

$$y_t^i = v(H_t)^{1/\sigma} (h)_t^i{}^{(\sigma-1)/\sigma} \tag{6.7}$$

因此总收入 Y_t 可以写为：

$$Y_t^i = \int_0^\infty y \, \mathrm{d}m_t^i(y) = v(H_t)^{1/\sigma} (L)_t^i{}^{(\sigma-1)/\sigma} \tag{6.8}$$

上式中 $L_t^i = \left(\int_0^\infty (h)^{(\sigma-1)/\sigma} \mathrm{d}\mu_t^i(h) \right)^{\sigma/(\sigma-1)}$，$\mu_t^i$ 为社区 Ω_t^i 全劳动力样本的人力资本分布，所以 L_t^i 衡量的是社区范围内的技术积累。因此这里可以抽象地理解为 L_t^i 为家庭 i 所在社区的特征变量，H_t 为地区全局的特征变量。社区和地区因素都会影响到社区的总收入，而社区的总收入与当地政府的财政收入挂钩，因此社区和地区因素都会影响到孩子的人力资本形成。

6.3.3　最终模型与假说

将式（6.2）和式（6.8）代入式（6.1）可以得到人力资本的决定公式：

$$h_{t+1}^i = \kappa (1-v)^\delta (v\tau)^{1-\delta} \xi_t^i (F_t^i)^\delta (L_t^i)^{(1-\delta)(\sigma-1)/\sigma} (H_t)^{(1-\delta)/\sigma} \tag{6.9}$$

由于本章研究的是子代相对于家庭的流动方向，本章认为子代阶层主要受到人力资本的影响，另外可能会被机遇（ζ_{t+1}^i）、家庭特征、社区特征和地区特征共同影响，即：

$$S_{t+1}^i = \lambda \zeta_{t+1}^i (h_{t+1}^i)^a (L_t^i)^b (H_t)^c (F_t^i)^{1-a-b-c} \tag{6.10}$$

上式中 S_{t+1}^i 为子代的阶层变量，本章采用职业编码的 EGP 阶层转换作为阶层变量；b、c 和 $(1-a-b-c)$ 取值为 $[0,1]$，如果取 0 说明这类外部因素只会影响子代的人力资本，而不会提供其他便利。外部特征是孩子出生时就随机赋予的，和出生家庭与出生地有关，孩子无法主动选择成长环境。将式（6.9）代入式（6.10）可以得到：

$$S_{t+1}^i = \Phi \zeta_{t+1}^i \xi_t^{ia} (F_t^i)^{1-\alpha-\beta} (L_t^i)^{\alpha} (H_t)^{\beta} \tag{6.11}$$

其中 $\Phi = \lambda [\kappa (1-v)^{\delta} (v\tau)^{1-\delta}]^a$，$\alpha = a(1-\delta)(\sigma-1)/\sigma + b$，$\beta = a(1-\delta)/\sigma + c$。设潜变量为 S_{t+1}^i / S_t^i，可以构建二值选择模型：

$$UP^i = \begin{cases} 1 & \dfrac{S_{t+1}^i}{S_t^i} > 1 \\[4mm] 0 & \dfrac{S_{t+1}^i}{S_t^i} \leqslant 1 \end{cases} \tag{6.12}$$

UP^i 为个体向上流动的哑变量，通过调查问卷中问题进行设定。UP^i 的取值受到潜变量的影响，当 S_{t+1}^i / S_t^i 大于 1 时，说明子代发生了向上流动，则 UP^i 取 1；当 S_{t+1}^i / S_t^i 小于等于 1 时，说明子代没有改变阶层。另外假定家庭特征 $F_t^i = h_t^i S_t^i$，则潜变量的表达式如下所示：

$$\frac{S_{t+1}^i}{S_t^i} = \Phi \zeta_{t+1}^i \xi_t^{ia} (h_t^i)^{1-\alpha-\beta} (S_t^i)^{-\alpha-\beta} (L_t^i)^{\alpha} (H_t)^{\beta} \tag{6.13}$$

由式（6.13）可知，个人、家庭、社区和地区特征都会对潜变量产生影响，即都会影响子代的向上流动可能性。具体而言，个人、社区、地区特征和家庭人力资本中的优势因素起着正向促进的作用，说明这些优势变量有利于跨代向上流动；而家庭阶层则为抑制作用，虽然更高的家庭阶层可以为子代提供更好的资源，促进子代的阶层获取，但也会提高子代阶层跃迁的难度，抵消家庭带来的正向影响。

本章基于上述理论模型分析，总结了内外因素对子代阶层的影响途径，并作出以下两个假说：

假说 1：社区、地区特征和家庭资本等外部因素都是子代社会流动的重要影响因素，但是出身起点高的个体会面临着难以继续阶层跃迁的问题。

假说 2：外部因素会通过影响教育、迁移、婚姻等内部因素对子代的向上流动性产生显著影响，承担着部分中介作用①。

6.4　多层非线性模型和数据

6.4.1　多层非线性实证模型

由于本研究包含区域整体因素，样本很难满足独立性假设，如果使用普通二值选择模型可能会存在估计偏差现象，而本章使用的多层次非线性模型可以将高层次组别纳入方程中，使得估计结果更加准确，同时还能得到不同层次变量对因变量的影响程度。综上，本章使用多层 logit 模型，系统考察各层次变量对个体向上流动的贡献②。模型如下所述：

层一模型：

$$\text{logit}(Up_{ijk}) = \alpha_{00jk} + \sum_p \alpha_{p0jk} X_{pijk} + \sum_q \alpha_{q1jk} Y_{qijk} + \varepsilon_{ijk}, \quad \varepsilon_{ijk} \sim N(0, \sigma_\varepsilon^2)$$

$$(6.14)$$

层二模型：

$$\alpha_{00jk} = \beta_{00k} + \sum_t \beta_{0tk} Z_{tjk} + \mu_{0jk}, \quad \mu_{0jk} \sim N(0, \sigma_\mu^2)$$

$$\alpha_{p0jk} = \beta_{p0k} \alpha_{q1jk} = \beta_{q1k}(p = 1, 2, \cdots, P, q = 1, 2, \cdots, Q)$$

$$(6.15)$$

层三模型：

---

① 部分中介作用指外部因素不仅可以影响人力资本，还可以为子代的阶层跃迁提供其他便利；完全中介作用则指外部因素只能通过改变子代人力资本的方式影响代际流动性。

② 本章使用的 CGSS 数据库的抽样对象为个人，家庭变量与个人是一对一映射关系，所以本章实证分析时不为家庭单独设层次。在做分解时，会根据需要构建家庭类型层次。

$$\beta_{00k} = \gamma_{000} + \sum_s \gamma_{00s} W_{sk} + \nu_{00k} \quad \nu_{00k} \sim N \quad (0, \sigma_\nu^2)$$

$$\beta_{p0k} = \gamma_{p00} \beta_{q1k} = \gamma_{q10} \beta_{0tk} = \gamma_{0t0}$$

$$(p = 1, 2, \cdots, P, q = 1, 2, \cdots, Q, t = 1, 2, \cdots, T) \quad (6.16)$$

综合三层后的简化式为：

$$\text{logit}(UP_{ijk}) = \gamma_{000} + \sum_p \gamma_{p00} X_{pijk} + \sum_q \gamma_{q10} Y_{qijk} + \sum_t \gamma_{0t0} Z_{tjk} + \sum_s \gamma_{00s} W_{sk}$$

$$+ \varepsilon_{ijk} + \mu_{0jk} + \nu_{00k}$$

$$(6.17)$$

式中 UP_{ijk} 表示在第 k 个地域的第 j 个社区的第 i 个社会成员的向上流动哑变量，X_{pijk} 表示个体特征，Y_{qijk} 表示家庭特征，Z_{tjk} 表示社区特征，W_{sk} 表示地域特征。ε_{jk}、μ_{0jk}、ν_{00k} 为随机扰动项。在实证分析中，为了更准确得到个体层次因素的影响，本章还对部分个体变量进行了去中心化处理。

在使用多层次模型前，通常会先构建空模型，检验组内相关系数的大小。组内相关系数衡量的是组间差异占总差异的贡献，一般来说，若贡献值高于 5.9%说明存在着不可忽视的组间差异(温福星，2009；Fang & Zou，2014)。本章空模型的简化式如下：

$$UP_{ijk} = \gamma_{000} + \varepsilon_{ijk} + \mu_{0jk} + \nu_{00k} \quad (6.18)$$

方差为：

$$\text{Var}(UP_{ijk}) = \sigma_\varepsilon^2 + \sigma_\mu^2 + \sigma_\nu^2 \quad (6.19)$$

因此，可以计算组内相关系数(ICC)为：

$$ICC_{\text{地区}} = \frac{\sigma_\nu^2}{\sigma_\varepsilon^2 + \sigma_\mu^2 + \sigma_\nu^2}, \quad ICC_{\text{社区}} = \frac{\sigma_\mu^2 + \sigma_\nu^2}{\sigma_\varepsilon^2 + \sigma_\mu^2 + \sigma_\nu^2} \quad (6.20)$$

我们接下来将主要会使用上述多层非线性模型进行回归分析，并使用多层空模型回归得到的 ICC 值测算各层次的贡献程度。部分会采用多层线性模型对连续因变量进行回归分解。

6.4.2 数据来源与变量描述

(1)数据来源。本章的数据来源于中国综合社会调查(CGSS)，CGSS 是由中国人民大学发起的完整地覆盖各层次社会群体的大型社会调查项目。本章使用2010年、2012年、2013年和2015年共4年的CGSS数据库，组合成混合年份截面数据。对整合后的主样本做以下处理：①个体年龄限定在20~60岁；②剔除上学、探亲和退休的样本；③剔除在个体14岁时，父母退休或已去世的样本；④剔除个体较少的社区样本；⑤剔除异常和缺失样本。最终获得有效样本总量为25921个。

（2）变量描述。本章的因变量为向上流动哑变量，自变量包括个人特征、家庭特征和社区特征，个体特征和家庭特征从调查问卷中的问题汇总得到，社区特征变量由社区平均值计算得到。变量的详细介绍如下：

因变量为向上流动哑变量，定义以下情景为发生了向上流动：若与14岁家庭阶层地位相比，子代提高了自己的阶层地位。考虑到个人的社会阶层应该从收入、职业、教育等多方面综合评价，本章使用的EGP阶层是综合了多种因素得到的客观定类层次变量，相比于主观的自评阶层指数，更有助于得到准确的分析结果。我们参考杨中超（2016）的做法，采用EGP阶层分类方法将社会职业经济地位转换为社会阶层①，再根据中国国情，按照上层（高级别管理人员）、中层（低级别管理人员、非体力工作者、自营和独立自营者）、下层（技术或非技术体力工作者、农业劳动者和无工作者）分类。

自变量分为个人特征、家庭特征和社区特征。其中，个人特征变量选取了包括教育、年龄、健康、性别、婚姻、民族和户口等论文中经常使用的变量。在家庭特征变量中，出于增加模型自由度的考虑，本章对家庭中父母的背景做了综合，取父母中最高受教育年限为文化背景，取父母中是否有党员为政治面貌，取父母中是否有非农工作者为工作类型，并加入了14岁的家庭阶层变量。社区特征则采用了社区内全部适龄样本数据的加总平均，分别得到了平均教育、平均年龄、平均收入和城镇化程度变量。省份特征则根据中国的经济区域划分，分为东部、中部、东北和西部四大区域。详细的数据描述如表6.1所示。

---

① 本章使用侯利明和秦广强（2019）论文中的程序计算EGP阶层，计算过程分为转换和修正两个阶段，家庭EGP阶层为父母中较高者。因为CGSS数据缺少父母职业管理和雇佣人数数据，所以本章在修正阶段只考虑是否自营。根据修正阶段的步骤，管理人数只会影响少部分社会中层修正为上层的过程，并不会影响占比较多的下层样本，所以对本章的结果影响甚微。

表 6.1　变量的描述性统计

	变量名称	变量定义及赋值	总数	均值	标准差	最小值	最大值
因变量	向上社会流动	若子代社会阶层高于家庭阶层为1		0.2218	0.4155	0	1
个人特征	子代社会阶层	社会上层=3，中层=2，下层=1	25921	1.3848	0.5600	1	3
	受教育年限	个体受教育年限	25921	9.4261	4.1639	0	19
	年龄	个体年龄	25921	41.3441	10.6319	20	60
	健康	按照自评健康程度打分，取1~5	25921	3.8191	1.0315	1	5
	性别	男=1，女=0	25921	0.4979	0.5000	0	1
	婚姻	已婚或同居=1，其他为0	25921	0.8698	0.3472	0	1
	民族	汉族=1，其他为0	25921	0.9074	0.2899	0	1
	户口	非农户口=1，其他为0	25921	0.3980	0.4895	0	1
家庭特征	家庭文化背景	父母中最高受教育年限	25921	5.7051	4.6432	0	19
	家庭政治面貌	父母中有党员为1	25921	0.1711	0.3766	0	1
	家庭工作类型	父母中有非农工作者为1	25921	0.4000	0.4899	0	1
	14岁家庭阶层	社会上层=3，中层=2，下层=1	25921	1.2822	0.5305	1	3
社区特征	平均教育	社区的平均教育	480	9.5633	2.4625	3.6479	15
	平均收入	社区的对数平均收入	480	10.0919	0.6905	8.1441	12.4986
	平均年龄	社区的平均年龄	480	48.7049	4.8135	32.4675	74.7755
	城镇化程度	每个社区中城镇样本的比例	480	0.6132	0.4669	0	1
省份特征	省份所在区域	以西部省份为基点					
	东部	社区在东部省份=1，其他为0	30	0.3333	0.4795	0	1
	中部	社区在中部省份=1，其他为0	30	0.2000	0.4068	0	1
	东北	社区在东北省份=1，其他为0	30	0.1000	0.3051	0	1

注：①14岁时家庭阶层按照父母 EGP 阶层的较高者进行分类赋值。②以村/居委会编码划分社区，社区特征由总样本中每个社区相关变量的平均值计算得到。③平均教育和平均收入为社区内 20~60 岁样本的平均值。④由于存在少部分社区分属城镇和农村样本的现象，故使用比例作为城镇化程度，但大多数社区取 0 或者 1。⑤国家统计局在 2011 年将中国经济区域划分为东部、中部、东北和西部，本章省份区域选取以此为标准。

6.5 实证结果

6.5.1 阶层流动性分析

各种家庭阶层类型对应的子代阶层比例如表 6.2 所示。在全样本中，处于社会下层的家庭约占 76%，说明大多数人出身于社会下层，平均的向上流动率为 27.41%。出身于中层家庭的个体仍然有 6.98% 的比例向上流动。虽然出身于上层家庭的个体已经不能继续向上流动，但这部分群体只占总样本的约 4%，并不会对结果造成过大的偏差。从城镇和农村样本看，农村阶层固化非常严重，城镇样本向上流动的概率显著高于农村样本，城镇样本中出身于社会下层的成员有近 46% 的比例改变阶层，但在农村样本中这一比例只有不到 9%，这意味着城乡差异会显著影响个体的向上流动性。另外，子代的阶层结构中，社会中层的比例相对家庭阶层结构得到了提升，上层比例几乎未变，并且中层比例的提高主要体现在城镇样本中，农村的社会结构没有变化。

表 6.2 **阶层流动表**

		社会上层	社会中层	社会下层	家庭比例	向上流动率
全样本	社会上层	0.1556	0.5225	0.3219	0.0394	0.0000
	社会中层	0.0698	0.4814	0.4488	0.2033	0.0698
	社会下层	0.0239	0.2502	0.7259	0.7573	0.2741
	子代比例	0.0384	0.3080	0.6536	1.0000	
		社会上层	社会中层	社会下层	家庭比例	向上流动率
城镇	社会上层	0.1665	0.5594	0.2741	0.0647	0.0000
	社会中层	0.0836	0.5469	0.3695	0.2987	0.0836
	社会下层	0.0444	0.4145	0.5411	0.6366	0.4589
	子代比例	0.0641	0.4634	0.4725	1.0000	
		社会上层	社会中层	社会下层	家庭比例	向上流动率
农村	社会上层	0.0690	0.1494	0.7816	0.0090	0.0000
	社会中层	0.0125	0.1898	0.7977	0.0826	0.0125
	社会下层	0.0048	0.0831	0.9121	0.9084	0.0879
	子代比例	0.0060	0.0925	0.9015	1.0000	

注：①列为家庭阶层，行为子代阶层。②向上流动率指的是子代阶层高于家庭阶层的比例。③定义城镇化程度大于 0.90 的为城镇，小于 0.10 的为农村，其余为城乡混合样本，该类样本在总样本中占比不到 0.09。下同。

6.5.2 个人向上流动性的影响因素分析

本节对多种样本类型回归得到在不同样本下的影响差异，结果如表 6.3 所示。可以看出，在不同样本下教育离差都能显著促进个体的向上流动，身体健康的个体也会有更高的向上流动可能性。年龄离差、性别和民族在不同地区存在着异质性作用：在农村地区，年龄离差存在抑制作用，性别和民族存在促进作用；在城镇地区，年龄和性别的作用不再显著，民族却成了显著的抑制作用。非农户口的个体更可能实现阶层跃迁。家庭层面中父母的文化背景、政治面貌和工作类型分别起着正向、无关和负向的作用，家庭阶层会显著限制个体的向上流动可能。社区层面显示，地区发展水平(平均教育、平均收入、城镇化程度)能显著提高个体的向上流动率，老龄化程度则呈现显著的抑制作用，并表现出了异质性的结果，对农村而言，平均年龄显著地抑制了个体的向上流动，但对城镇影响甚微。综上所述，除了个体层面的差异性特征之外，家庭、社区特征和城乡分野等外部因素都是子代社会流动性的重要影响因素，由此假说 1 得到了证实。在下节会使用多层空模型进一步测算各层次的贡献程度。

表 6.3　　　　　　　　　　多层回归实证结果

	向上流动	全样本		城镇		农村	
		系数	标准误	系数	标准误	系数	标准误
个体层面	教育离差	0.2275***	(0.0075)	0.2221***	(0.0090)	0.2598***	(0.0166)
	年龄离差	-0.0071***	(0.0023)	-0.0042	(0.0028)	-0.0110**	(0.0048)
	健康	0.1726***	(0.0209)	0.1532***	(0.0255)	0.1889***	(0.0446)
	性别	0.0423	(0.0381)	0.0107	(0.0453)	0.1753**	(0.0862)
	婚姻	0.2860***	(0.0583)	0.2433***	(0.0660)	0.3356**	(0.1483)
	民族	-0.1323	(0.0868)	-0.2806***	(0.1046)	0.3957**	(0.1852)
	户口	0.3030***	(0.0509)	0.2195***	(0.0561)	0.9662***	(0.1570)
家庭层面	家庭文化背景	0.0213***	(0.0056)	0.0203***	(0.0067)	0.0314**	(0.0125)
	家庭政治面貌	0.0022	(0.0577)	-0.0441	(0.0654)	0.2676*	(0.1385)
	家庭工作类型	-0.2228***	(0.0500)	-0.2516***	(0.0564)	-0.1784	(0.1331)
	14岁家庭阶层	-3.2482***	(0.0726)	-3.1344***	(0.0762)	-3.1030***	(0.3519)

续表

	向上流动	全样本		城镇		农村	
		系数	标准误	系数	标准误	系数	标准误
社区层面	平均教育	0.2755***	(0.0271)	0.3352***	(0.0276)	0.2433***	(0.0652)
	平均收入	0.4160***	(0.0861)	0.2934***	(0.0853)	0.8646***	(0.1991)
	平均年龄	−0.0238***	(0.0078)	−0.0054	(0.0083)	−0.0375**	(0.0154)
	城镇化程度	0.9901***	(0.1110)				
省份层面	区域哑变量	控制		控制		控制	
	年度哑变量	控制		控制		控制	
随机效应	个体家庭层面	3.2899		3.2899		3.2899	
	社区层面	0.2327	(0.0283)	0.0911	(0.0211)	0.3525	(0.0741)
	省份层面	0.0140	(0.0123)	0.0152	(0.0144)	0.0000	(0.0000)
	样本量	25921		13925		9692	

注：①括号内为标准误。② ***表示 $p<0.01$，**表示 $p<0.05$，*表示 $p<0.1$。③由于本章使用的 CGSS 数据的抽样对象是个体，所以主回归模型中不加入家庭层次。④离差为个体与社区均值间的差距。④多层 logit 模型的层一方差为固定值 $3.2899(\pi^2/3)$，下同。

6.5.3 组内相关系数

中国目前大多数社会难题与城乡分野的二元社会密切相关(李强，2019)，而且家庭背景差异同样也会影响子代成年后的阶层定位，这些外部因素对社会流动的影响程度需要进一步测量。本节使用式(6.20)对各层次的贡献进行测算(谢宇，2010)，通过外生变量构建家庭层次，使用多层模型对城乡(或省份)、社区、家庭层次进行分解①，结果如表6.4所示。

从表6.4中可以看出，城乡解释了个体流动的约17%，省份解释了个体流动的约5%，这说明城乡分野在社会流动中扮演着重要的角色，而省份间发展不平

---

① 按照年份、社区、家庭阶层、文化背景、政治面貌和工作类型等对家庭类型分类。由于家庭类型是人为设计的，所以家庭层次的贡献反映的是不同家庭类型的贡献，并非真实家庭间的差异。

表 6.4 城乡和省份分解结果

随机效应	城乡					省份				
	全	2010 年	2012 年	2013 年	2015 年	全	2010 年	2012 年	2013 年	2015 年
Var(家庭)	0.7341	1.0057	1.0612	0.7760	0.6376	0.7201	1.3106	1.2394	1.0375	0.6955
	(0.0835)	(0.1969)	(0.1894)	(0.1678)	(0.1924)	(0.0849)	(0.2368)	(0.2253)	(0.1975)	(0.2056)
Var(社区)	0.2216	0.1895	0.0583	0.1352	0.1774	0.7688	0.4910	0.5508	0.5638	0.7163
	(0.0305)	(0.0649)	(0.0529)	(0.0543)	(0.0745)	(0.0715)	(0.0959)	(0.0995)	(0.0991)	(0.1262)
Var(地区)	0.8548	0.7569	0.8470	0.8978	0.8474	0.2571	0.3019	0.1749	0.2341	0.1999
	(0.8571)	(0.7627)	(0.8527)	(0.9034)	(0.8545)	(0.0841)	(0.1028)	(0.0698)	(0.0850)	(0.0839)
ICC(总和)	0.3550	0.3724	0.3741	0.3548	0.3357	0.3467	0.3900	0.3740	0.3581	0.3288
ICC(家庭)	0.1440	0.1919	0.2019	0.1522	0.1288	0.1430	0.2430	0.2359	0.2024	0.1419
ICC(社区)	0.0434	0.0361	0.0111	0.0265	0.0358	0.1526	0.0910	0.1048	0.1100	0.1461
ICC(地区)	0.1676	0.1444	0.1611	0.1761	0.1711	0.0511	0.0560	0.0333	0.0457	0.0408

注:①括号内为标准误。②随机效应的方差为各层截距项的方差。③在城乡差异分解中,地区为城乡;在省份差异分解中,地区为省份。④表格中省略个体方差,均为固定值 3.2899($\pi^2/3$),下同。

衡带来的流动性差异相对较弱。由表6.4第一列知，社区的贡献（包含地区因素）约21%，表明社区环境确实能够显著影响个体的流动，并且社区的贡献主要集中在城乡差距上，城乡之外的社区差异仅占有4%。剔除社区因素后的家庭贡献仍有14%，表明家庭资本因素对个体流动的影响很大。考虑到本章中家庭层次是按照常见的外生可观测因素构造的，未考虑其他可观测因素和不可观测因素，所以真实的家庭贡献会有差异。最终，外部因素总贡献约36%，足以表明外部因素在社会流动中占据着重要地位。

对不同年份的样本进行分解发现，城乡因素和社区因素贡献随着时间缓慢波动上涨，成为社会流动的主要阻力，而家庭因素随着时间大幅下降，这说明在社会流动的贡献分解中，城乡分野和社区因素正逐渐成为外部影响中的主要因素。但是综合来说，外部因素的总影响有弱化的趋势，但是不明显，依然维持在高水平。也就是说，个体层面的努力能够改善社会流动，外部环境给社会流动带来的压力正在逐年缓解当中，社会固化程度在样本年份期间得到了一定的改善，但是改善的速度还不明显，仍然需要加大调节政策力度推动地区平衡性发展。

6.5.4 异质性分析

在目前女性就业依旧存在歧视的背景下，性别理应对社会流动产生显著影响，但是表6.3中性别的系数为正却并不显著。另外，中华人民共和国成立以后经历了多样化的发展过程，对于不同年代的人来说，面对的社会环境也有所不同。因此本节考虑不同出生年代、性别的个体社会流动的异质性，分解结果如表6.5所示。随着出生年代的推迟，城乡效应呈现下降趋势，社区因素和家庭因素却显著提高，尤其是家庭因素对20世纪80年代出生的个体影响非常大，占到27.57%。外部因素的总贡献呈现出先降后升的U形曲线，80年代出生的个体受外部环境的影响超过40%。结合上节的分析可知，虽然外部贡献对于越晚出生的人影响越大，但是近几年对社会总体的影响正缓慢下降，从后续机制分析中得知，出生晚的人面临的教育资源不平等相对更大，所以在社会总体外部影响逐渐减弱的背景下，不同年代样本的异质性反而在加强。除此之外，不同性别的分解结果显示，女性更容易受到外部因素的影响，而男性受到的影响则相对较弱，尤其是城乡差异的影响，男性为14.56%，而女性达到20.31%。

表 6.5

异质性分析

随机效应	城乡					省份				
	1960年	1970年	1980年	男性	女性	1960年	1970年	1980年	男性	女性
Var(家庭)	0.6779	0.7085	1.6245	0.5905	0.7155	0.7985	0.6779	1.7481	0.7530	0.7332
	(0.1743)	(0.2036)	(0.3767)	(0.1229)	(0.1363)	(0.2281)	(0.2144)	(0.4243)	(0.1469)	(0.1549)
Var(社区)	0.1639	0.2289	0.3223	0.2494	0.2502	0.8930	0.6501	0.4611	0.6576	0.9636
	(0.0544)	(0.0559)	(0.0846)	(0.0417)	(0.0474)	(0.1220)	(0.0945)	(0.1033)	(0.0759)	(0.1091)
Var(地区)	0.9348	0.8300	0.6552	0.7040	1.0848	0.2235	0.2784	0.2300	0.2294	0.3105
	(0.9397)	(0.8358)	(0.6637)	(0.7073)	(1.0891)	(0.0872)	(0.0976)	(0.0881)	(0.0775)	(0.1072)
ICC(总和)	0.3507	0.3495	0.4416	0.3194	0.3840	0.3679	0.3281	0.4258	0.3327	0.3789
ICC(家庭)	0.1338	0.1401	0.2757	0.1222	0.1340	0.1534	0.1385	0.3052	0.1528	0.1384
ICC(社区)	0.0324	0.0453	0.0547	0.0516	0.0469	0.1716	0.1327	0.0805	0.1334	0.1819
ICC(地区)	0.1845	0.1641	0.1112	0.1456	0.2031	0.0429	0.0569	0.0401	0.0465	0.0586

注：①括号内为标准误。②随机效应的方差为各层截距项的方差。③在城乡差异分解中，地区为城乡；在省份差异分解中，地区为省份。④1960年指20世纪60年代出生的人，其他同理。

6.6　进一步讨论

6.6.1　机制分析

中国地区之间的发展程度也呈现出不平衡的现状，城乡之间差距明显。从表 6.6 可知，在农村 90% 的个体为社会下层，但城镇只有 47%，表明农村居民从事的大多数工作还是廉价体力劳动，农村个体想要改变阶层需要增加自身的教育技能储备或者迁移到更加发达的地区务工。在省份区域层面，东部的发展明显好于其他区域，这与中国的经济政策一致，而中部、东北和西部则比较相似，无较大差异。通过综述分析章节知道，那些出生在欠发达地区的个体，可以通过接受学历教育、主动迁移到提供更高收入的城镇，进而实现阶层跃迁，或者通过"门当户对"的婚姻匹配巩固自己的阶层地位，所以本节实证研究教育、迁移、收入和婚姻匹配在社会流动中的中介机制作用，以对假说 2 做出证明。

表 6.6　　　　　　　　　　　　　　　社会阶层比例

		全样本	城镇	农村	东部	中部	东北	西部
子代	社会上层	0.0384	0.0641	0.0060	0.0685	0.0216	0.0237	0.0235
	社会中层	0.3080	0.4634	0.0925	0.4177	0.2637	0.2559	0.2367
	社会下层	0.6536	0.4725	0.9015	0.5138	0.7147	0.7204	0.7398
	全部	1.0000	1.0000	1.0000	1.0000	1.0000	1.0000	1.0000

本章选择教育年限、是否迁移本地、对数年收入、配偶是否为中上层等变量进行中介变量机制分析，参考温忠麟等（2004）的中介分析法，得到的回归结果如表 6.7 所示。由列（1）可知，家庭教育、政治、工作背景和社区平均收入、城镇化程度、老龄化程度对个人最高学历起到显著作用，同时在列（2）中受教育水平呈现显著促进作用，这表示家庭和社区层次可以通过影响个体的教育程度，进而影响子代的向上流动性，即教育是两者间的中介变量。同理从列（3）至（8）可知，迁移、收入和婚姻匹配同样担任着中介变量的角色。因此，家庭和社区的外部优

势可以通过提供教育、吸引迁移、提高收入和门当户对的方式，转化为促进社会成员向上流动的动力。不过也并非家庭环境越发达就越激励个体跨代流动，虽然家庭阶层可以为子代提供更好的教育资源，但是中高阶层出身的个体想要继续向上流动的难度显然更大，在偶数列中 14 岁家庭阶层变量都显著抑制个体的向上流动可能性。不过出身优越的个体似乎更容易维持自己中高层的地位，从表 6.2 可知，在全样本里中层家庭的子代有 55% 的比例维持在中高层位次，但低阶层出身的个体这一比率只有 27%。

由此看出，外部环境因素不仅可以直接影响到子代的向上流动，还可以影响子代的个体特征。从长远的角度看，为子代投资会产生持续的积极影响。Bono 等 (2016)认为父母的时间投资对儿童的积极影响可以持续到成年。因此，外部环境的影响存在短期和长期之分，实际的影响程度理应更强，前文的假说 2 得到验证。

表 6.7   机制分析

	教育	向上流动	迁移	向上流动	收入	向上流动	配偶阶层	向上流动
	(1)	(2)	(3)	(4)	(5)	(6)	(7)	(8)
X		0.2294***		0.2147***		0.3757***		1.2397***
		(0.0074)		(0.0446)		(0.0143)		(0.0470)
家庭文化背景	0.1473***	0.0218***	−0.0071	0.0219***	0.0075	0.0219***	0.0178***	0.0208***
	(0.0053)	(0.0056)	(0.0049)	(0.0056)	(0.0056)	(0.0061)	(0.0052)	(0.0062)
家庭政治面貌	0.3844***	0.0019	0.1804***	−0.0040	0.1184**	−0.0467	0.2091***	−0.0243
	(0.0526)	(0.0577)	(0.0464)	(0.0579)	(0.0550)	(0.0631)	(0.0494)	(0.0658)
家庭工作类型	0.2097***	−0.2211***	−0.5864***	−0.1927***	−0.1179**	−0.1779***	−0.0911*	−0.2066***
	(0.0542)	(0.0500)	(0.0490)	(0.0505)	(0.0565)	(0.0553)	(0.0505)	(0.0577)
14 岁家庭阶层	0.3373***	−3.2479***	0.0353	−3.2499***	0.1640***	−3.5945***	0.2454***	−3.5581***
	(0.0471)	(0.0726)	(0.0407)	(0.0728)	(0.0494)	(0.0805)	(0.0436)	(0.0884)
平均教育			0.2268***	0.2650***	0.2217***	0.2862***	0.1928***	0.2282***
			(0.0339)	(0.0272)	(0.0224)	(0.0258)	(0.0248)	(0.0266)
平均收入	1.0789***	0.4922***	0.4276***	0.4007***			0.2888***	0.3895***
	(0.0982)	(0.0740)	(0.1079)	(0.0857)			(0.0770)	(0.0844)

续表

	教育	向上流动	迁移	向上流动	收入	向上流动	配偶阶层	向上流动
	(1)	(2)	(3)	(4)	(5)	(6)	(7)	(8)
平均年龄	−0.0580***	−0.0226***	0.0005	−0.0231***	0.0103	−0.0333***	−0.0450***	−0.0126
	(0.0099)	(0.0078)	(0.0091)	(0.0078)	(0.0070)	(0.0081)	(0.0069)	(0.0079)
城镇化程度	0.3994***	1.1006***	0.5730***	0.9731***	−0.3546***	1.1573***	0.9302***	0.8920***
	(0.1160)	(0.0925)	(0.1348)	(0.1114)	(0.1002)	(0.1206)	(0.1004)	(0.1122)
个体层面变量	控制	控制	控制	控制	控制	控制	控制	控制
区域哑变量	控制	控制	控制	控制	控制	控制	控制	控制
年度哑变量	控制	控制	控制	控制	控制	控制	控制	控制
随机效应								
个体家庭层面	8.1133	3.2899	3.2899	3.2899	8.1637	3.2899	3.2899	3.2899
	(0.0719)				(0.0759)			
社区层面	0.4606	0.2367	0.4262	0.2360	0.1299	0.2753	0.1548	0.2139
	(0.0413)	(0.0286)	(0.0397)	(0.0286)	(0.0201)	(0.0334)	(0.0220)	(0.0300)
省份层面	0.2734	0.0115	0.0962	0.0118	0.2107	0.0150	0.0235	0.0024
	(0.0876)	(0.0115)	(0.0379)	(0.0117)	(0.0628)	(0.0131)	(0.0130)	(0.0092)
样本量	25921	25921	25755	25755	23621	23621	21616	21616

注：①括号内为标准误。② ***表示 $p<0.01$，**表示 $p<0.05$，*表示 $p<0.1$。③由于社区变量是由社区样本平均值计算得到，所以在列 1~2 中剔除平均教育变量，在列 5~6 中剔除平均收入变量，下同。④列 2、4、6、8 的 X 变量分别为受教育年限、是否迁移本地、对数年收入、配偶是否为中上层。⑤列 7~8 只包含有配偶的个体。

6.6.2 对教育分年代回归及分解

由上文分析知，内部因素可作为外部因素影响社会流动的路径中的媒介，相关变量扮演着中介变量的角色，比如教育、收入、人口迁移和婚姻匹配等，而教育则是人力资本最具代表的因素之一，所以本部分将以教育为例，分出生年代样本进行回归分析。回归结果如表 6.8 所示。从系数上看，家庭文化背景、阶层和社区平均收入、城镇化程度等主要外部变量都呈现着上涨或波动上涨的趋势，这暗示着外部因素对个体最高学历的影响正在提升，教育不公平的程度正在加大。但具体的影响程度还需要进一步测算。

表 6.8　　　　　　　　　　　　　　　对教育分年代回归结果

edu	1950 年		1960 年		1970 年		1980 年	
	系数	标准误	系数	标准误	系数	标准误	系数	标准误
家庭文化背景	0.1308 ***	(0.0161)	0.1374 ***	(0.0092)	0.1716 ***	(0.0087)	0.1819 ***	(0.0112)
家庭政治面貌	0.6814 ***	(0.1700)	0.3129 ***	(0.0974)	0.3030 ***	(0.0857)	0.3860 ***	(0.1001)
家庭工作类型	0.3584 **	(0.1770)	0.1728	(0.1069)	0.1834 **	(0.0899)	0.0056	(0.0975)
14 岁家庭阶层	0.3165 *	(0.1630)	0.3083 ***	(0.0905)	0.3749 ***	(0.0772)	0.3891 ***	(0.0851)
平均收入	0.9474 ***	(0.1908)	1.0472 ***	(0.1298)	1.1363 ***	(0.1176)	1.0185 ***	(0.1203)
平均年龄	−0.1669 ***	(0.0292)	0.0498 ***	(0.0180)	−0.0980 ***	(0.0161)	−0.0329 *	(0.0177)
城镇化程度	0.0427	(0.2281)	0.4353 ***	(0.1622)	0.3209 **	(0.1462)	0.7211 ***	(0.1464)
个体层面变量	控制		控制		控制		控制	
区域哑变量	控制		控制		控制		控制	
年度哑变量	控制		控制		控制		控制	
随机效应								
个体家庭层面	11.0882	(0.2499)	8.3590	(0.1377)	6.4434	(0.1097)	5.8326	(0.1199)
社区层面	0.7517	(0.1340)	0.5576	(0.0720)	0.4880	(0.0621)	0.3635	(0.0631)
省份层面	0.5033	(0.1874)	0.3326	(0.1143)	0.2212	(0.0798)	0.1795	(0.0733)
样本量	4349		7813		7352		5167	

注：①括号内为标准误。② *** 表示 $p<0.01$，** 表示 $p<0.05$，* 表示 $p<0.1$。③1950 年指 20 世纪 50 年代出生的人，其他同理。④20 世纪 80 年代末出生的人会受到高校扩招的影响，故剔除 22 岁以下样本，下同。⑤由于 20 世纪 90 年代出生的个体在本章数据中都为 25 岁以下，正是上学的年龄，可能会对结果产生影响，所以本章不考虑。

　　本节采用多层空模型分解方法，对教育分年代进行分解，同时也对迁移、婚姻及收入不平等进行类似分解，结果如表 6.9 所示。可以看出，外部因素对教育、迁移、婚姻匹配的影响非常显著，都超过了 40%，对收入的影响略低，贡献率约 14%，城乡差异是教育和婚姻出现固化的主要因素，分别达到了 23.73% 和 27.79%，而家庭、社区和城乡差异对迁移表现出势均力敌的影响。在教育的分年代回归结果上，外部因素呈现了先升后降的趋势，并且更高层的社区和城乡因素也呈现了先升后降的趋势，这表明 20 世纪 50 年代至 70 年代出生的社会成员面临的教育不平等程度在显著地提高，城乡分野的贡献提高了 12%，外部因素总贡献提高了 20%。在 80 年代出生的社会成员中，不平等程度得到了轻微缓解，呈现下降趋势。

表 6.9　　　　　　　　　　　　　　中介变量分解

随机效应	教育	1950 年	1960 年	1970 年	1980 年	迁移	收入	配偶
Var(个体)	9.6892	14.0318	9.5728	7.1293	6.5987	3.2899	8.5716	3.2899
	(0.1160)	(0.4787)	(0.2338)	(0.2289)	(0.3045)		(0.1108)	
Var(家庭)	1.7252	0.6487	0.5521	1.6856	1.1604	0.8193	0.6231	0.4430
	(0.0985)	(0.3916)	(0.1836)	(0.2228)	(0.2950)	(0.0899)	(0.0848)	(0.0831)
Var(社区)	2.0824	2.9871	2.0345	2.3908	2.0283	0.8811	0.5584	0.4464
	(0.1603)	(0.3470)	(0.1899)	(0.2097)	(0.1930)	(0.0792)	(0.0534)	(0.0472)
Var(城乡)	4.1989	2.9951	3.3983	4.1376	3.3839	0.6900	0.2475	1.6084
	(4.2167)	(3.0189)	(3.4116)	(4.1541)	(3.3992)	(0.6954)	(0.2514)	(1.6119)
ICC(总和)	0.4525	0.3209	0.3847	0.5353	0.4990	0.4208	0.1429	0.4316
ICC(家庭)	0.0975	0.0314	0.0355	0.1098	0.0881	0.1442	0.0623	0.0766
ICC(社区)	0.1177	0.1445	0.1308	0.1558	0.1540	0.1551	0.0559	0.0771
ICC(城乡)	0.2373	0.1450	0.2184	0.2697	0.2569	0.1215	0.0247	0.2779

　　注：①括号内为标准误。②随机效应的方差为各层截距项的方差。③上表为城乡分解结果。④多层非线性模型的层一方差均为固定值 $3.2899(\pi^2/3)$。

由此看来，虽然个体特征依旧作为获取社会阶层的主要因素，但是外部因素对个体特征的影响总体上存在加重的趋势，并达到了一半的影响程度，外部因素会通过影响迁移、婚姻、教育等内部因素影响到个体的社会流动，佐证了假说2。因此，应该警惕资源不平等加重了阶层流动的梯子越来越窄的现象，个体想要实现社会阶层跃迁的难度也在增加。

6.6.3 内生性讨论

内生性是经济学研究中常见的问题，本章也无例外地探讨内生性对结论的影响。为了尽可能减少遗漏变量带来的估计偏差问题，一方面，我们在模型中尽可能控制了多个层次变量，并且对个体变量进行去中心化处理，另一方面使用的多层非线性回归模型能够缓解可能存在的数据不平衡和遗漏变量问题（Duncan & Jones，2000；解垩和宋颜群，2020）。另外，本章最关注的点是影响个体向上流动的因素分解，分解时使用的是多层空模型（即不需要加入任何自变量），这样在分解时就不会存在遗漏变量的问题。综上，我们在模型设计上对可能的内生性问题做了处理，并且因素的分解不会受到遗漏变量的影响。

6.6.4 稳健性检验

采用两种方式进行稳健性检验。首先，前文使用的是客观数据构造的阶层指标，这里采用 CGSS 调查问卷中的主观阶层。考虑到阶层是一个抽象的概念，个体很难准确评价，所以按照社会上层（8~10）、中层（4~7）、下层（1~3）进行划分（张明等，2016），回归结果如表 6.10 中列（1）所示，可以看出，家庭教育和社区平均收入依旧呈现显著的促进作用。不过自评阶层过于主观，回归结果中平均教育和城镇化程度为负且不显著，这都表明个体在自评时可能以周边人为参考，不同学历群体看待阶层的态度不一致，由此可能产生偏误。其次，第二个稳健性检验剔除了无工作的样本，以及 14 岁时父母都无工作的样本，结果在第 3 列显示，符号和显著性与全样本回归结果相似。以上说明本章的主要回归结果是稳健的。

表 6.10   稳健性检验和不平等

		主观阶层		向上流动		ISEI	
		系数	标准误	系数	标准误	系数	标准误
个人层面	固定效应						
	教育离差	0.0551 ***	(0.0054)	0.2338 ***	(0.0084)	1.4030 ***	(0.0276)
	年龄离差	0.0162 ***	(0.0019)	-0.0112 ***	(0.0026)	-0.0202 **	(0.0096)
	健康	0.2604 ***	(0.0164)	0.0972 ***	(0.0236)	0.3541 ***	(0.0843)
	性别	-0.2483 ***	(0.0331)	-0.4891 ***	(0.0429)	-1.4206 ***	(0.1594)
	婚姻	0.5098 ***	(0.0505)	0.2133 ***	(0.0660)	0.0415	(0.2422)
	民族	-0.3074 ***	(0.0709)	-0.1570	(0.0959)	-0.0372	(0.3549)
	户口	0.0362	(0.0489)	0.3137 ***	(0.0590)	4.7425 ***	(0.2416)
家庭层面	家庭文化背景	0.0154 ***	(0.0047)	0.0199 ***	(0.0062)	0.1173 ***	(0.0231)
	家庭政治面貌	0.0347	(0.0489)	-0.0528	(0.0639)	0.2109	(0.2235)
	家庭工作类型	-0.0505	(0.0423)	-0.2041 ***	(0.0579)	-1.0122 ***	(0.2347)
	14 岁家庭阶层	-3.9506 ***	(0.0624)	-3.7357 ***	(0.0807)	2.2059 ***	(0.2006)
社区层面	平均教育	-0.0229	(0.0213)	0.2655 ***	(0.0298)	1.7075 ***	(0.1127)
	平均收入	0.3135 ***	(0.0663)	0.5293 ***	(0.0946)	1.4447 ***	(0.3505)
	平均年龄	0.0163 ***	(0.0059)	-0.0309 ***	(0.0084)	-0.1535 ***	(0.0311)
	城镇化程度	-0.1284	(0.0836)	1.3081 ***	(0.1234)	2.5953 ***	(0.4610)
省份层面	区域哑变量	控制		控制		控制	
	年度哑变量	控制		控制		控制	
	随机效应						
	个体家庭层面	3.2899		3.2899		120.2563	(1.1974)
	社区层面	0.0961	(0.0145)	0.3051	(0.0357)	3.6829	(0.4296)
	省份层面	0.0352	(0.0135)	0.0054	(0.0113)	0.6636	(0.3092)
	样本量	26723		20501		20626	

注：①括号内为标准误。② *** 表示 $p<0.01$， ** 表示 $p<0.05$， * 表示 $p<0.1$。③列 1 的家庭阶层也为主观阶层数据。

6.6.5　阶层流动与不平等

国内外对社会上存在的不平等问题已经有了丰富的研究成果(薛宝贵和何炼成，2015)。在微观层面，不平等关注的是个人资源的差距，而流动性则更关注个人的地位变更。如果说不平等衡量的是各层级之间的绝对差距，那么阶层流动性就是衡量个体改变层级的可能性。通过理论模型可以看出，影响不平等和社会流动的因素基本是一样的，但影响的程度未必相同。不平等是量变而社会流动是质变，只有自变量促使潜变量超过某个临界值时，才会使得个体发生向上流动。本节使用社会经济地位指数(ISEI)[①]作为因变量，使用多层线性模型进行回归，结果在表 6.10 中最后两列。对比显示，包括家庭阶层在内的主要优势变量的符号为正，符合理论模型的分析。对不平等问题进行分解，结果显示在表 6.11 中，外部因素的总贡献约48%，即在社会成员社会经济地位的取得中，外部因素占据了近一半的功劳，这是相当大的影响。对不同年份进行分解，城乡效应在逐年减少，外部影响在短时间内存在较大的波动性，在 2015 年影响力又有所回升。

表 6.11　　　　　　　　　　**不平等的多层次分解**

随机效应	ISEI	2010 年	2012 年	2013 年	2015 年
Var(个体)	123.7257	110.2972	107.8143	136.7621	133.3454
	(2.3529)	(3.9417)	(3.7884)	(4.7240)	(5.9132)
Var(家庭)	32.5498	35.9984	43.9826	22.1322	44.6331
	(2.6846)	(4.9209)	(4.9113)	(5.0054)	(7.1777)
Var(社区)	19.3686	22.2992	17.8243	18.6059	17.8045
	(1.6405)	(2.5986)	(2.4378)	(2.4603)	(3.0436)
Var(城乡)	63.9800	67.7878	68.8905	59.0278	59.8401
	(54.1216)	(68.0092)	(69.1003)	(59.2334)	(60.0820)
ICC(总和)	0.4837	0.5334	0.5480	0.4218	0.4784

---

① 社会经济地位指数由 CGSS 数据库中的 ISCO88 职业代码转换而成，为连续变量。该指数最初由 Blau 和 Duncan(1967)计算得到，后来被 Ganzeboom 等(1992)改进成国际标准。

续表

随机效应	ISEI	2010 年	2012 年	2013 年	2015 年
ICC(家庭)	0.1359	0.1523	0.1844	0.0936	0.1747
ICC(社区)	0.0808	0.0943	0.0748	0.0786	0.0696
ICC(城乡)	0.2670	0.2868	0.2888	0.2496	0.2341

注：①括号内为标准误。②随机效应的方差为各层截距项的方差。③表中为城乡分解结果。

6.6.6　分样本回归与东部地区优势

目前普遍认为，在发达省份工作往往意味着更多的机遇和更高的报酬，因此欠发达地区的劳动力往往会迁移到更高层次的城镇寻找工作机会，这一点在本章机制分析中也得到了证实。但是在个体向上流动性的分解部分，省份的贡献度较低。本章认为省份发展不平衡可能存在着区域效应，东部地区的省份往往都有较发达的经济实力，而其他区域的省份经济条件相对较弱。图 6.1 为四个不同地区的城镇居民人均可支配收入的变化，非东部地区的城镇收入之间无显著差异，东部地区的城镇收入则远高于另外三个地区。图 6.2 为相对应的农村居民人均收入，东部地区收入也是高于非东部地区。另外农村人均收入远低于城镇人均收入，说明社会中城乡分野比较严重。因此本节围绕东部地区和非东部地区之间的差异性进行了讨论。除此之外，对于中上层家庭出身的个体来说，未必非要发生向上流动，若子代能够维持在中上层阶层就足够过上财务自由的生活，所以本节更改因变量为子代是否为中上层，并对全样本进行了分样本分析，这也有助于验证本章结果的稳健性①。

本节将全样本按照 14 岁家庭阶层分为社会下层、中层和上层三个子样本，设定子代是否为中上层哑变量为新的因变量，对每个子样本分别进行多层回归，回归结果如图 6.12 所示。结果显示，对于社会下层出身的个体，系数的符号和显著性与全样本回归时相同；中上层出身的回归结果中，性别变量变得显著为负，这表明

---

① 前文脚注提到存在少部分中层样本没有修正到上层的情况，对于更改后的因变量则不会收到该测量误差的影响，因此会提高结果稳健性。

女性子代更容易维持在中上层阶层，户口和部分社区变量不再显著，这可能和富人大多为城镇居民并且居住环境较好有关系。另外不同出身的群体间也存在着异质性，随着家庭层次的提高，教育离差的系数依旧显著，而年龄离差则变得不重要，表明教育对各个阶层来说都十分重要，而年龄则不再是重要因素。

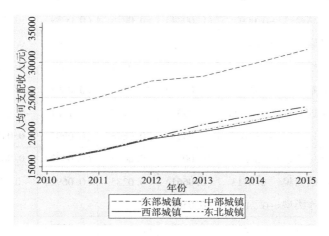

图 6.1　分地区城镇人均可支配收入

注：①数据来源于《中国统计年鉴》。②收入经城镇居民消费价格指数调整至 2010 年。

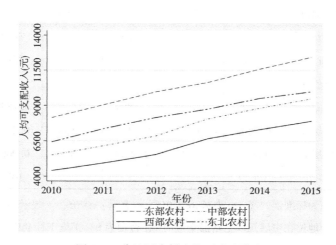

图 6.2　分地区农村人均可支配收入

注：①数据来源于《中国统计年鉴》。②2010—2012 年的数据为人均纯收入，2013—2015年为人均可支配收入。③收入经农村居民消费价格指数调整至 2010 年。

表 6.12 不同出身的多层次回归结果

		下层出身		中层出身		上层出身	
		系数	标准误	系数	标准误	系数	标准误
个人层面	固定效应						
	教育离差	0.2180***	(0.0077)	0.2410***	(0.0142)	0.3028***	(0.0387)
	年龄离差	−0.0098***	(0.0024)	0.0035	(0.0039)	−0.0079	(0.0107)
	健康	0.1877***	(0.0219)	0.2533***	(0.0364)	0.0560	(0.0901)
	性别	−0.0126	(0.0405)	−0.1930***	(0.0654)	−0.3218**	(0.1635)
	婚姻	0.3117***	(0.0640)	0.1899**	(0.0861)	0.4543**	(0.2258)
	民族	−0.1111	(0.0935)	0.1137	(0.1281)	−0.8218**	(0.3882)
	户口	0.3516***	(0.0529)	0.0668	(0.0907)	0.0470	(0.2899)
家庭层面	家庭文化背景	0.0202***	(0.0059)	0.0061	(0.0092)	0.0078	(0.0220)
	家庭政治面貌	0.0113	(0.0661)	0.0235	(0.0692)	−0.0564	(0.1670)
	家庭工作类型	−0.2142***	(0.0508)				
社区层面	平均教育	0.2653***	(0.0288)	0.2818***	(0.0327)	0.4112***	(0.0855)
	平均收入	0.4189***	(0.0918)	0.2261**	(0.0984)	0.1333	(0.2353)
	平均年龄	−0.0299***	(0.0082)	−0.0074	(0.0093)	−0.0500**	(0.0228)
	城镇化程度	0.9930***	(0.1176)	0.8438***	(0.1590)	0.7384*	(0.4391)
省份层面	区域哑变量	控制		控制		控制	
	年度哑变量	控制		控制		控制	
	随机效应						
	个体家庭层面	3.2899		3.2899		3.2899	
	社区层面	0.2701	(0.0325)	0.1137	(0.0406)	0.2075	(0.1931)
	省份层面	0.0135	(0.0132)	0.0000	(0.0000)	0.0000	(0.0000)
	样本量	19629		5270		1022	

注：①括号内为标准误。② ***表示 $p<0.01$，**表示 $p<0.05$，*表示 $p<0.1$。③对于不同子样本，若社会地位在中层及以上则因变量为 1，否则为 0。④位于社会中上层的家庭几乎都是非农业工作者。

表 6.13 则给出不同出身子样本的分解结果，其中，地区分为城乡、省份和

东部地区。在城乡分解中，对于下层出身的个体，外部总贡献达到了 40%，其中，城乡贡献了 28%，这高于之前全样本的结果。在省份分解中，对于社会中下层出身的个体，省份分别贡献了 11% 和 8%，均高于 5.9%，不过在上层中贡献程度则较低。东部地区分解中，东部地区的发达程度在下层出身的群体中贡献了 7% 的作用，在中上层中作用并不明显，另外社区因素贡献率也十分显著，对于上层出身的群体，家庭因素贡献率较高，这说明上层群体有较强的家族传递性。

表 6.13   不同出身的分解

随机效应	城乡	省份			东部地区		
	下层	下层	中层	上层	下层	中层	上层
Var(家庭)	0.1569	0.1567	0.0290	0.5190	0.1555	0.0162	0.5310
	(0.0594)	(0.0566)	(0.1424)	(1.2057)	(0.0561)	(0.1402)	(1.2166)
Var(社区)	0.4939	1.3905	0.6942	0.9700	1.6586	0.8541	1.0813
	(0.0517)	(0.1172)	(0.1057)	(0.4940)	(0.1347)	(0.1220)	(0.5293)
Var(地区)	1.5633	0.6053	0.3385	0.2016	0.3840	0.2024	0.1470
	(1.5672)	(0.1869)	(0.1153)	(0.1460)	(0.3923)	(0.2091)	(0.1772)
ICC(总和)	0.4023	0.3955	0.2440	0.3394	0.4005	0.2459	0.4023
ICC(家庭)	0.0285	0.0288	0.0067	0.1042	0.0283	0.0037	0.1051
ICC(社区)	0.0898	0.2555	0.1595	0.1947	0.3022	0.1958	0.2142
ICC(地区)	0.2840	0.1112	0.0778	0.0405	0.0700	0.0464	0.0291

注：①括号内为标准误。②随机效应的方差为各层截距项的方差。③对于不同子样本，若社会地位在中层及以上则因变量为 1，否则为 0。④因为中上层的家庭大多为城镇家庭，所以仅考虑社会下层出身的城乡分解。⑤5~7 列的地区变量为东部地区哑变量，若为东部取 1。

下层家庭出身的社会成员，对地区经济水平的依赖性更强，这也凸显了当今社会发展不平衡的问题。相对的，中层出身的群体对地区依赖性较弱，由于这些社会成员拥有更多的资源和更富有的家庭环境，这有助于为子代在人生的马拉松里提供更高的起点。占样本少数的上层家庭出身群体，同样也拥有着较高的外部依赖性，这可能是因为上层家庭多集中于发达地区，也可能是由于样本量过少不满足大数定律导致的偏差。

值得注意的是，区域性效应显著影响下层出身群体的社会代际流动。改革开放以来，由于优待政策和地理位置的双重优势，当今东部地区整体的发展程度明显高于其他地区，在工作机会、工资水平、教育质量等民生问题上都有很强的优势，这也为社会成员提供了更便捷的向上流动通道，因此也吸引了中西部地区的劳动力来东部务工。但长远来看，由于存在着对人才和劳动力吸引的马太效应，区域差异化会逐渐加重，不利于地区和个体的平衡发展。党的十九大报告强调，中国社会主要矛盾已转变为人民对美好生活的需要和不平衡不充分的发展之间的矛盾，这也表明缓解区域发展差异化已成为当今中国重要的发展方向。

6.7 结论及政策建议

21世纪以来，中国经济高速发展，人民生活面貌焕然一新，社会阶层流动性逐渐成为大众普遍关心的问题。社会流动受外部影响有多大？现有研究多局限于判断外部因素与社会流动之间是否存在因果性，对于衡量外部影响的贡献程度少有涉及。社区因素(包含地区效应)在外部影响中担任着主力角色，Fang和Zou(2014)认为邻里效应对于农村居民收入有着显著的影响程度，并随着年份递减，在2009年贡献率仍然超过20%。除社区因素外，家庭因素影响也不容小觑，收入等内部因素的代际流动性也被广泛研究。本章则利用多层结构数据深入研究了社会流动的外部贡献以及影响机制。本章的主要结论如下：

第一，近年来国内总体的社会结构有了改善，但仅存在于城镇地区，农村地区结构没有变化。从总样本看，相比于14岁时家庭的阶层结构，子代的阶层结构得到了提升，社会中层的比例平均提高了10%，这有利于建设"橄榄形"社会，进一步拉动国内消费(李培林等，2019)。分城乡考虑，城镇的社会中层和社会下层比例基本一致，而农村的社会结构并没有发生变化，依旧有90%的农村人口为社会下层。党的十九大报告中提出了乡村振兴战略，预计在2050年全面实现农业强、农村美和农民富的宏伟目标。

第二，结合理论模型和实证结果共同证实了社区、地区特征和家庭资本都是子代向上流动性的重要影响因素。分解结果表明，外部因素的总影响达到了

35%，其中城乡因素有将近17%的贡献，并有逐年提高的趋势，而省份差异的影响并不显著。剔除城乡因素后的社区因素仅贡献了不到4.5%，这能够说明社区差异主要取决于城乡分野。除此之外，家庭资本因素贡献了14%，并随着年份的推进呈现递减趋势。外部因素总贡献随着时间缓慢波动下降，预示着个体层面的贡献正在得到提升。另外，异质性分析表明，随着出生年代的推迟，外部因素总贡献呈现先下降后上升的趋势，女性受外部影响相对男性更大。

第三，影响机制方面，在理论模型中证明了子代人力资本扮演着中介变量的角色，因此本章选择了教育、迁移、收入和婚姻匹配作为中介变量分析，发现外部因素可以通过提供教育资源、吸引人口迁移、提高居民收入和婚姻门当户对的方式，转化为促进社会成员向上流动的动力。对教育分出生年代回归以及分解发现，家庭文化背景、阶层和社区平均收入、城镇化程度等主要外部变量的系数都显著为正且呈现上涨或波动上涨的趋势，外部因素对子代教育水平的贡献总和随出生年代显著提高，在20世纪70年代和80年代出生的人口中已经达到了50%，其中家庭、社区和城乡因素的贡献都很显著，城乡因素甚至突破了25%。外部因素总和对迁移和婚姻匹配也贡献了超过40%的影响，但对收入的贡献不到15%。

第四，分配不平等问题与社会流动性存在着相通的地方，不平等关注的是个人资源的差距，而流动性则更关注个人的地位变更。本章对经济地位(ISEI)不平等问题进行回归和分解，包括家庭阶层在内的主要优势变量的符号为正，符合理论模型的分析。分解结果显示外部因素的总贡献约为0.48，即在社会成员的社会经济地位的取得中，外部因素占据了将近一半的功劳，这是相当大的影响。另外，城乡效应在逐年减少，外部影响虽然存在较大的波动性，但也呈现出减弱的趋势。

第五，不同阶层出身的群体间表现出了异质性，东部地区相对于其他地区也呈现出区域优势。以子代是否为中上阶层为因变量，相比于中层家庭，下层家庭出身的社会成员，对地区经济水平的依赖性更强，达到了40%，这也凸显了当今社会发展不平衡的问题。另外，区域性效应也非常显著。东部地区发达的生活水准产生了对其他地区人才和劳动力吸引的马太效应，区域化差异也为社会流动提供了显著的贡献，由此也反映出中国主要矛盾变动的社会背景。

综上所述，中国的社会流动性存在一定程度的固化现象，虽然社会总体流动性受外部影响的程度逐年缓慢递减，但是越晚出生的人面临的外部影响程度也越大。不仅如此，外部因素对个体特征不平等的激化也随出生年代显著提高，进一步压缩无资源、无背景、无城镇户口的三无社会成员向上流动的可能性。那么应该如何促进社会流动呢？我们提出如下政策建议：

第一，鼓励城乡人口流动，减少落户限制，加快城乡融合。人口迁移务工在中国比较盛行，但由于存在户籍制度，外来务工人员往往只能承担义务而较少享受城镇居民权利。因此，要加快城乡社会保障体系融合，弱化户籍固化效应，地方政府应在教育、医疗、住房等方面实施城乡一体化运行体系，帮助农村户籍进城务工人员留在工作所在地生活，这样可以促进务工人员子代获得城镇良好的教育资源，从长远的角度看可以促进社会的流动性。对于有能力前往更高层次城镇务工的劳动者，政府同样应当帮助他们享受福利待遇，实现能者上庸者下，有效带动局部资源在全国范围内良性循环，减少资源按照出生彩票分配的比例，为有志者提供更广阔的舞台。

第二，增加教育投入，缓解教育资源不平等。教育常常作为衡量人力资本的主要变量，而它也是搭建外部条件和社会阶层之间的桥梁之一。虽然农村义务教育的普及率已经实现了几乎全覆盖，但是高中教育质量依旧存在参差不齐的现象（李培林等，2019）。提高农村教育水平，为农村学子提供踏入高等教育学府的机会，这有助于提高农村下一代劳动力素质，进而促进社会的流动性。另外，高等教育资源在省际分布严重不平衡，再加上各省都存在一定程度的地方保护主义，这样不利于资源的分配和社会的流动，因此平衡高等教育资源迫在眉睫。

第三，深入推进区域协调发展，加强区域合作互助，建立区际利益补偿机制。东部地区由于地理优势和政策倾斜，成为改革开放40多年来最大的受益地区，也成功带动了东部地区的城镇基建、劳工收入和社会福利。但相对应的，中部、西部的居民却承受着同付出不同学历、同学历不同工、同工不同酬的不平等压力。因此，应通过完善转移支付制度，加大对欠发达地区的政策支持。与此同时，东部地区作为先富者，应该帮助中西部落后地区实现现代化建设，向中西部地区分享优势资源，提高全国范围内的社会流动，促进共同富裕目标的完成。

总之，改革开放以来，中国经济实现了长期高速稳定的增长，中国已经成为世界第二大经济体，人民生活水平不断提高，社会中层占比也得到了提升，社会实现了转型和结构性变化。但是，发展不平衡不充分问题仍然突出。本章通过理论与实证分析，对社会流动的外部影响机制抽丝剥茧，以期为中国的社会主义现代化建设提供有益的政策建议。当然，本章在研究层面还存在局限性，家庭类型是通过常见的家庭可观测变量构造而来，这与真实的家庭之间存在着无法估测的误差，在未来微观数据库丰富的基础上，可以采用真实的家庭重新测量家庭贡献，以获得更精准的贡献比例。

7　不确定性下的家庭消费决策

中国居民的家庭消费有着较大的波动性，2020 年我国人均消费与 2019 年相比实际下降了 4.0%，但在 2021 年有所提高，居民消费需求的不稳定性变动与经济稳定发展的目标之间滋生了矛盾。中国在经济建设道路上所要面临的巨大挑战之一，就是如何健康稳定地拉动消费需求。因此，分析不确定性对家庭消费决策的影响对我们理解当下中国居民消费行为，把握经济发展规律，制定相关政策都有着深远的意义。

考虑到迄今为止国内许多对不确定性与消费关系的研究使用了宏观层面的数据，往往不能很好地观察到某个特定时期两者的关系，同时，大部分研究将收入不确定性视为家庭面临的主要不确定性，而忽略了家庭可能面临的消费不确定性。因此，本章使用中国家庭跟踪调查（CFPS）2018 年的微观截面数据，以家庭层面的消费为研究对象，借鉴已有的不确定性测度方法，在持久收入假说以及预防储蓄理论的框架下分析了家庭收入不确定性和消费不确定性对家庭消费决策和消费结构的影响。

研究结果表明：收入不确定性显著降低了家庭消费，而消费不确定性对消费有正向影响，且收入不确定性的影响程度要更大。进一步研究表明：不确定性对不同类别的消费影响程度也不同，相比于食物衣着等生存消费，旅行等享受型消费对收入不确定性更加敏感，消费不确定性对这两种消费的影响甚微。不确定性对家庭消费影响具有异质性，中高收入家庭对收入不确定性更敏感，而低收入家庭对消费不确定性更敏感。收入不确定性对消费的抑制作用随着家庭消费水平的增加先降低再增强，消费不确定性的正向作用随着家庭消费水平的增加而减少，同时，失业保险以及医疗保险可以帮助家庭在一定程度上缓解不确定性带来的冲击。

7.1 引言

不确定性的概念首次出现在经济理论发展过程中是 1936 年 Keynes 在宏观经济分析下提出了绝对收入消费函数理论，在此之后，将不确定性应用在家庭消费领域的研究备受经济学界关注，大量以加入不确定性为影响因素的消费行为分析在经济学的宏微观多个层面兴起（Leland，1968；Deaton，1992；Dynan，1993；Caroll，1992，1998）。现代消费研究中的生命周期持久收入假说、预防性储蓄假说等主流理论在解释消费、储蓄等行为时，都摒弃了早期的确定性假设，取而代之是将不确定性作为重要变量纳入分析框架。由于国内对家庭消费决策的研究起步相对较迟，西方的理论框架为我国探讨家庭消费行为提供了相当有意义的借鉴价值，国内许多学者结合中国自身的实际情况，在持久收入假说、预防性储蓄理论等基础上，建立起了大量的关于消费者行为/决策的研究（宋铮，1999；孙凤，2001；万广华，2001；易健行，2008）。

现有的文献研究表明，经济活动与不确定性之间存在反周期的关系，不确定性冲击会大大抑制消费、投资、就业等经济活动（Bloom，2009，2014；Baker，2016）。在不确定性增加的环境下，个人与家庭的消费将受到明显的冲击，Gupta（2021）指出疫情所引起的不确定性冲击对印度家庭的消费产生了显著的抑制作用，Christelis（2020）基于欧元区六大经济体代表家庭调查发现不确定性冲击导致家庭的非耐用品消费以及边际消费倾向显著下降。

国内外早期多从宏观层面就不确定性对消费的影响进行分析，通过宏观数据分析经济不确定性对居民整体消费水平的影响。宋铮（1999）、孙凤（2001）等以居民消费为对象，使用中国居民收入标准差测度了收入不确定性，分析了不确定性的影响，Basu（2012）计算了股票市场隐含波动率，将此作为宏观不确定性冲击的代表，研究了个人消费的变化情况。谭洪业（2017）以农村居民为对象，基于中国 27 年间的宏观数据，分析了不确定性对我国农村消费的影响。

伴随着微观数据的日渐丰富与完善，以及研究的深入，对不确定性作用于消费的研究逐渐转向个体以及家庭等微观层面。Bertola（2005）选择家庭收入与财富调查（SHIW）的家庭数据作为样本，研究了在不确定性冲击下家庭在耐用品方面消费的调整状况，Cobion(2021)借助问卷调查工具，给不同家庭提供不同的经济信息来模拟经济不确定性冲击，研究了家庭各方面消费行为的差异。罗楚亮(2004)使用城镇居民调查数据，分析了中国经济转型时期不确定性对家庭消费的影响程度，刘灵芝(2011)、钱文荣(2013)等人利用农村居民的微观调查数据，探究了不确定性与消费的关系，李晓嘉(2015)以家庭作为研究对象，分析了收入不确定性对不同消费水平家庭所产生的影响差异，王馨(2019)为了探究不确定性和发展型消费的关系，使用来自农村外出务工人员的微观调查数据测度了收入不确定性来进行实证分析。

　　不确定性影响消费的研究除了从宏观向微观层面的转变之外，大量文献在分析不确定性对居民消费的作用时，往往对不确定性的来源定义过为单一，即认为收入不确定性是家庭面对的不确定性的主要来源(孙凤，2002；王建宇，2010；张晓芳，2018)，从而忽略了其他不确定性因素可能造成的影响，这也往往会导致收入不确定性对消费的作用被高估。近年来，为了更加全面地了解消费规律，陆续有文献开始在保留收入不确定性的同时，增加了对消费不确定性的分析，结果表明，消费不确定性对消费行为同样有十分显著的影响(刘灵芝，2015；谭洪业，2017；王馨，2019)。

7.2　文献简述

7.2.1　家庭消费的影响因素

　　大量实证结果表明收入是影响消费的主导因素，在绝对收入与相对收入理论无法完全解释消费与储蓄行为的条件下，生命周期和持久性收入理论应运而生，两者常被结合在一起进行讨论。早期学界对居民消费的研究基本是在确定性背景下来展开的，这样理想化的设定往往导致分析结果过于理想化，难以有效解释消费行为和消费决策。Leland(1968)在提出预防性储蓄假说时将不确定性作为分析变量加入考虑中，随后不确定性被众多文献纳入消费分析中(Guiso，1992；Browning，1996；Hamh，1999)。一个主流的观点是不确定性会促进家庭以及个人的储蓄行为。相对于国外而言，国内相关研究起步较晚，在借鉴了西方的研究成果的基础上，许多文献是围绕预防性储蓄假说以及持久收入等框架来对家庭消费开展研究。国内现有的研究普遍认为决定消费的主要因素仍然是收入，且持久性收入和暂时性收入会对家庭消费造成不同程度的影响(高梦涛，2008；臧旭恒，2020)。近年，有相当一部分文献开始基于主流分析框架，从不确定性的角度出发研究消费行为(张春生，2011；王明康，2021；孙瑞婷，2022)。以上的研究表明，除了收入与不确定性因素外，家庭消费行为还受到来自家庭层面和户主层面的因素影响。从家庭层面看，家庭资产、家庭人数、人口结构、保险拥有情况等变量都对家庭消费产生影响。从户主层面看，户主的性别、年龄、受教育程度以及是否婚配都会影响到家庭消费。同时，由于家庭所处的地理位置会导致文化与习惯形成差异，对消费同样也有影响。

7.2.2 不确定性对消费的影响

由于不确定性无法直接观测，目前学术界并没有一个统一的测度方法，从不同的研究角度以及研究对象出发，往往会导致文献使用不同的测度方法。早期国内对不确定性的实证分析多偏重于宏观层面，以居民这一整体为研究对象来分析影响(宋铮，1999；孙凤，2001；许永兵，2009；郭英彤，2011)，这些文献的结论基本一致，认为不确定性冲击对消费有着显著的抑制作用，同时刺激了储蓄行为。然而，Deaton(1992)指出，在对宏观数据进行汇总时往往对许多假定有相应的要求，这些假定在实际生活中通常难以成立，Lusardi(1998)也表示在测度不确定性时如果使用宏观数据，往往会包含许多确定性的因素，来自时间维度的因素在一定程度上可能会放大不确定性对消费的影响。同时，不同的家庭往往具有异质性，具体分析时不可一概而论。因此，主流经济研究越来越强调利用微观数据分析不确定性对家庭或者个人消费的影响。

近年来国外经济学家 Coibion(2021)、Gupta(2021)等人在研究结果中表示不确定性对不同类型的消费影响程度并不相同，比如其对食品等基本消费的负面影响相对于服饰、奢侈品等消费要低一些。而 Maggio(2020)发现不确定性对耐用品、旅行等奢侈型消费的抑制作用更加强大，家庭在应对不确定性冲击时会显著降低这方面的消费。与此同时，Fermand(2018)等人也指出不同的家庭在面对不确定性时具有异质性，相比于国外，国内从微观层面深入分析不确定性对家庭消费影响的文献要少一些，但现有的部分研究也得到相似的结论，沈坤荣（2012）发现收入不确定性对城镇居民不同口径的消费影响程度存在差异，钱荣文（2013）在分析农村外出务工人员的消费行为时，发现高消费水平下的农村外出务工人员在面对收入不确定性时会更大幅度地降低消费水平，孙瑞婷（2022）在研究中得到的结论是收入不确定性会使得高储蓄的居民更大地提高储蓄水平。

由于收入是影响消费的主要因素，许多研究在分析不确定性与家庭消费之间的关系时，往往默认家庭遭受的主要不确定性冲击源自收入。Femand（2019）指出收入状况带来的不确定性通常会使消费者在消费等行为上更加谨慎，国内大量文献也是从收入不确定性的角度出发来分析消费行为（宋铮，1999；孙凤，2001；王建宇，2010）。但汪浩瀚（2006）在符合中国的消费假说框架下，从理论上论证了消费不确定性同样会对消费行为产生影响。张春生（2011）采用医疗教育支出对总支出的比值测度居民的消费不确定性，刘灵芝（2015）使用调整离差率的方法计算了城市与农村居民的消费不确定性，谭洪业（2017）以暂时支出为工具测度了农民的消费不确定性，这些文献在实证中都证实消费不确定性对消费行为影响显著。

综上，国内在研究不确定性对家庭消费行为的影响时，往往把重点放在收入不确定性上，忽略了消费不确定性可能造成的影响，另外，国内从微观角度分析消费不确定性的文献往往将重点放在农村居民上（刘灵芝，2011；王馨，2019），忽略了城镇家庭可能面对的消费不确定性。同时，这些文献并未对不同类型消费受到的影响差异进行深入研究，且在进行异质性分析时往往只从消费层面对家庭进行划分。

因此，本章以微观层面的家庭数据作为支撑，将城镇家庭消费作为研究对象，基于生命周期-持久收入理论和预防性储蓄理论，同时测度并分析了收入不确定性与消费不确定性对家庭消费行为产生的影响。另外，参考沈坤荣（2012）、刘子兰（2018）等人对消费按口径划分的做法，将食品、居住、日用品方面的消费归为家庭基本的生存型消费，将旅行娱乐、交通通信、美容保健、衣着鞋帽、家具等耐用品方面的消费归为享受型消费，探究了不确定性对不同消费类型的冲击。进一步，本章还分析了不同消费水平家庭、不同收入水平家庭受不确定性冲击所存在的异质性，并试图用已有的理论以及保险机制解释这些差异。

7.3　不确定性的测度与模型构建

7.3.1　不确定性的测度

基于上述分析，目前国内的研究普遍认为家庭主要受到来自收入和消费的不确定性冲击，现有文献在测度家庭层面的不确定性时，通常使用的方法有如下几种：

（1）使用间接指标表示不确定性。例如刘灵芝（2011）使用农村家庭子女中在读高中和大学的人数来反映家庭的支出不确定性，沈琛荣（2012）使用家庭中拥有医疗、失业、养老保险的成员比例来衡量家庭对抗支出不确定性能力的间接指标。在教育观念逐渐增强以及社会保险覆盖率增加的情况下，此类方法的测度效果可能不再准确。

（2）通过问卷调查数据，在获得被调查者对经济变量的看法与态度后，量化处理得到被调查者的分歧，从而测度对应的不确定性。此类方法多被国外文献使用（Scotti，2016；Girardi，2016）。由于国内缺乏相关的调查数据，因此此类方法在国内的使用范围并不广泛。

（3）估计经济变量的预测值与实际值的差异。王建宇（2010）通过过去几年收入的增长率预测了当期的收入，以预测值和实际收入的差异率测度收入不确定性。该种方法在测度家庭收入和消费不确定性中也常被借鉴（刘灵芝 2015；谭洪业，2017），但由于数据具有一定的时间特征，可能会受到其他外生因素的干扰，在一定程度上放大了不确定性带来的影响。

（4）通过收入或消费的暂时部分的平方作为不确定性的测度工具。此方法由罗楚亮（2004）提出，他在持久收入假说等框架下通过 OLS 回归分别将收入和支出分解成持久部分和暂时部分，以暂时部分的平方作为相应的不确定性测度。这一方法在相关研究中被广泛借鉴使用（刘灵芝，2011；谭洪业，2017；王明康，2021）。

综合上述分析，由于本章希望从微观层面研究不确定性对家庭消费行为造成的影响，考虑到我们所使用的数据特征，将使用第四种方法来测度家庭的收入与消费不确定性。

7.3.2 收入不确定性的测度

测度家庭收入不确定性时，本节借鉴罗楚亮(2004)的做法，将家庭的实际收入分为持久性收入以及暂时性收入，并使用暂时性收入的平方作为收入不确定性的代表，具体模型如下：

$$\ln(Y_{it}) = \beta_0^{\gamma} + \beta_1^{\gamma} Z_{it}^{\gamma} + \beta_2^{\gamma} X_{it}^{\gamma} + v_{it}^{\gamma} \tag{7.1}$$

其中，Y_{it} 为家庭人均收入，Z_{it}^{γ} 为家庭层面特征的控制变量，包括家庭中就业人口比例、家庭平均受教育年限、家庭平均年龄，X_{it}^{γ} 表示家庭户主的个人特征，包括户主的性别、年龄、政治身份以及受教育程度，v_{it}^{γ} 是随机收入冲击。模型使用式(7.1)的回归方程对 Y_{it} 的预测值作为持久性收入的估计，残差作为暂时性收入的估计值，用暂时性收入的平方估计收入的不确定性，为了测度不确定性偏离的方向，在残差小于零时收入不确定性取负数，反之取正数。

7.3.3 消费不确定性的测度

分析消费不确定性的来源相对于收入而言较为复杂，早期研究文献表明，我国城镇家庭在经济转轨时期消费的不确定性主要来自医疗支出和教育支出(罗楚亮，2004；李勇辉，2005；赵晓英，2007)，而近年来，随着家庭对子女教育的逐渐重视，家庭通常会为此类消费进行储蓄。刘灵芝(2015)在研究中指出，中国农村家庭主要受到教育与医疗两种消费不确定性的冲击，而城镇家庭所面临的消费不确定性主要来自医疗支出的不确定性。综上，本章借鉴罗楚亮(2004)，刘灵芝(2011)等人的研究思路，考虑到所选取的数据以城镇家庭为对象，故以家庭的暂时性医疗支出的平方来代表家庭所面对的消费不确定性，具体模型如下：

$$\ln(C_{it}^{h}) = \beta_0^{c} + \beta_1^{c} Z_{it}^{c} + v_{it}^{c} \tag{7.2}$$

其中，C_{it}^{h} 是家庭人均医疗支出费用，Z_{it}^{c} 为家庭层面的控制变量，包括家庭人均收入对数、家庭平均健康状态、拥有医疗保险的成员比例。同理，本章将方程的残差作为暂时医疗支出的估计，其平方测度了家庭消费的不确定性，不确定性的正负与残差同号。

7.3.4 回归模型的构建

由于中国关于消费的理论多以借鉴生命周期-持久收入假说以及预防性储蓄理论为基础,我们依循此框架,同时加入家庭所面临的不确定性,借鉴李晓嘉(2015)、王明康(2021)的思路,得到如下消费模型:

$$\ln(C_{it}) = \beta_0 + \beta_1 \ln(Y_{it}^p) + \beta_2 \ln(Y_{it}^r) + \beta_3 u_{it}^y + \beta_4 u_{it}^c + \beta_5 Z_{it} + \beta_6 X_{it} + \beta_7 D_i + \varepsilon_{it}$$

$$(7.3)$$

变量的选取与说明如下:

被解释变量:$\ln(C_{it})$ 为家庭人均消费对数,为了探究不确定性对不同类型消费的影响,同时鉴于教育支出具有一定刚性以及本章中消费不确定性主要来自医疗支出的观点,在不考虑教育与医疗支出的情况下,本章分别分析了不确定性对家庭总消费、生存型消费以及享受型消费的影响。

核心解释变量:u_{it}^y 和 u_{it}^c 为本章的核心解释变量,分别表示家庭面临的收入不确定性和消费不确定性,本章按照式(7.1)和式(7.2)来对其进行测度。

控制变量:$\ln(Y_{it}^p)$ 为家庭人均持久收入对数,$\ln(Y_{it}^r)$ 为家庭人均暂时收入对数,这两项分别由式(7.1)的拟合值与残差估计。Z_{it} 表示具有家庭特征的控制变量,包括家庭规模、家庭人均资产对数、家庭中拥有失业、养老、医疗保险的成员比例。X_{it} 表示家庭户主个人特征的控制变量,包括户主的性别、年龄、配偶状况。D_i 表示家庭所处的区域虚拟变量,反映了地域位置对家庭消费的影响。

7.4 实证分析

7.4.1 数据来源与处理

本章使用来自家庭追踪调查(CFPS)2018 年数据库中的家庭经济问卷以及个人问卷,提取变量时本章对一些变量进行处理。按照国家标准对家庭所在的区域分划,家庭属于西部区域为对照组取 0,中部取 1,东部取 2。以是否为党员来对户主的政治面貌进行划分(是党员取 1,否则取 0)。户主的性别以男性取 1,女性取 0。本章将户主的婚姻状态重新分类为有配偶和没有配偶两类,其中有配偶包括在婚和同居两种状态(取值为1),没有配偶包括未婚、离婚、丧偶三种状态(取值为0)。在测度个人所受教育程度时,我们借鉴李晓嘉(2015)的做法,对不同学历程度分别赋予相应的教育年数①,对个人的健康状况从"不健康"到"非常健康"五种状态依次从0至4赋值,越健康数值越大。通过问卷中财务回答人选项来匹配家庭户身份,在处理掉异常值以及缺失值后一共得到了4488个样本。

根据式(7.1)与式(7.2)的回归方程分别计算了收入不确定性与消费不确定性。本章分析中所有变量的统计性描述如表7.1所示。

表 7.1　　　　　　　　　**变量的统计性描述**

变量类型	变量名称	样本量	均值	标准差	最小值	最大值
家庭特征	家庭人均年消费对数	4488	9.14	1.11	0.847	13.12
	家庭人均年生存型消费对数	4488	10.27	0.91	6.04	13.88
	家庭人均年享受型消费对数	4488	8.74	1.17	2.56	12.49
	家庭人均年收入对数	4488	9.84	1.01	5.12	15.55
	家庭人均医疗支出对数	4488	5.47	2.58	0.00	11.51
	家庭人均持久收入对数	4488	9.84	0.66	8.51	11.83
	家庭人均暂时收入对数	4488	0.00	0.78	−4.43	4.69
	家庭规模	4488	3.69	1.93	1.00	21.00
	家庭区域(西部对照)	4488	0.98	0.86	0.00	2.00
	家庭就业人口比例	4488	0.45	0.37	0.00	1.00
	家庭平均年龄	4488	29.10	13.61	6.00	86.00
	家庭平均受教育年限	4488	5.57	4.10	0.00	19.00
	家庭人均健康程度	4488	1.70	0.88	0.00	4.67
	家庭参加失业保险成员比例	4488	0.10	0.26	0.00	1.00
	家庭参加养老保险比例	4488	0.24	0.33	0.00	1.00
	家庭参加医疗保险成员比例	4488	0.50	0.36	0.00	1.00

---

① 对不识字以及小学以下学历年限取0,小学取6,初中取9,高中、职高等取12,大专取15,本科取16,硕士取19,博士取22。

续表

变量类型	变量名称	样本量	均值	标准差	最小值	最大值
户主个人特征	性别(男性=1, 女性=0)	4488	0.50	0.50	0.00	1.00
	年龄	4488	38.21	12.20	16.00	86.00
	政治身份(党员=1, 非党员=0)	4488	0.015	0.12	0.00	1.00
	受教育程度	4488	8.57	5.02	0.00	22.00
	婚姻状况(有配偶=1, 无配偶=0)	4488	0.80	0.40	0.00	1.00
不确定性	家庭收入不确定性	4488	−0.01	1.40	−19.62	22.07
	家庭消费不确定性	4488	−2.09	11.43	−51.15	43.22

7.4.2　回归结果

使用 OLS 回归，考虑到不同地理位置的家庭消费行为可能会有所差异，所有模型均控制了家庭所在区域的效应。我们首先研究不确定性对家庭总消费的影响，本节将需要的变量依次纳入式(7.3)之中，一共得到了三个模型。模型 1 分析了在不考虑不确定性情况下收入等变量对家庭消费的影响，模型 2 分析了加入收入和消费不确定性后各变量对家庭消费的影响，模型 3 分析了加入家庭和户主特征的控制变量后不确定性对家庭消费的影响，所得到的回归结果如表 8.2 所示。

为了研究不确定性对家庭中不同性质消费的影响是否存在差异，本章仍然利用 OLS 回归分析了不确定性对生存型消费和享受型消费两种不同类型的消费产生的影响，结果如表 7.2 所示。

表 7.2　　　　　　　　对家庭人均消费量影响的回归结果

变量名称	因变量：人均消费对数		
	模型 1	模型 2	模型 3
持久性收入对数	0.823 *** (0.025)	0.848 *** (0.024)	0.551 *** (0.059)

续表

变量名称	因变量：人均消费对数		
	模型 1	模型 2	模型 3
暂时性收入对数	0.592*** (0.021)	0.753*** (0.034)	0.715*** (0.034)
人均家庭资产对数	0.198*** (0.037)	0.192*** (0.034)	0.178*** (0.024)
家庭收入不确定性		−0.107*** (0.021)	−0.098*** (0.021)
家庭消费不确定性		0.010*** (0.001)	0.010*** (0.001)
家庭规模			−0.066*** (0.008)
家庭参加失业保险成员比例			0.095 (0.065)
家庭参加养老保险成员比例			−0.046 (0.049)
家庭参加医疗保险成员比例			0.031 (0.033)
户主性别			−0.021 (0.024)
户主年龄			−0.003** (0.001)
户主配偶情况			0.035 (0.037)
户主受教育程度			0.022*** (0.005)
区域			
中部	0.057** (0.031)	0.056** (0.031)	0.081** (0.032)
东部	−0.010 (0.033)	−0.021 (0.033)	0.083** (0.040)
常数项	−1.62* (0.448)	−1.77* (0.422)	1.43* (0.729)
样本量	4488	4488	4488
R-squared	0.471	0.485	0.494

注：***、**、* 分别表示在 1%、5%、10% 水平下显著，括号内为稳健标准误，下同。

表 7.3 不确定性对不同类型消费的影响

变量名称	生存型消费	享受型消费
家庭收入不确定性	−0.088 *** (0.017)	−0.099 *** (0.022)
家庭消费不确定性	0.003 *** (0.001)	0.007 *** (0.001)
控制变量	控制	控制
样本量	4488	4488
R-squared	0.355	0.402

根据上述回归结果，从模型 1、2、3 都可以看出收入因素仍然是家庭消费中的重要解释变量，仅由人均收入与资产因素即可解释家庭 47% 的消费行为。由回归结果中持久收入和暂时收入对数的系数可以看出收入因素均对家庭消费有着显著的促进作用，但持久收入和暂时收入解释家庭消费的能力并不相同，这与前有的文献研究结论是一致的。

我们在传统消费模型中加入了不确定性因素，发现家庭面对的不确定性对消费的影响是显著的，且模型 2 在加入不确定性后解释能力明显提高，这说明不确定性是解释家庭消费行为的重要变量，在分析居民消费行为时应当纳入考虑。由模型 2 和模型 3 可以看出，收入不确定性与消费不确定性对家庭消费产生了不同方向的影响，来自收入的不确定性显著地抑制了家庭消费，而消费的不确定性对家庭消费有正面的影响，收入不确定性对消费的抑制作用可以用预防性储蓄理论解释，收入的不确定性导致了家庭收入的不稳定性，因此，家庭会更倾向于提高储蓄水平来平滑未来的消费，从而会倾向于减少当期的消费，这符合预防性储蓄理论的观点，同时与大部分文献的结论是一致的（李晓嘉，2015；王明康，2021）。然而，消费不确定性的增加却会导致家庭消费的增加，这并不与预防性储蓄理论相矛盾，其中的原因在于消费的不确定性主要来自家庭预期之外的支出，即使家庭在面对这种不确定性时希望进行预防性储蓄，但往往仍然需要增加当期的消费来应对这种不确定性所带的额外支出。我们还发现，收入不确定性与消费不确定性给家庭带来的影响程度是不同的，收入不确定性对消费的负向影响程度要比消费不确定性对消费的正向影响程度大，这与刘灵芝(2011)研究农民不确定性对消费影响的结论是一致的，这可能是因为家庭的消费行为很大程度上依赖于收入因素，同时消费的不确定性导致降低消费的预防性储蓄行为会被当期额外消费增加而抵消，因此，在收入不确定性冲击下引起的收入变动会使家庭更大程度地调整自己的消费。

在模型3中，我们还可以看出，家庭特征与户主特征方面的控制变量也会影响家庭消费行为，家庭人口数量以及户主的年龄对消费有着显著的负向影响，家庭资产情况与户主的受教育程度对家庭消费有着显著的正向影响，这与大部分文献的研究结果是类似的。

考虑到前有的研究发现不确定性对不同性质消费影响存在差异，本章在分析了不确定性对家庭总消费的影响后，又分析了不确定性对家庭生存型和享受型两种不同类型消费行为的影响。从收入不确定性的角度看，收入不确定对两类消费均有显著的抑制作用，但对享受型消费的负向影响要大于对生存型消费的影响，这是因为对家庭来说，食物、居住、日用品等消费是生存所必需的，这类消费的弹性较低，受到不确定性冲击时变动会相对小一些。相反的，旅游、娱乐等享受型消费的弹性较大，家庭对此类消费选择的调整会更加自由，因此当家庭遭受收入不确定性的冲击时，虽然两类消费都受到影响，但家庭往往会更大程度地调整享受型消费，从而进行储蓄来平滑后期的消费。从消费不确定性的角度看，虽然消费不确定性对两种类型的消费有显著略微大于0的正向影响，生存型消费虽然显著，但系数几乎接近0，可以认为消费不确定性对生存型消费的影响微乎其微，但享受型消费受到的影响要比生存型消费大。造成这种结果的原因可能是因为本章认为城镇居民消费的不确定性主要来自医疗支出的不确定性，即使家庭可以通过储蓄来平滑当期的基本消费，但由于家庭生活水平的提高和对生活质量的追求，预期之外的医疗支出可能会导致家庭冲动消费，比如购买更多有营养的食品，以及倾向于通过旅游、娱乐、保健等享受型消费来改善身心状况。这些行为可能都会造成当期消费的增加。

7.4.3　稳健性检验

为了保证上述对不确定性的分析结果的可靠性，我们通过改变样本量、替换变量两种方法对三种类型的消费分析结果进行稳健性检验。首先，基于持久收入假说，由于我们得到的持久收入数据中存在一些极端值，我们对持久性收入进行缩尾处理，将这个变量数据中 5% 的最大值与最小值剔除之后，再对数据进行回归分析检验。其次，本文参考王明康等人（2021）的做法，分别将样本中家庭人均相应的消费与人均收入的比值取对数，以此作为对应消费的家庭平均消费倾向对数的代理变量，来代替家庭人均消费对数这一解释变量重新做回归分析。两种稳健性检验结果如表 7.4 所示。

表 7.4 稳健性检验

变量名称	缩尾法			变量替换法		
	总消费	生存型消费	享受型消费	总消费	生存型消费	享受型消费
家庭收入不确定性	-0.105^{***} (0.022)	-0.083^{***} (0.017)	-0.099^{*} (0.023)	-0.098^{***} (0.021)	-0.088^{***} (0.017)	-0.099^{***} (0.022)
家庭消费不确定性	0.011^{***} (0.001)	0.003^{***} (0.001)	0.006^{***} (0.001)	0.010^{***} (0.001)	0.003^{***} (0.001)	0.007^{***} (0.001)
控制变量	控制	控制	控制	控制	控制	控制
样本量	4039	4039	4039	4488	4488	4488
R^2	0.468	0.354	0.402	0.166	0.539	0.418

从稳健性检验结果来看，对于总消费而言，两种稳健性检验方法中，收入不确定性在不低于 5% 的显著性水平下会抑制家庭消费，而消费不确定性在不低于 1% 的显著性水平下对家庭消费有正向影响，同样，收入不确定性对家庭消费影响程度要大于消费不确定性。而对生存型消费以及享受型消费的稳健性检验表明，收入不确定性对享受型消费的消极影响更大，我们用平均消费倾向代替消费之后发现，收入不确定性对生存型消费的平均消费倾向的负面影响要小于享受型消费的平均消费倾向，即家庭会更多地降低享受型消费来应对不确定性。消费不确定性同样对生存型的平均消费倾向的作用不显著，而对享受型平均消费倾向有略微偏正的促进作用，这与我们之前的分析基本一致。综上可以说明，我们前面的分析结果是稳健的。

7.4.4 异质性分析

由于家庭的收入水平以及消费水平存在着差异，往往导致不同收入水平或消费水平下的家庭消费结构也存在着差异，因此研究不确定性对家庭的异质性对了解不同类型家庭消费行为、精准制定相关政策有着相当重要的作用。本章分别在消费和收入两个层面的划分下分析不确定性对家庭总消费影响的异质性。

（1）基于收入角度的异质性分析

本章借鉴臧旭恒（2019）、王明康（2021）的做法，同时参考了《中国统计年鉴》在 2018 年对低收入家庭人均收入的划分标准，由于符合 2018 年中国城镇高收入家庭标准的样本量不够充足，本章根据家庭人均收入将样本划分为低收入与中高收入两组家庭，两组样本分别占总样本的 20% 与 80%，两类家庭的主要消费分布如图 7.1 所示，可以看出，中高收入家庭的生存型消费与享受型消费占比都要高于低收入家庭。我们对这两组不同收入层次的家庭进行分组回归，回归结果如表 7.5 所示。

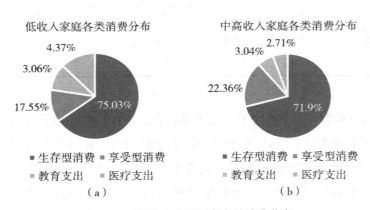

图 7.1　不同收入水平下家庭的消费分布

表 7.5　　　　　　　　　　　不同收入水平下的回归结果

变量名称	低收入家庭	中高收入家庭
家庭收入不确定性	-0.082^{*}	-0.092^{***}
	（0.049）	（0.028）

续表

变量名称	低收入家庭	中高收入家庭
家庭消费不确定性	0.016***	0.009***
	(0.003)	(0.001)
控制变量	控制	控制
样本量	864	3624
R^2	0.166	0.409

从两组收入水平下的回归结果看，收入与消费不确定性对家庭消费的影响都是显著的。从收入不确定性的角度看，家庭收入不确定性会抑制两组家庭的消费，但其对低收入水平的家庭产生的负向影响要小于中高收入水平的家庭，根据我们对不同类型消费受到不确定性影响存在差异的结果，可能是因为低收入水平的家庭消费结构中享受型消费占比相对较小，他们的消费主要集中食品、医疗、教育等比较固定且基础的消费，在受到来自收入不确定性的冲击时，这类消费的变动也会相对较小。而对于中高收入家庭来说，他们的消费往往更加多元化，除了更高比例的生存型消费之外，这些家庭在旅行、娱乐、服饰等享受型消费上有相当大比例的支出，在面对收入不确定性的冲击时，这些家庭在享受型消费上的调整幅度会更大，同时，中高收入家庭往往有着更强的储蓄意识，因此，中高收入家庭会对收入不确定性更加敏感。从消费不确定性的角度来看，消费不确定性对两种收入水平的家庭消费都有正向影响，但对中高收入家庭的影响要远小于低收入家庭，这是因为消费的不确定性往往伴随着意料之外的支出，而低收入家庭中医疗支出的占比要比中高收入家庭高，在遭受此类冲击时中高收入家庭往往有着相对于低收入家庭更高的家庭财富以及更灵活的消费结构来抵抗消费的不确定性冲击，因此，消费不确定性对低收入家庭带来的消费变动比中高收入家庭要大。

（2）基于消费角度的异质性分析

本章使用分位数回归的方法来研究不确定性对家庭消费影响的异质性，我们分别在消费对数的 10、25、50、75、90 分位点上研究不确定性对家庭消费影响的差异。与此同时，一些文献在实证中指出家庭参加保险的情况在其受到不确定性冲击时可能会起到缓冲作用，因此本章在分位数回归中同样分析了保险对不同消费水平家庭的平滑作用，结果如表 7.6 所示。

表 7.6　　　　　　　　　　　　　分位数回归结果

变量名称	10 分位	25 分位	50 分位	75 分位	90 分位
家庭收入不确定性	−0.091 **	−0.065 ***	−0.086 ***	−0.120 ***	−0.149 ***
	(0.042)	(0.024)	(0.015)	(0.014)	(0.022)
家庭消费不确定性	0.018 ***	0.011 ***	0.008 ***	0.006 ***	0.006 ***
	(0.003)	(0.002)	(0.001)	(0.001)	(0.001)
参加失业保险成员比例	−0.031	0.178 **	0.126 **	0.042	0.002
	(0.149)	(0.088)	(0.054)	(0.049)	(0.077)
参加养老保险成员比例	−0.065	−0.073	−0.016	−0.029	−0.012
	(0.111)	(0.066)	(0.040)	(0.037)	(0.058)
参加医疗保险成员比例	0.189 *	0.041	−0.003	−0.009	0.002
	(0.098)	(0.057)	(0.035)	(0.033)	(0.051)
控制变量	控制	控制	控制	控制	控制
样本量	4488	4488	4488	4488	4488
伪 R^2	0.220	0.281	0.350	0.399	0.390

　　从整体分位数回归的结果看，收入不确定性对各个消费水平的家庭都有显著的负向影响，而消费不确定性有显著的正向影响，与本章之前的结论类似。从收入不确定性角度看，收入不确定性对消费的抑制作用先下降然后逐渐增强，中等和中低消费水平的家庭受到的负向影响要小于低消费水平家庭，随后的中高与高消费水平家庭消费受到的负向影响又增强。由回归结果可以看出，家庭参加失业保险的情况对中等和中低高消费水平的家庭有显著的促进作用，在一定程度上缓解了收入不确定性带给家庭的冲击。而失业保险对低消费与中高以上的消费水平家庭没有显著的影响，这可能是因为消费越高的家庭通常是收入越高的家庭，低消费水平家庭的工作保障往往不够完善，且随着消费的增加，家庭在享受型和生存型消费上都有更多的支出，同时在享受型商品上有相对更高比例的消费，失业

保险相对也难以提供保障，在面对收入不确定时，这些中高消费水平的家庭可以更多地降低自己当期的生存型和享受型消费来应对冲击，进行储蓄来平滑消费。从消费不确定性的角度来看，随着家庭消费水平的提高，消费不确定性带来的正面影响越来越低，同时可以看出，医疗保险对低消费水平家庭有一个正向影响，起到了平滑消费的作用，但对中高消费水平家庭的保障作用不明显，这主要是因为高消费水平的家庭通常是具有高收入的家庭，在面对突然的消费不确定性冲击时，高消费水平家庭有着更强的财富水平和储蓄能力应对突如其来的消费冲击，且高消费水平家庭的消费结构更加多元，在面临消费不确定性冲击时可以更加灵活地调整消费。因此高消费水平家庭受到消费不确定性冲击的影响要相对小。

7.5 结论和建议

本章在预防性储蓄理论以及生命周期-持久收入假说的传统消费理论基础上，使用微观数据分析了不确定性对消费的影响。我们基于前有的研究，认为家庭的不确定性主要来自收入不确定性和消费不确定性，而城镇家庭消费层面的不确定性主要来自医疗支出的不确定性。我们使用暂时收入的平方测度了家庭收入的不确定性，使用暂时医疗支出的平方测度了家庭消费的不确定性，对这些不确定性赋予了与暂时部分相同的正负号，以此测度不确定性的方向。同时还控制了家庭特征以及个人特征层面的变量，在控制家庭区域特征后，使用 OLS 回归分析了不确定性对家庭消费的影响，并通过了稳健性检验，还进行了异质性分析，得到的主要结论如下：

（1）不确定性对家庭消费的影响是显著的。收入与消费不确定性作用的方向相反，且收入不确定性的影响幅度更大。家庭消费受到收入不确定性的抑制，这主要是因为家庭消费行为很大程度上取决于收入，收入的不确定性会导致家庭减少当期消费并为了平滑后期消费进行储蓄。消费不确定性对消费有正向作用，虽然传统理论中不确定性冲击会刺激储蓄行为以及降低当期消费，但由于消费不确定性往往伴随着无法预测的支出，因此即使家庭有储蓄倾向，在遭受消费不确定性冲击时，还是会产生正向的消费来抵抗当期额外的支出。

（2）不同性质的消费所遭受到的不确定性影响程度有差异。相比于生存型消费，享受型消费受到收入不确定性的负向影响更大，这是因为这类消费往往更具有弹性，家庭遭受冲击时更可能调节此类消费。消费不确定性对生存型消费的作用稍大于 0 但十分微弱，而对享受型消费影响显著且系数相对更大，这可能是因为家庭可以通过储蓄来平滑这些消费，同时由于医疗支出的不确定性，可能会刺激一些家庭在娱乐、保健等方面的享受型消费来愉悦家庭成员的身心。

（3）不确定性对家庭消费的影响有异质性。从不同收入水平的家庭角度分析，由于中高收入家庭拥有更强的财富水平和储蓄能力，同时在这些家庭中享受型消费占比更高，中高收入家庭消费对收入不确定性的反应比低收入家庭更敏感，但应对消费不确定性的能力更强。从不同消费水平的家庭分析看，收入不确定性对消费的抑制作用随着家庭消费水平的增加呈现出先减弱后增强的特征，这主要是由于失业保险对中低消费水平家庭消费起到了平滑消费的作用，但对低消费和中高消费水平家庭作用不明显，高消费水平家庭因为消费高以及享受型消费比例大，故因收入不确定性进行消费的调节程度也更大。消费不确定性的正向作用随着家庭消费水平的增加而减弱，这也是由于高消费水平家庭往往是高收入家庭，其财富水平和储蓄能力保证了他们受到的消费不确定性冲击相对较小，同时，医疗保险可以帮助低消费水平家庭应对突如其来的消费不确定性冲击。综上也可以说明，通过增加失业以及医疗保险的覆盖程度以及加强保险的保障能力，可以有效地帮助家庭应对不确定性带来的冲击，从而稳定消费需求，帮助经济稳步发展。

8 家庭人均收入、医疗支出与个体健康

中国存在着居民医疗支出负担重、医疗资源地区配置不合理现象。基于此，本章利用中国健康与营养调查(CHNS)面板数据，从时序和截面两个维度，采用面板向量自回归和面板中介效应检验方法，探讨了我国居民家庭人均收入水平、平均医疗支出和个体健康三者之间的相互影响关系，并深入研究其中的内在影响机制。然后，针对低收入家庭的治病医疗支出过于依赖家庭收入的问题，运用调节效应检验的方法寻找减轻低收入居民医疗负担的可行办法。研究结果发现，首先，影响治病医疗支出的主要因素更多地表现为家庭经济上的预算约束，而非健康状况所代表的消费需求。其次，对于低收入家庭来说，个人收入受到冲击时他们会显著减少用于治病的医疗支出，而健康状况并不显著影响他们的治病医疗支出水平；对于高收入家庭则相反，其治病医疗支出更多地取决于健康水平。因此认为，家庭收入对治病医疗支出的限制是存在于低收入家庭中一个严重的问题。再次，在我国，治病医疗支出是家庭收入对健康水平的影响渠道之一。最后，对于低收入家庭，医疗保险和居住地公共医疗卫生水平是家庭收入对治病医疗支出影响的调节变量。参加医疗保险，居住地的公共医疗卫生水平改善均能有效减轻家庭治病医疗支出对收入的依赖性，一定程度上帮助其摆脱"因贫致病"困境。

8.1 引言

健康是世界人民关注的一大话题。联合国在 2000 年"千年民意测验"全球调查中发现，拥有良好的健康状况一直排在人们希望的首位。我国一直以来也十分重视卫生与健康事业。改革开放以来，我国卫生与健康事业加快发展，医疗卫生服务体系不断完善，基本公共卫生服务均等化水平稳步提高，公共卫生整体实力

和疾病防控能力上了一个大台阶。经过长期努力，我们不仅显著提高了人民健康水平，而且开辟了一条符合我国国情的卫生与健康发展道路。

但与此同时，居民医疗支出负担较重，自 1990 年到 2017 年，城市居民医疗保健支出占消费性支出比例增幅达 265%（由 2.0%上涨至 7.3%），农村居民医疗保健支出占消费性支出比例增幅达 90.2%，（5.1%上涨到 9.7%），出现"因贫致病""因病致贫""看病贵"现象。此外，医疗资源的地区配置不合理，城乡医疗资源差距较大。如何控制医疗费用过快上涨，平衡医疗资源的配置，已成为我国医疗保障体制改革进程中极为重要且亟待解决的问题。在全面推进卫生与健康事业改革发展、建设健康中国的背景下，本章欲通过微观角度分析居民家庭收入、治病医疗支出与个体健康的相互影响，并分析其中的影响机制，提出有助于解决我国医疗健康领域存在问题的解决方法。

从现有文献来看，大多数研究聚焦于健康人力资本对经济的作用、收入-健康假说、居民医疗支出的影响因素与效应这几个方面。即在居民收入、健康、医疗支出三者中选其二，考虑一个变量对另一个变量的影响。仅有少数研究证明了家庭收入、私人医疗支出、健康状况之间存在一定的相互影响，但具体的变动规律是怎样的，学术界还未达成一致。因此，本章提出研究问题：在我国微观层面，家庭收入、医疗消费与健康之间有着怎样的关系？此外，针对用于治病的医疗消费，其与收入、健康这三者之间的关系在不同的收入组别中会不会有所不同？居民收入对健康水平的影响是否能够通过治病医疗支出的渠道解释？有没有办法减轻低收入对治病医疗支出水平的限制？这一系列问题都值得研究。着眼于这些暂未被深究的角度，正是本章的创新点所在。

在实证研究的方法上，目前的文献大体分为两类，一部分直接利用简单的回归进行分析，忽视了模型中变量的内生性问题；另一部分选取工具变量或者采取广义矩估计方法处理内生性问题，但工具变量的选取需要合理的理论支撑，且模型最后的解释效果也非常依赖于工具变量的选取。

基于以上分析，本章在实证方法上的创新点表现在：首次尝试突破已有文献中对健康问题惯用的"被解释变量-解释变量"回归方式，采用面板向量自回归（PVAR）模型，直接将三个指标同时作为内生变量，从时序和截面两个维度，系统地深入分析家庭人均收入水平、日常医疗治病支出、个体健康三者之间的关

系，并且将三者的关系放在不同的收入组别中进行比较。接着，基于以上 PVAR
模型得到的结果，在现有文献的基础上更进一步，分析治病医疗支出在收入与健
康之间的中介效应，深入研究收入对健康的作用机理。然后，基于以上现状分析
和影响机制研究，运用调节效应检验的方法寻找能有效帮助低收入家庭走出"因
贫致病"困境的方法。

本章主要分为六个部分：第一部分为引言；第二部分为文献综述；第三部分
为数据来源与模型设定；第四部分为数据的描述性统计分析；第五部分为实证分
析；第六部分为结论与政策建议。

8.2 文献综述

8.2.1 健康人力资本

早在 1961 年，Schultz 就正式提出了人力资本的概念，建立了人力资本理论
的框架，他认为人力资本要素是推动经济增长的重要动力，而人力资本是对个人
进行投资的产物，体现为知识、熟练程度等能力，对人力资本进行投资会带来巨
大的收益。Grossman（1972）将健康要素纳入人力资本理论框架中，健康作为投资
品和消费品，同时进入生产函数和效用函数。Barro（1996）在同时包含实物资本
积累、健康人力资本和教育人力资本的新古典模型中分析它们之间的相互作用。
从这种生产力的视角，人均产出的贡献要素可以分解成实物资本、通过教育形成
的人力资本、通过健康形成的人力资本和生产力残差（Caselli，2005）。我国对于
健康和收入关系的研究中实证分析较多，如余长林（2006）用 1978—2004 年的面
板数据分析得出人力资本投资的数量和结构都对经济增长有着重要正向影响，魏
众（2004）选取了 1993 年中国健康与营养调查（CHNS）数据考察中国农村地区健
康与收入之间的关系，结果表明个人健康状况对个人生产能力、就业以及工资都
有正向影响。张川川（2011）使用中国营养与健康调查（CHNS）数据调查发现，滞
后期健康状况对家庭的劳动供给和家庭收入有着显著的正向影响，而健康冲击，
比如突然的健康恶化对家庭的劳动供给和家庭收入有着显著的负向影响。赵伟锋
（2017）对 CHNS 数据使用扩展的 R&D 模型分析了健康冲击对农户收入的影响机

制,研究发现健康冲击使农户的健康人力资本下降,生产性支出减少,长期来看农户的收入下降,且高年龄组农户的支出结构和收入水平受健康冲击的影响比低年龄组农户更大。

8.2.2　收入对健康的影响

有关收入对健康的影响研究,可以从收入类型大体分为绝对收入和收入差距两个派别。绝对收入假说最早由 Leibenstein(1956)提出,他认为绝对收入影响健康水平。也有研究表明,绝对收入对健康的影响有着边际效应递减的特点(Preston,1975)。收入差距/相对收入假说从人群相对收入的角度入手,认为收入差距与收入分配的不平等是影响健康的重要原因(Wilkinson,1986)。有研究表明,中国的收入差距与健康的关系并不是简单的负向相关,而是呈现出倒"U"形(封进和余央央,2007)。

收入对健康的影响机制中,医疗支出是一个重要的途径,很多研究表明:收入水平通过影响医疗保健资源的获取和使用,从而影响健康状况。收入低的个体在选择消费医疗服务时有着更紧的预算约束。Wagstaff(2001)、Case(2001,2004)等研究认为贫困的人医疗支付能力较弱,处于有病难医的境地,从而健康状况下降。收入影响健康的其他途径还包括:营养摄入(张车伟,2003)、教育(Newhouse et al.,1980)、生活方式(Levin,2003)等。

8.2.3　医疗支出的影响因素

居民的医疗支出决策受到诸多因素的影响。其中,收入和自身健康状况是两项重要的因素。罗楚亮(2008)利用城镇住户调查数据,研究发现居民的收入水平、收入差距、医疗费用均为居民医疗支出的影响因素。林相森与舒元(2007)利用 CHNS 2000 年的数据研究发现,患病严重程度是影响医疗治病支出的重要因素之一。常敬一(2013)利用 CHNS 数据,采用多层回归模型研究居民医疗支出的影响因素,发现患病严重程度、受教育程度等因素对医疗支出具有显著正向影响。虽然已经有众多研究表明收入和健康状况是医疗支出的影响因素,但在影响方向上,学者们并未达成一致观点。根据 Muurinen(1982),相对贫穷的人为了获得收入会更多地使用其健康人力资本,在其他条件相同的情况下,贫穷的人健康资本的折旧率较高，而健康资本折旧率较高的人有更高的患病概率，从而医疗支出的金额会更高。Doorslaer 等（1997）的研究也表明收入较低的人群健康状况相对较差，更易受疾病侵扰，因此医疗支出较高。然而，叶春辉等（2008）采用 CHNS 1991—2004 年的相关数据研究认为居民的医疗支出存在着财富效应，即医疗消费作为正常品，收入越高的人其医疗支出越高。

因此，我们认为收入对医疗支出的影响方向表现出不确定性：一方面居民收入提高能够提高居民医疗消费需求和能力，从而带来医疗支出的增加；另一方面，收入提高后，居民的生活条件改善，对疾病的抵抗能力增强，从而导致医疗保险的需求和医疗消费支出的下降。Doorslaer 等（1997）研究发现健康状况和收入水平两因素影响着居民的医疗消费，而健康状况本身受到收入水平的影响，所以收入水平对医疗支出的影响存在双重渠道：一方面是通过直接渠道，即由于健康具有正常商品的属性，为了追求健康所产生的医疗支出随收入水平的提高而增加；另一方面是通过间接渠道，即低收入人群的健康状况往往更加脆弱，容易被疾病侵袭，因此需要支付更高的医疗费用。

综合对文献的归纳整理，我们发现：

第一，仅有少数外文文献证明了家庭收入通过影响医疗保健资源的获取和使用，从而影响健康状况这一途径（Wagstaff，2001；Case，2001）。但几乎没有文献证实这一影响途径在我国明显存在。而且基于我国"因贫返病"的现象，用于治病的医疗支出更应得到重视，但目前几乎没有聚焦于研究治病医疗支出在"收入-健康"问题中重要地位的国内文献。因此，本章将研究在我国治病医疗支出是否构成家庭收入影响健康水平的渠道。

第二，基于 Doorslaer 等（1997）等一系列研究收入和健康对医疗支出产生复杂方向影响的文献，我们得到一个思路：在医疗支出，尤其是治病医疗支出的影响因素中，究竟占主要地位的是以收入为代表的预算约束因素，还是以健康为代表的医疗消费需求因素：若发现需求因素为主导，则认为目前的收入水平能基本满足居民对医疗消费的需求；反之，若发现预算约束对治病医疗支出水平起到了决定性作用，则意味着收入对治病医疗支出产生了较为严苛的限制，居民基本医疗消费需求无法得到满足，这很可能会导致"因贫致病"现象。因此，若研究发现治病医疗支出主要依赖于收入时，我们必须对这一结果高度关注，并应该努力寻找减轻治病医疗支出对收入依赖程度的办法。

8.3 数据来源与模型设定

8.3.1 数据来源

本章数据来自中国健康与营养调查数据库(CHNS)。CHNS 项目是由美国北卡罗来纳大学教堂山分校人口中心联合中国疾病预防控制中心营养与健康所开展的连续性队列研究。该研究旨在探讨近 30 年来中国社会经济转型和计划生育政策如何影响国民健康和营养状况。研究内容包括社区组织、家庭和个人经济、人口和社会因素等的现状及变化。调查采用多阶段分层整群随机抽样方法收集中国的东、中、西部地区 15 个省、自治区、直辖市的数据,截至 2018 年 8 月共纳入 220 个社区样本,7200 个家庭样本,30000 个居民样本。调研数据包含社区调查、家庭调查、个人调查数据。其中个人及家庭调查数据包括基本人口学、健康状况、营养膳食状况和健康指标、医疗保险等。社区调查数据包括食品市场、医疗服务及其他社会基础设施建设情况等。

根据本章研究内容,结合健康影响因素模型和医疗支出影响因素文献归纳,本章从 CHNS 微观数据库中选择指标的大致思路如下:在个人调查中选取年龄、性别、身高、体重、自评健康、当前患病情况、近期病后治疗消费、医疗保险、受教育水平、工作状况、生活习惯等指标;在家庭调查中选取人均收入、家庭人均病后治疗支出水平、医疗机构可及性等指标;在社区调查中选取了调查省区市、行政区划、城市化指数等指标(其中城市化指数是由北卡罗来纳大学肥胖项目主任 Popkin 根据 CHNS 社区层次变量所建构,涵盖有关城市化水平的 12 个维度,包括经济活动、人口密度、交通、基础设施等。为了衡量地区公共医疗卫生建设水平,选取其中的健康质量指数和卫生指数)。

由于在 CHNS 数据中,2015 年的身高、体重数据缺失,2009 年及以后的自评健康数据缺失,考虑到健康指标在本章研究中不可或缺,我们选择 2011 年及以前的调查数据,以保证观测至少有一个健康指标。同样的,2009 年及以后家庭人均病后治疗支出数据缺失,但个人近期一次患病的治疗消费数据存在,选取

2011 年及以前的数据可以保证得到至少一个治病医疗支出的指标。此外，一方面时间序列不可过短，否则难以观察变量间的动态关系与因果性，另一方面过于久远的年代对于研究当下现实的意义不大，所以综合考虑实际选取 1991 年、1993 年、1997 年、2000 年、2004 年、2006 年、2009 年、2011 年这 8 年的数据。基于研究需要，我们将个体、家户、社区数据合并后，剔除了收入指标缺失的观测，且保证健康指标至少有一个不缺失，治病医疗支出指标同理。考虑到未成年人的收入和医疗支出受到家长的影响较大；而年龄过大者可能没有收入，健康不稳定，也可能医疗支出水平受到子女等人的影响较大，综合考虑以上情况，本章只留下 16~80 岁的观测数据。最终共留下 67487 条观测数据，涉及的个体（截面）有 23320 个。

8.3.2　变量定义

在收入指标的选取上，考虑到文献中大多以家庭为决策单位，因此我们选择居民家庭人均收入与家庭人均治病医疗支出调查数据，而非居民个人收入与医疗数据。

治病医疗支出指标的选取思路有两种———一是基于前四周是否患病以及患病严重程度情况下的治病消费，它建立在前四周患病的条件下，对于未患病个体的观测值为缺失。二是选取一般情况下生一次病的支付金额，在 CHNS 中可以选取治疗一次感冒的支出，该变量的优势在于不依赖近期是否患病的条件，并且使用日常感冒这一病种，既具有普遍性，又避免了因为患病类型和严重程度差别过大而导致的支出差异，能够较好地反映居民对于病后治疗支出的意愿和能力。尽管文献中常将治疗感冒支出作为衡量地区医疗可及性的指标，但考虑到感冒治疗支出在家户之间存在差异性这一特点，也有相关文献用其衡量私人医疗支出（吕娜，2015），故本章将其作为衡量治病医疗支出水平的指标之一。

健康指标的选取，从稳健性角度考虑，本章用两种指标刻画，分别是 BMI 和自评健康。BMI 指数（体重公斤数除以身高米数平方）是国际上目前通用的健康测量指标，世界卫生组织（WHO）以 BMI 为基础制定了一种健康分类标准：18.5~24.99 为正常，大于 25 为超重，小于 18.5 则视为体重过轻。此外本章还选取了自评健康指标，在 CHNS 问卷中，有询问受访者"与其他同龄人相比，你认为你现在的健康状况怎么样?",该问题是对自己身体健康的主观评价,回答 1 代表很好,2 代表好,3 代表比较一般,4 代表差。但自评健康指标的缺点在于它在 1997 年之后才被纳入问卷中,因此可获取的数据年份较少。

其他控制变量还包括年龄、性别、受教育程度、现在是否有工作、每周体育运动时间、是否吸烟、最近四周是否生病、生病严重程度、去医疗机构的单程时间(衡量医疗机构可及性)、省份等。

为了比较分析居民收入水平、治病医疗支出、居民健康状况的关系在不同收入层次下的差异,本章利用家户人均收入水平对各家户样本进行排序,从中位数水平将样本划分为高收入组和低收入组。由于考虑到家户的人均收入水平具有时间趋势,如果对所有年份的观测收入统一进行排序,很可能会出现低收入组多为 20 世纪 90 年代观测而高收入组多为近年观测、同一观测所处的收入层次在年份间不稳定的现象。为了去除时间趋势,我们取一个家户在所有时间上的收入平均水平,作为对该家户收入水平排序的依据。

表 8.1 提供了本章研究的关键指标的基本数据特征,具体包括最小值、最大值、均值和标准差。

表 8.1   主要变量的统计性描述

变　　量	均值	标准差	最小值	最大值
BMI	22.69	3.35	14.24	34.99
肥胖/瘦弱指数	1.43	0.79	1	4
自评健康	2.27	0.77	1	4
治病医疗支出	22.78	40.21	0	999.90
性别	0.52	0.50	0	1
年龄	44.55	15.77	16	80
是否有医疗保险	0.46	0.50	0	1
目前是否有工作	0.72	0.45	0	1
每周运动时间	7.59	43.21	0	1360
是否吸烟	0.07	0.23	0	1
近四周是否生病	0.15	0.36	0	1

续表

变 量	均值	标准差	最小值	最大值
生病严重程度	0.10	0.31	0	1
过去四周生病条件下，是否为治病产生支出	0.23	0.42	0	1
过去四周生病条件下，治病的支出金额	63.02	463.57	0	10995
收入	4774.94	4777.23	113.33	28812.00
医疗可及性	14.65	19.56	0	1205

8.3.3 模型设定

（1）收入、治病医疗支出、健康之间的动态关系——PVAR 模型

以往对健康、收入与医疗支出的微观实证研究大体分为两类：一类利用回归模型进行分析，忽视了模型中变量的内生性问题；另一类选取工具变量或者采取广义矩估计方法处理内生性问题，但工具变量的选取需要合理的理论支撑，且模型最后的解释效果也非常依赖于工具变量的选取。这些计量经济方法都是以经济理论为基础来描述变量的关系，在回归前需要对内生变量和外生变量做一些严格的假定，却一定程度上忽略了变量之间的相互动态关系，缺少从整个系统观察变量的视角。而向量自回归（VAR）模型则可以做到较少地依赖于经济理论假设，采用联立方程的形式，将要研究的变量全部视作内生，用它们对自己的滞后项回归，估计该组内生变量之间的动态关联。为了探究健康状况、收入、治病医疗支出之间的动态关系，本章采取向量自回归的方法进行实证分析。

VAR 模型由 Sims（1980）创立，其特点是把所有变量视为内生变量，从而真实反映各变量间的互动关系。VAR 模型在时间序列分析中有着非常广泛的应用，但该模型往往要求时间序列包含较长的时间跨度。Holtz-Eakin（1988）将 VAR 模型拓展到面板数据，提出面板向量自回归（PVAR）模型，该模型综合考虑了截面间的异质性和时间效应，提高了计量结果的精度与稳定性。后经 Arellan 等（1997）与 Blundell 等（1998）等人的改进与发展，PVAR 模型对于"多截面、少时序"的面板数据也能够提供良好的解释力。

本章利用 PVAR 模型的特点，对居民收入、治病医疗支出、健康之间的关系

进行系统分析。构建的模型如下：

$$Y_{it} = \gamma_0 + \sum_{j=1}^{k} \gamma_j Y_{it-j} + \alpha_i + \beta_t + \varepsilon_{it} \tag{8.1}$$

式中，$i = 1, 2, \cdots, N$ 代表各个居民个体；$t = 1, 2, \cdots, T$ 代表年份；$Y_{it} = [\text{Inc}_{it}, \text{Med}_{it}, \text{HS}_{it}]$ 是一个包含居民收入水平、治病医疗支出、居民健康状况的三维列向量；γ_0 表示截距项向量；k 代表滞后阶数；γ_j 表示滞后第 j 阶的参数矩阵；α_i 为个体效应，刻画截面间的异质性；β_t 为时间效应，代表时间变化对个体的影响；ε_{it} 为随机扰动项，它与个体效益、时间效应以及每个因变量的滞后项不相关。

为了避免模型中包含的个体效应和时间效应对系数估计造成偏误，本章通过前向差分 Hermlet 转换方法去除个体效应，采取均值差分法去除时间效应。随后采取系统 GMM 获得待估计参数 γ 的一致有效估计量。

（2）治病医疗支出作为收入与健康之间的影响机制——中介效应分析

居民收入既可以影响健康，又能够影响治病医疗支出，那么收入对健康产生影响的机制又是怎样的？为了更好地分析这三者之间的作用机制，本章沿着收入通过改变治病医疗支付能力来影响健康这一思路，探讨治病医疗支出在收入与健康二者之间的关系。

依据前文对居民收入与健康水平之间作用机制的探讨，收入可能通过改变治病医疗支付能力的方式从而间接地影响居民健康水平。为了验证这种猜想，本章将治病医疗支出作为中介变量，进行中介效应分析来详细探究居民收入对健康水平的影响及其路径。根据温忠麟（2004）中介效应检验的步骤，本章中介效应模型具体构建如下：

$$\text{HS}_{i,t} = \alpha_0 + \alpha_1 \ln(\text{Inc}_{i,t-1}) + \sum_k \theta_k Z_{i,t}^k + \alpha_i' + \alpha_t' + \varepsilon_{i,t} \tag{8.2}$$

$$\ln(\text{Med}_{i,t}) = \beta_0 + \beta_1 \ln(\text{Inc}_{i,t-1}) + \sum_k \theta_k Z_{i,t}^k + \beta_i' + \beta_t' + \varepsilon_{i,t} \tag{8.3}$$

$$\text{HS}_{i,t} = \gamma_0 + \gamma_1 \ln(\text{Med}_{i,t}) + \sum_k \theta_k Z_{i,t}^k + \gamma_i' + \gamma_t' + \varepsilon_{i,t} \tag{8.4}$$

$$\text{HS}_{i,t} = \delta_0 + \delta_1 \ln(\text{Inc}_{i,t-1}) + \delta_2 \ln(\text{Med}_{i,t}) + \sum_k \theta_k Z_{i,t}^k + \delta_i' + \delta_t' + \varepsilon_{i,t} \tag{8.5}$$

式中下标 i 表示居民个体，下标 t 表示研究年份；$\ln(\text{Med})$ 表示居民治病医疗支出对数值；ln(Inc)为核心解释变量，表示居民收入对数值。由于居民收入改变从开始发生到产生作用之间存在一定的时滞性，且考虑到可能存在的内生性问题，故式中将收入处理为滞后一期的形式。Z 表示其他控制变量集，主要包括医疗保险、受教育水平、年龄、性别、工作、居住环境等指标；α'_i 与 α'_t 分别为模型(8.2)的个体效应和时间效应，模型(8.3)至(8.5)同理。$\varepsilon_{i,t}$ 表示误差项。

根据温忠麟(2004)等人检验中介效应的做法，第一步将对模型(8.2)进行回归，检验居民收入与健康水平的回归系数是否显著，如果显著则进行下一步，否则停止检验；第二步对模型(8.3)进行回归，分别检验收入与中介变量治病医疗支出之间是否存在显著关系。如果显著则进入第三步，即对模型(8.4)进行回归并检验中介变量治病医疗支出的系数是否显著。若第二步和第三步中的系数均显著，则表明存在明显的中介效应。接下来进行第四步，对模型(8.5)进行回归，检验解释变量收入的系数是否显著，若不显著，则表明存在完全的中介效应；若收入的系数仍然显著，则表明存在部分中介效应。

(3)收入对治病医疗支出影响的调节因素——调节效应分析

如果收入通过影响居民用于治病的医疗支付能力从而影响到健康这一影响途径存在，那么我们就可以提出两种改善居民健康状况的思路，一种是提高收入，另一种是削弱治病医疗支出对收入的依赖性。基于第二种思路，若低收入居民的医疗支付能力被其收入所严重限制，那么我们就需要找到办法来减小收入对治病医疗支出的影响程度。在实证上，我们可以采取调节效应分析的方法。

本章意在寻找能削弱收入对治病医疗支出正向作用的调节变量，使得收入受到冲击时，居民依然能维持合理的治病医疗支出水平，从而基本满足其健康需求。考虑到医疗保险是为补偿健康风险造成的经济损失而建立的一项社会保险制度，能减轻居民医疗负担；公共健康投资增加使得地区医疗保障体系更加完善，能为群众提供更加安全有效方便价廉的公共卫生和基本医疗服务，有利于解决群众看病难、看病贵问题。因此我们假设医疗保险和公共医疗卫生建设水平为调节变量，检验它们的调节效应。调节效应模型构建如下：

$$\mathrm{Med}_{i,t} = \beta_0 + \beta_1 \mathrm{Inc}_{i,t} + \beta_2 \mathrm{Ins}_{i,t} + \beta_3 \mathrm{Ins}_{i,t}\mathrm{Inc}_{i,t} + \sum_k \theta_k Z_{i,t}^k + \gamma_i + \gamma_t + \varepsilon_{i,t}$$

$$(8.6)$$

$$\text{Med}_{i,\,t} = \beta_0 + \beta_1 \text{Inc}_{i,\,t} + \beta_2 \text{PubHS}_{i,\,t} + \beta_3 \overline{\text{PubHS}_{i,\,t}}\,\overline{\text{Inc}_{i,\,t}}$$
$$+ \sum_k \theta_k Z_{i,\,t}^k + \gamma_i + \gamma_t + \varepsilon_{i,\,t} \tag{8.7}$$

其中，收入 Inc 和治病医疗支出 Med 均取对数处理；Inc 为是否购买医疗保险（是为1，否为0）；Z 为其他控制变量；PubHS 为地区公共医疗卫生建设水平，本章选取社区健康质量指数和卫生指数代表 PubHS；$\overline{X}$ 表示变量 X 取标准化（减去均值再除以标准差）；γ_i 与 γ_t 分别表示个体效应和时间效应；ε 表示误差项。

根据温忠麟（2005）调节效应检验的做法，我们重点关注收入的系数 β_1 和交乘项系数 β_3，若 $\beta_1 > 0$、$\beta_3 < 0$ 且均显著，则认为所选因素的调节效应存在，可以作为有效地减轻居民收入对治病医疗支出限制作用的政策建议。

8.4 数据的描述性统计分析

8.4.1 收入与健康

本小节试图分析不同收入组别居民的健康状况，其中健康水平我们可以从长期健康和近期患病率两个方面来刻画。

对于连续变量，我们统计样本在各个收入组别的均值；对于 0、1 取值的二元离散变量，各个组别下的均值即为该变量取值为 1 的频率。为了研究方便，我们暂时将自评健康处理为二元变量，1 表示自评为好或较好，0 表示自评为一般或差。

表 8.2 为不同收入组别下健康指标的均值比较，并且展示了通过 t 检验判断这些均值在高收入组与低收入组之间是否统计意义上不相等。

表 8.2 不同收入组别下健康状况

	低收入组	高收入组	t 统计检验值
BMI	22.236	23.150	−35.793***
自评健康为好或较好的比率(%)	61.587	67.287	−10.876***

续表

	低收入组	高收入组	t 统计检验值
近期患病率(%)	14.211	16.671	-8.848^{***}
近期患病条件下重病率(%)	11.869	9.259	4.343^{***}
近期重病率(%)	1.687	1.544	1.475

注：对于二元变量，统计的是值取 1 的百分比；对于连续变量，统计的是均值。*、**、***分别表示 10%，5%，和 1% 的显著性水平。

在长期健康方面，我们发现 BMI 与自评健康的二元变量均有显著的 t 值，说明不同收入组别的健康状况存在显著差异，从方向上来看，均表现为收入高的居民健康水平更加良好。在近期患病方面，发现高收入组的近期患病率显著高于低收入组，这与直觉和预期有一定的出入，可能的原因有两个：一是因为高收入组别居民对健康的追求更高，对身体抱恙的察觉也更加敏感，所以问卷答复中上报了更高的患病率；二是可能高收入组别居民面临的社会竞争压力大、生活节奏快，因此对身体健康产生了一定的负向影响。患病条件下的重病率在高收入组显著更低，这一点也部分支持了以上两个解释，高收入组虽然表现出更高的近期生病率，但大多数病情较轻，相反低收入居民生病时病情严重的可能性较大。总体来看，无条件下的近期重病率在不同收入组别并未表现出明显差异。

从以上发现可以得出，高收入的居民表现出更良好的健康状态。

8.4.2　收入与治病医疗支出

表 8.3 为不同收入组别下治病医疗支出的均值比较，并且展示了通过 t 检验判断这些均值在高收入组与低收入组之间是否统计意义上不相等。其中，前三个指标是基于前四周患病条件下的治疗行为与支出水平；后两个指标为日常一次普通感冒的支出额与支出负担，它不依赖于近期患病的假设，也限定了具有普遍性的病种，能较好地反映居民治病医疗消费的意愿与能力。

表 8.3   不同收入组别下的治病医疗支出

	低收入组	高收入组	t 统计检验值
患病条件下发生治疗支出行为的概率(%)	20.988	25.067	-4.924 ***
患病条件下的治疗支出额(元)	47.809	76.048	-3.103 ***
此次患病治疗支出负担(%)	3.276	1.402	4.087 ***
一次病后治疗支出(元)	19.811	47.909	-53.818 ***
一次病后治疗支出负担(%)	1.267	1.107	8.799 *

注：对于二元变量，统计的是值取 1 的百分比；对于连续变量，统计的是均值。支出负担为治疗支出与收入的比值，统计其均值，均值由百分比刻画。* 、** 、*** 分别表示 10%，5% 和 1% 的显著性水平。

治病医疗支出无论是行为发生率还是支出水平，均在不同收入组别中表现出显著不同的均值。收入越高，病后发生治疗支出的可能性更大，治疗支出额更高。无论是在近期患病条件下，还是笼统意义上，治病医疗支出水平都与收入表现出正相关。此外，尽管低收入居民收缩了他们的病后治疗消费行为与支出额，他们依然有更高的治病支出经济负担。

由于治病医疗支出和健康状况的相关关系有待下文探讨，因此目前还没有明确证据表明收入低的居民健康状况更差是因为更低的治病医疗支出水平所致。

8.4.3　健康与治病医疗支出

本章前两节已经发现，收入越高的居民健康状况越好，病后治疗消费水平更高。为了更好地分析收入、治病医疗支出以及健康之间的作用途径，需要对健康与治病医疗支出之间的关系进行探讨。由文献归纳的观点来看，健康与病后医疗消费之间存在相互影响：一方面，病后及时进行治疗能对健康产生正向影响；另一方面，健康水平的改善意味着对医疗消费需求的降低。本节拟通过对健康和治病医疗支出进行描述性统计，对二者之间的相关关系有一个初步的了解，从而为下文有针对性的因果分析做铺垫。

基于自评健康不同类别，对每一自评健康水平下治病医疗支出的均值是否相同进行方差分析，结果如表 8.4 所示。

表 8.4　　　　　　　　　　　不同自评健康下的治病医疗支出

	自评健康				F 统计量 (组间)
	好	较好	一般	差	
患病条件下发生治疗支出行为(%)	32.308	30.828	27.944	23.117	6.91***
患病条件下治疗支出金额(元)	27.231	36.499	77.911	109.737	5.15***
此次患病治疗支出负担(%)	1.730	1.500	2.513	5.718	6.01***
一次病后治疗支出(元)	33.231	29.893	32.415	34.245	11.99***
一次病后治疗支出负担(%)	1.195	1.050	1.172	1.464	18.82***

注：对于二元变量，统计的是值取 1 的百分比；对于连续变量，统计的是均值。支出负担为治疗支出与收入的比值，统计其均值，均值由百分比刻画。*、**、***分别表示 10%，5%和 1%的显著性水平。

通过方差分析发现，随着健康水平变好，患病条件下病后治疗消费行为增多，但支出金额减少。可能的解释为自评健康好的居民对健康的期望要求更高，从而患病后更加积极就医，但又因为自身健康状况良好而无须支付高额的治疗费用。而一次病后医疗支出在不同健康状况下的变化方向无法从表 8.4 中得到有力证据。因此没有直接证据表明病后治疗消费行为与支出水平随着健康变化而朝向一个明确方向变化，结合治病医疗支出与收入正相关的研究发现，我们能发现一个值得警示的问题：相比于健康状况，治病医疗支出更依赖于居民的收入水平，即相比于对病后治疗消费的需求，实际的病后治疗消费水平受到预算约束的影响更明显。

基于以上描述性统计分析结论，本章接下来将开展收入、治病医疗支出以及健康之间的实证研究。究其目的，一是治病医疗支出在收入与健康之间的作用效果仅仅通过相关性分析还未能理清，需要对其中的因果关系进行进一步的实证分析；二是基于上文研究发现，相比于对病后治疗消费的需求，实际的病后治疗消费水平受到预算约束的影响更明显，这是一个值得警醒的现象；三是研究治病医疗支出对分析我国医疗负担问题具有现实意义，如果下文的研究能观察到治病医疗支出对健康(尤其是低收入居民的健康)产生正向影响，则可以找到"因贫致病"的症结所在，即收入限制治病医疗支出从而损害健康。找到问题的所在之后，本章将进一步提出相关解决方案。

考虑到研究治病医疗支出需要控制疾病的类型和严重程度，以上所有治病医疗支出指标中，一次感冒治疗支出额(Med)较为合适，它既不依赖于当前是否患病的假设，又针对的是十分具有普遍性的病种，因此能较好地反映出居民治病支出的意愿和能力。特此说明，下文中的"治病医疗支出"均统一选取 Med 指标。

8.5 实证分析

8.5.1 收入、治病医疗支出、健康之间的动态关系

由于面板向量自回归模型着重关注内生变量间的动态关系，为了剔除其他因素对实证分析的干扰，本节对健康水平指标、收入指标与治病医疗支出指标进行了调整。对健康水平的修正方法如下：

$$H_{it} = \phi + \sum_{j=1}^{n} \varphi_j X_{jit} + \varepsilon_i \qquad (8.8)$$

$$\widetilde{H}_{it} = H_{it} - \hat{H}_{it} + \overline{H}_{it} \qquad (8.9)$$

其中，H_{it} 表示居民 i 在 t 年时的健康水平(本节先将健康指标选取为 BMI 指数，之后将采用自评健康做稳健性分析进行补充)，X_{jit} 是可能影响健康状况的变量，包括年龄、性别、户籍所在地、居住省份等，φ 和 ϕ 是待估参数，ε 是随机误差项，$\hat{H}_{it}$ 为修正方程拟合的健康水平，$\overline{H}_{it}$ 表示健康水平均值。修正后的健康指标以 $\widetilde{H}_{it}$ 表示。对治病医疗支出和收入指标的调整同理(吕娜，2015)。

首先为了避免被伪回归所误导，我们用单位根检验来检测时间序列的平稳性。由于本章研究的数据具有截面数较多而时间期数较少的特征，因此较为适合的面板数据单位根检验方法为 Levin 检验，检验结果如表 8.5 所示。所有经修正以后的主要研究变量都是平稳的。

表 8.5　　　　　　　　　　　面板数据单位根检验

变量	Levin 检验值	结果
收入水平	−0.84856***	平稳
病后医疗支出	−0.72573***	平稳
健康水平	−0.72350***	平稳

注：*、**、***分别表示10%，5%和1%的显著性水平。

接下来对三变量｛收入，治病医疗支出，健康｝进行分组面板向量自回归分析。将健康水平视为人力资源投入的产出，首先要确定健康水平的滞后期。由于所选取的 CHNS 追踪调查数据的时间间隔以年为单位，最短 2 年，最长 4 年，因此可以认为滞后 1 期便能提供充分长的时间使得投入波动影响产出水平。其次结合模型的有效性与稳定性，采用 AIC 与 BIC 信息准则判定，选取的滞后阶数为1。通过面板向量自回归模型的设定可知，模型的解释变量中包含被解释变量的滞后项，为了更好地控制个体效应和内生性问题，本章采用广义矩估计方法（GMM）对模型进行有效估计。主要结果如表 8.6 所示。

表 8.6　三变量｛收入，治病医疗支出，健康｝面板向量自回归 GMM 估计结果

响应	冲击		
	收入(−1)	治病医疗支出(−1)	健康(−1)
L 组：低收入组			
收入	0.278***	0.175***	0.072
	(11.01)	(5.54)	(0.87)
治病医疗支出	0.173***	0.051	0.041
	(7.02)	(1.42)	(0.62)
健康	0.112***	0.039	0.071
	(5.42)	(1.53)	(1.09)
H 组：高收入组			
收入	0.282***	0.133***	0.098*
	(7.49)	(3.96)	(0.78)

续表

响应	冲击		
	收入（-1）	治病医疗支出（-1）	健康（-1）
治病医疗支出	0.003 （0.05）	0.060 （1.00）	-0.588 *** （-2.86）
健康	0.068 *** （4.94）	0.032 *** （3.33）	0.242 *** （4.01）
T：全样本			
收入	0.285 *** （12.66）	0.143 *** （5.62）	0.098 （1.37）
治病医疗支出	0.092 *** （3.48）	0.059 （1.37）	-0.222 ** （-2.46）
健康	0.084 *** （7.16）	0.033 *** （3.23）	0.160 *** （3.78）

注：＊、＊＊、＊＊＊分别表示 10%，5% 和 1% 的显著性水平。

由一般的向量自回归模型的原理可知，面板向量自回归模型也同样不区分内生变量与外生变量，而是将所有的变量同时视为内生变量。这里把收入水平、治病医疗支出、个体健康状况均作为面板向量自回归模型的内生变量。重点关注治病医疗支出的方程中解释变量收入的系数。由表 8.6 中的估计结果可见，该系数在低收入人群中显著为正，而在高收入人群中不显著。可解释为低收入居民的治病支出受到预算约束的限制，治病医疗保健需求严重未得到满足，因此当收入增加时低收入居民倾向于增加治病支出，通过患病后及时就医来缓解受到的健康冲击。但遗憾的是，从表中并不能认为低收入个体增加治病支出在长期水平上改善了他们的健康，这可能是由于提高治病支出对低收入居民其他健康商品消费产生了挤压，导致长期来看健康并未改善。

相反的，高收入居民的治病医疗支出更多地由消费需求决定，当健康状况提升时，对治病医疗消费的需求降低，治病支出减少。而且高收入居民健康滞后项对当期健康的正向影响显著，这一关系在低收入组不存在。可以认为高收入居民的健康水平表现出自我巩固的良性循环。

在采用 VAR 模型做分析时，通常需要分析脉冲响应函数为模型提供解释力。脉冲响应函数是通过动态反应角度来判断各变量间时滞关系的一种方法，这种动态反应主要是通过随机扰动项的一个标准信息差的冲击对其他变量当前和未来值的影响轨迹来衡量，可以很直观地刻画变量之间的动态交互效应。图8.1 与图 8.2 分别是通过 1000 次蒙特卡罗模拟得到的不同收入组别的脉冲响应图。

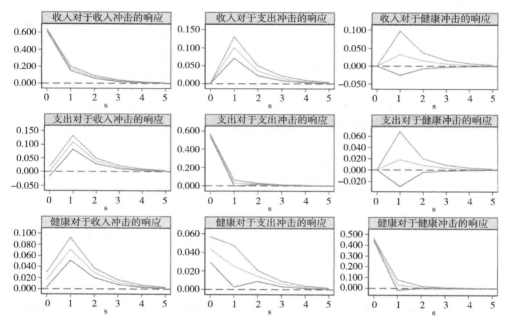

图 8.1　滞后一阶{收入，支出，健康}向量自回归的脉冲响应图(L组：低收入组)
注：图中的"支出"为"治病医疗支出"的简称。

同上文类似，重点关注收入和健康冲击下，治病医疗支出的响应，即脉冲响应图中的第二行第一列和第二行第三列。通过分析可知，在低收入组，给个人收入一个标准差的冲击，治病医疗支出在接下来的第一期有一个显著的正向脉冲响应，并且第一期为影响峰值，此后响应程度逐渐递减，而在高收入组并没有这样显著的正向脉冲冲击；在高收入组，给个人健康一个标准差的正向冲击，治病医疗支出在接下来的第一期有一个显著的负向脉冲响应，并且第一期为影响峰值，此后响应程度逐渐向零靠近。这给上文 GMM 估计结果补充了更加直观的说明。

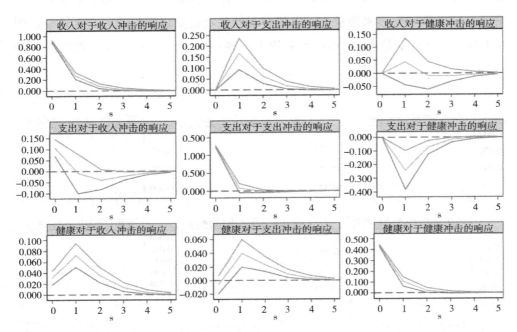

图 8.2　滞后一阶{收入，支出，健康}向量自回归的脉冲响应图（H 组：高收入组）

注：图中的"支出"为"治病医疗支出"的简称。

对于低收入人群来说，从收入的增加到私人治病医疗支出的增加，其中暗含着两种现象———一是个人收入难以维持日常的治病花销，二是疾病无法通过公共医疗手段得到有效治愈。因此，要协助落后地区人民走出"因病致贫，因贫返病"的恶性循环，可以从提高人均收入和健全当地公共健康保障体系两个方面作出努力。

在稳健性检验中，我们将健康指标选取为自评健康指数，同样可以发现低收入居民的治病支出受到预算约束的限制，如表 8.7 所示。然而由于 CHNS 数据库中自评健康指数缺漏年份较多，样本较少可能会对分析结果产生偏误。

表 8.7　　自评健康作为健康指标的面板向量自回归 GMM 估计结果

响应	冲击		
	收入（−1）	治病医疗支出（−1）	健康（−1）
L 组：低收入组			
收入	0.128*** (4.14)	0.069* (1.88)	−0.025 (−1.28)
治病医疗支出	<u>0.060**</u> (2.26)	−0.051 (−1.36)	−0.009 (−0.47)
健康	−0.004 (−0.10)	0.020 (0.44)	0.030 (1.22)
H 组：高收入组			
收入	0.301** (2.20)	−0.110 (−1.58)	0.033 (0.94)
治病医疗支出	<u>−0.493</u> (−1.53)	−0.298** (−2.22)	−0.011 (−0.19)
健康	−0.068 (−0.81)	−0.002 (−0.06)	0.031 (1.22)

注：*、**、***分别表示 10%，5% 和 1% 的显著性水平。

8.5.2　治病医疗支出作为收入与健康之间的影响机制

前文已对居民收入、治病医疗支出、健康水平的动态关系进行了研究。既然我们发现了低收入对于治病医疗支付能力的限制，结合数据描述性统计观察到的低收入人群健康状况较差的现象，我们能否说明，收入对健康状况的影响途径之一是：收入通过影响治病医疗支出从而影响健康？为了得到答案，我们还需要深入探讨收入作用于健康水平的机制。

本节将以治病医疗支出作为居民收入影响健康水平的中介变量，使用中介效应检验方法来验证收入是否能通过影响治病医疗支出进而影响健康水平。将核心解释变量收入采取滞后一期的形式，主要是考虑到现实中收入的变化从开始发生到对健康产生作用可能会有时滞，同时也能在一定程度上减少"反向因果"引起的内生性问题。

表 8.8 反映了收入通过治病医疗支出对健康水平产生影响的回归结果。为了考察治病医疗支出在收入与健康之间是否起到了中介作用，本节对面板数据分别在四个步骤 Step1、Step2、Step3、Step4 中加入固定效应和随机效应。结果与之前的假设相符，即滞后一期的收入越高，居民的健康状况越好，且治病医疗支出的中介效应存在。

在固定效应与随机效应的选择上，我们发现 FE、RE 回归的结果存在一定差异，通过 Hausman 检验分析，各步骤的回归都在 5% 水平下拒绝随机效应模型中个体影响与解释变量不相关的原假设，说明本章模型应该使用固定效应模型（因篇幅限制，随机效应模型的回归结果本章不再赘述）。从面板数据固定效应模型回归结果得到（Step1），居民收入对健康水平有正向影响，且系数显著，当滞后一期个人收入每增加 1%，健康指标 BMI 增加 0.149 个单位。然后对个人收入、治病医疗支出和健康水平继续进行中介效应检验（Step2 至 Step4），从表中回归结果可以看出：（1）个人收入对治病医疗支出具有显著的正向影响（0.131，$p <$ 0.01），说明收入的增加可以提高治病医疗支出水平。（2）治病医疗支出对健康水平具有显著正向影响（0.185，$p<0.01$），说明治病医疗支出的提高可以改善健康状况。（3）Step4 在 Step1 的基础上，将治病医疗支出加进解释变量中，个人收入对健康的影响系数从原来的 0.149 降为 0.126，p 值小于 0.01，依然显著。根据中介效应检验的原理，可以认为，治病医疗支出在个人收入对健康水平的影响中起到了中介作用。

表 8.8　　　　　　　　治病医疗支出在收入与健康之间的中介作用

解释变量	Step 1 健康	Step 2 治病医疗支出	Step 3 健康	Step 4 健康
滞后期收入	0.149 *** (7.04)	0.131 *** (9.44)		0.126 *** (5.97)
治病医疗支出	—		0.185 *** (10.40)	0.173 *** (9.70)
医疗保险	0.098 ** (2.10)	0.142 *** (4.64)	0.093 ** (2.02)	0.073 (1.58)

续表

解释变量	Step 1 健康	Step 2 治病医疗支出	Step 3 健康	Step 4 健康
教育	0.214 *** (4.91)	0.183 *** (6.41)	0.197 *** (4.53)	0.182 *** (4.19)
年龄	0.461 *** (10.01)	0.730 *** (24.13)	0.377 *** (7.99)	0.335 *** (7.03)
是否工作	0.095 (1.66)	0.255 *** (6.99)	0.015 (0.28)	0.050 (0.90)
运动	0.001 *** (2.66)	0.001 *** (2.86)	0.001 ** (2.52)	0.001 ** (2.35)
吸烟	−0.202 *** (−3.01)	−0.046 (−1.06)	−0.213 *** (−3.20)	−0.194 *** (−2.91)
近期是否生病	−0.003 (−0.05)	0.120 *** (3.23)	−0.020 (−0.35)	−0.024 (−0.42)
医疗机构可及性	−0.001 (−0.14)	−0.008 *** (−10.77)	−0.001 (−1.38)	−0.001 (−1.36)

注：*、**、***分别表示 10%，5% 和 1% 的显著性水平。

基于前文的讨论，收入对治病医疗支出的限制现象在低收入人群中较为严重，因此将样本进行收入水平的分类，对于研究"因贫致病"机制具有一定的必要性。表 8.9 为治病医疗支出中介效应分析在不同收入水平样本下的回归结果。

表 8.9　治病医疗支出在收入与健康之间的中介作用(不同收入组样本分析)

解释变量	Step 1 健康		Step 2 治病医疗支出		Step 3 健康		Step 4 健康	
	低收入	高收入	低收入	高收入	低收入	高收入	低收入	高收入
滞后期 收入	0.130 *** (5.21)	0.185 *** (4.73)	0.107 *** (6.85)	0.092 * (1.89)			0.110 *** (4.40)	0.159 *** (4.05)
治病医疗 支出					0.201 *** (8.90)	0.150 *** (5.23)	0.191 *** (8.45)	0.133 *** (4.63)

续表

解释变量	Step 1 健康		Step 2 治病医疗支出		Step 3 健康		Step 4 健康	
	低收入	高收入	低收入	高收入	低收入	高收入	低收入	高收入
医疗保险	0.244*** (4.30)	-0.225*** (-2.78)	0.200*** (5.68)	0.029 (0.48)	0.227*** (4.02)	-0.214*** (-2.64)	0.206*** (3.64)	-0.229*** (-2.84)
教育	0.197*** (3.59)	0.225*** (3.16)	0.155*** (4.56)	0.225*** (4.25)	0.178*** (3.27)	0.215*** (3.02)	0.167*** (3.06)	0.195*** (2.74)
年龄	0.447*** (8.13)	0.465*** (5.51)	0.722*** (21.19)	0.728*** (11.62)	0.345*** (6.11)	0.423*** (4.93)	0.309*** (5.42)	0.368*** (4.25)
是否工作	-0.044 (-0.61)	-0.165* (-1.86)	0.185*** (4.17)	0.357*** (5.42)	0.020 (0.28)	-0.065 (-0.74)	-0.008 (-0.11)	-0.118 (-1.32)
运动	0.002*** (3.26)	0.000 (0.33)	0.001 (2.48)	0.001 (1.30)	0.002*** (3.04)	0.000 (0.41)	0.002*** (2.99)	0.000 (0.20)
吸烟	-0.145* (-1.84)	-0.392*** (-3.04)	-0.044 (-0.90)	-0.039 (-0.41)	-0.146* (-1.87)	-0.441*** (-3.44)	-0.136* (-1.75)	-0.387*** (-3.01)
近期是否生病	-0.044 (-0.62)	0.080 (0.87)	0.143*** (3.23)	0.150*** (1.04)	-0.072 (-1.01)	0.086 (0.94)	-0.072 (-1.01)	0.070 (0.77)
医疗可及性	0.001 (0.48)	-0.002 (-1.09)	-0.007*** (-9.27)	0.008*** (5.86)	-0.001 (-0.60)	-0.003* (-1.76)	-0.001 (-0.62)	-0.003* (-1.66)

注：*、**、***分别表示10%，5%和1%的显著性水平。

从表8.9中可以发现，无论是低收入组还是高收入组，治病医疗支出在居民收入和健康水平之间均起到中介作用。相对于高收入居民，低收入居民收入对治病医疗支出的影响系数更大、显著性更高，表明低收入居民的治病医疗支出更依赖于收入，这与前文结论较为一致。此外我们还发现，低收入居民医疗支出对健康水平的影响系数也比高收入居民更大。因此我们认为，相对于高收入居民而言，低收入居民的治病医疗支出在收入与健康之间的中介效应更强。

在稳健性检验中，我们用自评健康作为健康水平的指标。自评健康定义为：1代表很好，2代表好，3代表比较一般，4代表差。它是一个有序分类变量。面板有序 logit 模型能将离散被解释变量和解释变量联系起来，因此此处采用有序 logit 回归模型进行估计。结果如表 8.10 所示。

表 8.10　　　　　治病医疗支出在收入与自评健康之间的中介作用

解释变量	Step 1 健康	Step 2 治病医疗支出	Step 3 健康	Step 4 健康
滞后期收入	0.109 *** （4.11）	0.102 *** （8.86）		0.118 *** （4.44）
治病医疗支出			−0.075 *** （−3.18）	−0.085 *** （−3.59）
医疗保险	−0.110 ** （−2.00）	0.191 *** （7.87）	−0.060 （−1.10）	−0.095 * （−1.71）
教育	0.085 *** （3.66）	0.066 *** （6.31）	0.106 *** （4.59）	0.090 *** （3.88）
性别	−0.178 （−1.53）	0.122 * （1.72）	−0.159 （−1.44）	−0.166 （−1.52）
年龄	−0.580 *** （−15.41）	0.033 ** （2.02）	−0.568 *** （−15.10）	−0.578 *** （−15.36）
是否工作	0.099 （1.57）	1.117 *** （4.23）	0.122 * （1.94）	0.089 （1.42）
地区	0.375 *** （11.46）	0.455 *** （30.90）	0.430 *** （12.50）	0.413 *** （11.99）
运动	0.003 *** （5.12）	0.001 *** （4.68）	0.003 *** （5.49）	0.003 *** （5.29）
吸烟	−0.351 *** （−4.78）	−0.024 （−0.78）	−0.328 *** （−4.50）	−0.349 *** （−4.77）
近期是否生病	−1.826 *** （−23.58）	0.163 *** （5.05）	−1.912 *** （−23.36）	−1.814 *** （−23.40）
医疗机构可及性	−0.003 * （−1.76）	0.006 *** （10.35）	−0.002 （−1.40）	−0.002 （−1.40）

注：* 、** 、***分别表示 10%，5%和 1%的显著性水平。

从表 8.10 可以看出，收入对自评健康有显著正向影响，收入对治病医疗支出也有显著正向影响，将收入和治病医疗支出同时加入模型时收入的系数依然显著为正。所以认为治病医疗支出中介效应仍然存在。但治病医疗支出对自评健康的系数显著为负，可能的解释为自评健康的主观性较强，随着医疗支出的增加，个人对健康状态有了更高的期待，因此当理想健康状况难以满足时往往会降低自评健康等级。

8.5.3　收入对治病医疗支出影响的调节因素

前文的分析表明，低收入居民的治病医疗支出严重受到收入的限制，而治病医疗支出又是收入影响健康水平的渠道之一。因此，提高低收入居民健康状况有两种方式，一种是提高收入，另一种是缓解收入对治病医疗支出的限制作用。本小节遵循后一种方式的思路，意在寻找能够调节收入对治病医疗支出影响程度大小的因素。

医疗保险是为补偿健康风险造成的经济损失而建立的一项社会保险制度。在我国，基本医疗保险制度的建立和实施集聚了单位、社会成员和政府的经济力量，可以帮助患病的社会成员减轻医疗费用负担。考虑到医疗保险的以上特点，我们选取医疗保险为研究对象，研究是否能减弱我国低收入群体收入对治病医疗支出的影响程度。

除了医疗保险，居民所生活社区的公共医疗卫生服务也可能影响到治病医疗支出对收入的依赖性。我们选取 CHNS 社区水平城市化指数中的健康质量得分和卫生得分代表居民生活环境的公共医疗卫生建设水平，如果能证明公共医疗卫生建设在收入和治病医疗支出之间发挥了调节作用，我们就能为低收入人群的医疗减负提出加大公共健康投资的政策建议。

表 8.11 为检验医疗保险（M1）和公共医疗卫生建设（M2 和 M3）调节作用的模型回归结果。由于前面实证观察得到，不同收入的样本治病医疗支出的决定性因素有所差异，收入对治病医疗支出的限制是低收入群体亟待解决的难题，故本小节针对低收入样本进行回归。其中收入和治病医疗支出均取对数处理。Hausman 检验的结果表明选择固定效应模型更优，因此随机效应模型的结果不予赘述。

表 8.11　　　　医疗保险与公共医疗卫生建设的调节作用(低收入样本)

解释变量	治病医疗支出		
	模型 1	模型 2	模型 3
收入	0.139 *** (11.36)	0.122 *** (10.47)	0.101 *** (8.31)
医疗保险	0.550 *** (2.47)		
医疗保险×收入	−0.049 * (−1.78)		
健康质量		−0.010 * (−1.94)	
健康质量×收入		−0.023 ** (−2.37)	
卫生			0.095 *** (15.51)
卫生×收入			−0.029 *** (−2.93)
BMI	0.083 *** (16.60)	0.083 *** (16.57)	0.073 *** (14.69)
年龄	0.793 *** (39.34)	0.793 *** (39.28)	0.708 *** (34.53)
教育	0.250 *** (11.14)	0.249 *** (11.10)	0.223 *** (10.02)
是否工作	0.171 *** (7.51)	−0.169 *** (−7.40)	−0.133 *** (−5.87)
医疗机构可及性	0.004 *** (10.17)	0.004 *** (10.23)	0.004 *** (10.58)

注：* 、** 、***分别表示 10%，5%和 1%的显著性水平。

首先，三个回归方程中，收入对治病医疗支出的系数都显著为正。在控制了其他可能影响病后医疗支出的变量，如健康状况、年龄、受教育程度、工作状态、医疗可及性等指标后，关注所考察的因素与收入的交乘项系数。模型 1 中，我们发现是否参加医疗保险和收入的交乘项为-0.049，在10%的水平下显著，因此认为参加医疗保险能够显著降低收入对治病医疗支出的正向影响程度。对于低收入居民来说，收入的减少会使得他们降低治病医疗支出，但参加医疗保险能使这种治病医疗支出的降低幅度变小。因此可以认为，参加医疗保险能够减轻低收入居民治病医疗消费需求对于预算约束的依赖。模型2中健康质量指数与收入的交乘项、模型3中卫生指数与收入的交乘项均至少在5%水平下显著为负。因此我们认为以健康质量和卫生条件刻画的公共医疗卫生建设水平的提高，能有效减轻低收入居民的治病医疗支出对于其经济预算约束的依赖性。其中的原因可能是政府公共健康投资增加使得地区医疗保障体系更加完善，覆盖面扩大，覆盖力度加强，因此更多低收入居民变得"看得起病"，不再因经济拮据而"小病拖、大病熬"。

其次，我们观察到健康质量指数的系数在10%水平下显著为负，卫生指数的系数在1%水平下显著为正，这可能对应着政府公共卫生支出对居民医疗保健消费影响的两个方面：一方面，随着公共卫生支出的增加，医疗保障体系得到完善，为寻求基本医疗卫生服务所需支付的费用下降，居民个人治病医疗支出减少；另一方面，居民基本医疗卫生需求得到满足会促使其实现潜在更高的需求，从而表现为更高的医疗支出。

综合以上分析认为，提高医疗保险参与度、加大对贫困地区的公共健康投资，不失为一种医疗减负的有效手段。

8.6 结论与政策建议

本章回顾和借鉴了前人的研究成果，利用中国健康与营养调查面板数据，围绕我国居民收入、医疗支出和健康水平的关系进行了实证分析，以下是相关研究结论的总结：

首先，居民的健康水平和治病医疗支出皆与收入水平正相关。而影响治病医疗支出的主要因素更多地表现为经济上的预算约束，而非健康状况所代表的消费需求。

其次，居民收入和健康对私人治病医疗支出的影响效果在不同的收入层次有不同的表现：对于低收入居民来说，个人收入受到冲击时他们会显著减少用于治病的医疗支出，而健康状况并不显著影响他们的治病医疗支出水平；对于高收入居民则相反，他们的治病医疗支出更多地取决于健康水平。

再次，在我国，治病医疗支出是居民收入对健康水平的影响渠道之一。本章发现治病医疗支出是居民收入影响健康水平的中介变量，收入的提升能够提高我国居民的治病医疗支付能力，进而改善居民的健康水平。并且相对于高收入居民，治病医疗支出的这种中介效应在低收入居民群体中的体现更加明显。

最后，对于低收入居民，参加医疗保险，居住地公共医疗卫生水平改善均能有效减弱其治病医疗支出对收入的依赖性。因此认为帮助低收入居民摆脱"因贫致病"困境的方法，除了努力提高其收入水平，还可以通过提高医疗保障水平，加大公共健康投资的方式减轻其医疗负担。

据此，本章提出如下政策建议：第一，加大扶贫力度，协助落后地区人民走出贫困与健康陷阱。通过着力促进就业创业、合理调整社会最低工资标准、完善机关事业单位工资和津补贴制度、提高个人所得税起征点等途径，鼓励人民群众通过劳动增加收入、走出贫困、迈向富裕。第二，调整公共健康投资结构，补齐基础设施和公共服务短板，完善农村医疗公共服务，改善供水、供电等基础设施。通过加强医疗保障体制的建设，削弱居民医疗支出对自身收入的强依赖性，有助于打破"因病致贫，因贫返病"的恶性循环，减轻居民医疗负担，提高健康水平。

9 代际视角下的儿童健康问题

自中华人民共和国成立以来，国民体质与健康受到广泛关注，儿童作为中国发展的未来和希望，其健康成长与国家的未来和民族的传承息息相关。儿童的健康问题关系到一个家庭的幸福和谐，也是整个国家和社会关注的焦点。一般认为，儿童的健康会对儿童成年后的发展有着重要影响，同时也会影响父母的身心健康和福利。

本章以儿童健康为出发点，从文献视角讨论了儿童健康的影响因素，儿童健康对自身未来的发展和社会经济地位等的影响，以及儿童与父母之间的反向代际溢出效应，例如儿童健康对父母心理健康及劳动力供给、婚姻关系等的影响，最后文献总结儿童早期保险医疗补助计划等相关政府政策对家庭的影响。

9.1 儿童健康的影响因素

经济学家认为，儿童健康受其出生时的健康状况和后天培养及环境的影响。而后天的培养和生活环境则极大地受限于家庭收入。家庭收入的差异可能导致儿童健康的差异。在低收入家庭中，预算约束使贫困的家庭不会进行相关健康投资，或者在面临疾病时更不积极治疗以及投入资金（Aizer，2017）。并且对于低收入家庭而言，其居住环境往往要比高收入家庭更差，从而导致子女更容易患上慢性病。就居住环境而言，在含有污染、噪声、环境毒素和拥挤的区域，低收入家庭更能负担得起。但常年暴露在社区暴力、拥挤、噪音等环境下，儿童的健康也变得更差。此外，父母的行为也会对儿童健康造成影响，例如吸烟、酗酒、压力和心理健康等，贫困地区的儿童更容易遭受虐待和家庭暴力，父母（尤其是母亲）的精神状况和压力也对孩子的心理健康、智商和教育成就有显著的负面影响。

母亲的各项个体体征，如健康、生活习惯、收入和受教育程度等直接影响到婴幼儿的健康状况。

　　早在 1939 年 Bakwin 就通过研究发现，孕妇的营养状况会影响婴儿出生体重，当母亲健康状况较弱，尤其是营养不足时，胎儿的健康便无法保证。之后的大量研究也证实了母婴之间的代际健康联系：Stein 等（1975）以 1944—1945 年被德国占领的荷兰为研究背景，在人们日均卡路里摄入量由 1200 降至 800 的情况下，此间出生的婴儿存在体重偏轻和更容易出现中枢神经紊乱的症状。同样的背景下，Painter，Roseboom 等（2005）发现他们在成年后的健康状况不及常人。为改善婴儿出生时的健康，美国于 1974 年实施了 WIC（妇女、幼儿和儿童的特别补充营养）计划，其结果明显提升了孕妇及儿童健康。Bitler，Currie（2005）对 WIC 的研究数据表明，参加该计划的新生儿进入紧急监护室的比率下降了 14%，出生体重较轻的幼儿下降了 29%。East，Miller 等（2017）通过一组对孕期妇女和胎儿的健康干预实验，证明较之于参照组，实验组婴儿的平均出生体重更高，低出生体重的发生率更低。可见母亲的健康状况与新生儿健康息息相关。Persson 和 Rossin-Slater（2018）的最新研究表明，母亲孕期所受的心理压力和情绪状态不仅影响子代的出生体重，还会影响其心理健康。穷人暴露于更大的压力环境是代际贫困持续的根源之一。除了孕期的营养和健康状况外，母亲的饮酒、吸烟等不良生活习惯对胎儿也会造成不可逆的影响（Strandberg-Larsen 等，2009）。

9.2　儿童健康对其自身的后续影响

　　James（2009）提到，儿童时期的健康程度会影响成年时期的发展轨迹和健康水平。一个人在童年时期的健康水平会对成年后的健康、个人收入、家庭财富、社会经济地位等有着持久影响（Anne，Angela，Christina，2005）。James 利用 PSID 数据跟踪了一组儿童和他们的父母，估算儿童时期健康状况不佳对成年期社会经济地位包括教育、收入和财富在内的一系列成人结果的影响。研究发现，一个人在童年时期的总体健康状况似乎对几个显著的成年社会经济结果（如劳动力市场上的个人能力、家庭总收入和财富等）有显著的直接和间接影响。

　　儿童时期健康状况较差的更倾向于获得较低的学历和学业完成水平，而学业水平与成年后的个人收入存在正向关联。Currie，Hyson(1999)利用英国国家儿童发展调查数据，研究发现低出生体重的新生儿，在未来教育以及收入方面不及正常出生体重的婴儿。随后 Karlsson 和 Nilsson(2014)以瑞典为背景的研究验证了 Currie 和 Hyson 的结论。Currie 和 Moretti(2007)的研究表明，出生体重较轻的女性更容易变得贫困和接受更低程度的教育，而且这一影响更明显体现在低收入家庭样本中。Bharadwaj，Lundborg 等(2017)利用 1973—1982 年的双胞胎数据，分析个体出生体重对其日后发展的长期影响。研究表明：新生儿体重提高 10%，其高中毕业的可能性会提高 10%。对女性而言，刚出生体重对其日后收入有显著且持续的正向影响；对男性而言，50 岁之前，刚出生体重对其日后收入有正向影响，50 岁之后，这种影响下降。Figlio(2014)表明，婴儿健康状况较弱的个体，在认知能力方面存在缺陷，不利于接受学校教育，从而使得人力资本积累较差。Currie，Moretti(2007)，Oreopoulos，Stabile(2008)也纷纷证实了婴儿出生时的体重对其今后接受教育产生了显著的影响(类似结论参见 Black，Devereux，Salvanes，2007；Royer，2011 等)。

Heckman 等(2010a)和 Conti 等(2012)则论证了早期教育对成年后就业、收入、婚姻等的影响。各项针对学龄前儿童和孕期妇女的健康干预政策及福利项目的效果评估表明：生命早期阶段的健康干预措施会对儿童认知能力和学业成绩进而未来的收入状况产生影响(Frankenberg & Thomas，2017；Prashant，Katrine & Christopher，2013 等)。

另一种导致未来收入减少的途径是，儿童健康不良的长期影响可能导致成年后健康状况较差，从而限制或者减少了其在工作上的精力和努力，导致其劳动力供应不足。Kermack，Kendrik，McKinlay(2001)提出了早期健康冲击不仅会影响当期的健康状况，并且会一直持续下去。在 Saldarriaga(2015)对拉丁美洲的研究中发现，出生体重较轻的婴儿在五岁前的 Z-score 中得分、体质指数普遍低于平均值，且患慢性营养不良的可能性上升，类似结论还可参见 Almond，Currie(2010)。Bharadwaj，Lundborg 等(2017)也认为体重对收入产生负向影响的渠道之一来自出生体重较轻所导致的健康问题。

此外，较差的儿童健康状况也可能通过婚姻市场产生影响。童年不健康的历史(尤其是对健康造成持久后果的情况下)，使得其寻找到的伴侣是不健康者或者收入较低者的可能性增加，从而导致其家庭财富较低。

9.3 反向代际溢出效应

目前人们普遍认可代际存在较大的联系，但大量研究是基于父母对下一代的影响进行的。国内外大量文献研究的往往是父母对孩子的影响机制传导即正向溢出效应，而对于子女如何影响父母的反向溢出效应的研究较少。目前国内也有部分学者关注健康与代际的关系，但往往是由父母到孩子的正向溢出。关于儿童健康对于父母影响的逆向代际效应的研究则更为稀缺。Walter 等（2017）对兄弟姐妹间的水平溢出效应以及子女对父母间的向上溢出效应研究方向进行了探讨。在社会和家庭中，子女和父母之间存在着最为紧密的联系，子女占据了父母很大一部分时间和精力，甚至在一定程度上也是父母工作的动力来源和幸福生活的重要来源之一。研究儿童健康对父母的影响具有十分重要的社会意义。

9.3.1 反向代际健康影响

吕利丹（2016）提出，家庭照料具有正外部经济效应和溢出效应。照顾儿童的社会回报率往往高于家庭私人回报率。由于父母没有对子女财富和收入的支配权和所有权，他们不能完全收回对子女投入所产生的回报。而照顾子女的成本和机会成本越高，对于父母而言，其社会回报率和家庭私人回报率的差距就越大。简而言之，照顾子女付出的代价越大，也意味着父母自身的福利损失越大。

家庭保健是家庭工作的重要部分，儿童的健康问题对于父母在心理上具有直接的影响。父母与儿童之间存在着极其强烈的情感联系。社会上普遍认为，母亲承担了更多的育儿责任。母亲在保持和保护孩子的健康方面扮演着至关重要的角色，母亲对于孩子健康状况更加敏感和在意。当孩子出现健康问题时，母亲的情绪会直接受到较大的影响（Deborah，2013）。家庭照料责任还会对照料者的心理和身体健康状况产生负向影响。在母亲面临家庭照料责任和就业冲突时，很可能以牺牲个人时间为代价同时承担两份责任，严重挤压自身闲暇时间，造成女性的"时间贫困"，致使女性的生活质量和福利受损（Floro，1995）。

与健康状况良好的儿童的父母相比，有特殊健康需求儿童的父母压力和紧张程度更高，精神更加疲惫。Garwick（2002）等人探讨了青少年前期慢性疾病的不确定性程度与家庭困境之间的关系，采用协方差分析和分层分析比较的方法，发现青少年疾病发病的不确定性与父母的精神压力和紧张程度之间具有显著的相关性。与健康儿童相比，预期寿命和症状都可预测的儿童的父母亲的精神压力和家庭痛苦比较大，而孩子预期寿命和症状都不可预测的父母的精神压力和家庭痛苦则更为严重。

9.3.2　儿童健康状况对父母劳动力供给的影响

家庭生活会影响工作表现，但对于家庭生活对工作表现到底是如何产生影响以及影响的正负性和大小程度仍未有定论。Grzywacz 等（2005）基于努力-工作恢复模型（effort-recovery，EU），通过对美国农村成年人家庭工作的考察，研究了儿童健康与其父母工作表现之间的关系。基于 EU 模型，他们研究发现，没有任何证据表明儿童疾病加重会对父亲和母亲造成工作表现上的差异，并且儿童疾病加重与父母的工作表现之间的联系也不是通过影响他们的身体状况这一机制来影响的，而更可能是通过影响他们的精神健康来影响工作表现的。

儿童健康状况不佳还会给母亲带来时间和经济上的限制，从而影响她们的劳动力供应，导致家庭收入降低，并最终影响到孩子可获得的经济资源。儿童的健康问题还可能增加儿童护理的费用，为了节省儿童护理的成本也可能会降低母亲的劳动力参与率。Corman 等（2005）研究了儿童健康状况不佳对儿童可获得的一个潜在经济来源——母亲的劳动力供应的影响。研究发现，如果孩子的健康状况不佳，母亲工作的可能性平均会降低 8%。而幼儿健康状况不佳会使雇用妇女的工时每周减少 3 小时以上。并且，儿童健康状况不佳会使 21 岁或 21 岁以上母亲的就业可能性降低 11% 以上，但对年轻母亲没有显著影响。儿童健康状况不佳使受过高中教育而没有上过大学的母亲的就业可能性减少了 19%，但对没有完成高中教育的母亲和至少上过一些大学的母亲影响不大。这些结果表明，在具有足够的工作技能和高工作倾向但收入能力相对中等的母亲中，儿童健康不良对年龄较大、未婚、受过高中教育但没有上过大学的母亲的影响最大。

许多发达国家的学者估算了妇女因生育和照料孩子减少就业或丧失职位晋升机会造成的收入损失，这在文献中被形象地称为"妈咪税"（Zelizer，2002）。照料的初始阶段对女性有偿劳动供给的影响非常显著,工作时间出现明显下降。还有研究发现家庭照料对女性劳动供给存在长期的影响,家庭照料负担通常导致女性减少有偿劳动参与时间,甚至中断有偿劳动参与。Pavalko 和 Artis(1997)的研究显示,当在早期或者在就业黄金期时的女性开始成为提供照料的主体以后,其减少劳动时间或者离开劳动力市场的概率就大大增加,即便她们后来中止了无偿照料工作重新投入劳动力市场,也很难恢复到之前的就业水平。在有偿工作上的减少将转化为短期的工资损失,也可能是长期的养老金收入减少。这些负面影响累加可能会导致女性在老年陷入贫困或者更差的健康状况中。

Powers(2001)研究了儿童残疾对父母劳动力供给的影响,发现儿童残疾对母亲的劳动力参与有显著负面影响。有残疾的儿童可能更需要父母投入更多的时间,因其难以或者无法获得较为合适的儿童护理。这可能导致父母,特别是从事第二职业的妻子,或有其他收入来源(如福利)的女性花在有偿工作上的时间减少。DeRigne 和 Porterfield(2017)分析了有特殊保健需求儿童(CSHCN)的已婚父母的工作决策。他们采用医疗支出小组(MEPS)调查的数据来检查父母工作状况变化的具体情况,并比较了在有无家庭健康保障网络的家庭中父母对家庭和工作之间的权衡。结果表明,没有的家庭和虽然有 CSHCN 但同时有医疗之家的家庭之间的工作变化没有什么区别。与不需要儿童保健需求的父母相比,有儿童保健需求的父母中至少有一人(更可能是母亲)可能会停止工作,并经历一轮或多轮失业。由此可见,医疗之家减轻了父母在就业变化上的消极程度,有利于父母的工作决策。DeRigne 和 Porterfield 的研究肯定了医疗之家为父母提供了重要的支持,并且扩大了他们在就业决策上的选择。医疗之家的存在促进了母亲的就业,并减少压力水平。工作为许多患有儿童健康综合征的母亲缓解了照顾所带来的压力(Morris,2014)。

Mundbjerg 等(2021)就儿童健康对父母的劳动力供给进行了分析与研究。他们利用儿童期 1 型糖尿病(T1D)的发病来估计儿童期健康冲击对父母劳动力供应的影响。相较于健康家庭,子女确诊疾病时,对父母的劳动力供给都受到影响。研究表示,儿童患病对于父亲的工资和劳动力供给影响较小,而对于母亲的工资和劳动力供给影响更大更剧烈,因为母亲传统上承担更多照顾子女的义务和责任。孩子在确诊疾病后,母亲转为兼职工作的倾向更大并且工资收入也明显更低。并且母亲的心理健康受到的负向影响更大更严重。Corman(2021)和庄雅娟(2019)等人指出,当子女健康状况不佳时,母亲会投入更多时间去照顾子女,导致其工作时间明显减少,抑制了其参与劳动力市场的能力,从而导致家庭收入较低。

鲜有研究表明父亲的就业变化受到儿童健康的影响。近年来,父母在育儿方面的不平等性被反复提及。父亲与母亲需要更为平等地共同承担在养育子女、家务劳动等方面的责任。具有平等养育观念的年轻男性在成为父母后会减少他们的工作时间,更多地与母亲共同承担养育的责任(Kaufman & Uhlenberg, 2000)。DeRigne 和 Porterfield 在研究中发现,父亲的工作努力程度与年龄以及对父母分工观念有关。当母亲因为家庭而减少了工作时间时,父亲也很可能会减少工作时间。这些发现支持 Noonan(2005)的儿童健康会对父亲就业产生负向影响的研究结论。Noonan 等通过估计双变量概率模型来检验儿童健康的内生性。结果发现,年幼的孩子健康状况不佳会使父亲受雇的可能性降低4%。但对于父亲的劳动力供给以及工资收入等与孩子健康的相关程度,仍然需要更多的研究予以证明。Eriksen 等(2021)的研究则表明,子女健康状况下降对父亲工作工资影响较小,其压力表现也不明显。

9.3.3　儿童健康对父母婚姻关系的影响

儿童健康对于父母之间的亲密关系也可能会产生影响,Reichman,Hope 和 Kelly(2004)对此进行了研究。他们调查了父母在孩子出生后 12~18 个月的关系变化。结果表明如果孩子健康状况不佳,父母住在一起的可能性会降低10%,并且其父母亲出现争吵分离决裂的概率有显著上升。同时,儿童健康状况也通过影响父母之间关系从而影响父母的收入。

Kvist 等人(2013)发现,在孩子出生 10 年后,被诊断为注意缺陷多动障碍(ADHD)的孩子的父母解除婚姻关系的可能性高达75%,劳动力供应减少7%~13%。虽然这部分可能是由于社会经济背景和心理健康的差异引起的,但结论仍能表明,因患有 ADHD 而健康状况不佳的儿童降低了父母的社会经济地位(SES),父母的劳动力供应比其他父母少,其婚姻关系比其他父母更不稳定。

9.4　儿童健康干预政策

完善的医疗保障制度是促进儿童健康的重要支撑，儿童医疗保障直接影响儿童生存权和发展权，事关家庭和整个社会稳定。目前中国儿童医疗保障并没有专门的独立政策。通过对国外儿童医疗保障政策的制度分析，可以从中得到关于中国儿童医疗保障政策的一些启示，进一步完善政策制定、政策实施、政策评估和政策发展等。

关于医疗保险是否能够影响健康，国内外学者进行了大量研究。许多研究表明，医疗保险可以对特定人群的健康造成影响。Grossman，Trillo，and Willage（2021）研究了儿童健康医疗保险对母亲福利的影响。儿童健康医疗保险可以帮助减少家庭在医疗方面的费用和成本，降低经济负担，减少了压力尤其是母亲的压力。母亲的心理健康改善来自其子女因拥有医疗保险而减少的家庭财务风险以及子女健康状况的改善。Grossman 等人通过对母亲的一系列变量研究得出，儿童获得医疗补助资格的增加会使母亲压力减小，心理状况得到改善，更为健康地生活。但其减少劳动参与率和维持婚姻的行为对于自身福利的影响仍未可知。而在关于父亲福利的分析方面，缺乏相关研究和探讨。

Lindley 和 Mark（2010）利用美国 2005—2006 年全国特殊卫生保健需求儿童调查（Children with Special Health Care Needs，CSHCN）数据进行的分析表明，达到一定程度的 SHCN 儿童的医疗保健支出会对家庭经济负担造成影响。家庭所感知的经济负担，随着支出的增加而增加。此外，社会经济地位较低的家庭即使在支出水平较低时也会感受到经济负担。因此医疗保健支出可能是家庭压力来源之一。Miedema 等（2008）通过对患有癌症的儿童所在的家庭受到的经济影响的研究，提出疾病造成的经济负担可能会对整个家庭的经济稳定、生活质量和未来福祉产生长期影响。

Yu，Andrew 和 Dick 研究（2008）表明，有 CSHCN 的家庭的经济负担超过其家庭收入 10% 的风险在增加。保健费用的增加增加了 CSHCN 家庭的经济负担。但保险为应对 CSHCN 家庭迅速上涨的医疗费用提供了更好的经济保障，并且公共保险比私人保险效果更好。Wehby（2014）研究了四个南美洲国家的儿童健康保险和促进儿童发展的家庭活动之间的关系。参保儿童的父母可以获得儿童护理和发展的相关知识，或者听从建议对儿童早期进行发育问题的筛查以保证其健康发育等。研究发现，保险覆盖率的增加与促进儿童发展的家庭活动的增加有着正向的关联。Wendy 和 Susan（2009）研究了有特殊保健需要的儿童家庭的财政和就业问题，结果表明护理和卫生保健政策以及机构与家庭的有效结合可以缓解和改善家庭财务状况。

　　Skinner 和 Slifkin（2007）针对有特殊保健需要的儿童在护理障碍和负担方面的城乡差异进行了分析。结果表明，农村 CSHCN 家庭的护理负担既源于社会经济差异，也源于卫生系统差异。政策的全面覆盖性以及有效实施程度，对儿童健康产生较大影响。Chen 和 Paul（2006）也发现，保险覆盖大大降低了各个收入水平家庭出现财务问题的可能性。持续的健康保险覆盖范围在一定程度上减缓了所有收入群体的 CSHCN 家庭的经济负担和困难。其中，有经济困难的低收入家庭比例从 44.9% 降至 24.5%，贫困家庭比例从 35.7% 降至 23.0%；并且低收入家庭的父母减少或停止工作的比例从 43.5% 降至 33.9%，贫困家庭的父母减少或停止工作的比例从 42.8% 降至 35.9%。这一研究为促进 CSHCN 全民覆盖的政策提供了有力支撑。然而，尽管有保险，许多贫困和低收入家庭仍然面临失业和经济问题。医疗保险本身不应被视为贫困和低收入的一种解决方案，而应被视做为 CSHCN 家庭提供财务安全的综合战略的一个要素。

　　国内对于健康不平等以及偏远地区留守儿童健康状况的研究较多，并且对于影响儿童健康的因素有多方面的见解和研究，但直接研究医疗保险对儿童健康影响的文献较少。刘玮等（2016）采用多阶段分层整群随机抽样方法，用不同指标来衡量儿童长期和短期的健康水平，使用二阶段最小二乘模型（2SLS）和二元选择模型来分别估计医疗保险对儿童长期健康以及短期健康的影响。工具变量的选取为不同省份全体人群参加医疗保险比例以及儿童所在家庭的边际税率。经过计量分析，刘玮等人发现我国医疗保险对于儿童的长短期健康都有显著的正向影响。而随着健康水平的好转，医疗保险对健康的促进作用在逐渐递减，并且医疗保险对儿童健康的影响在年龄、性别、城乡、区域及家庭收入等方面存在着差异。庄雅娟（2019）提到，子女健康状况下降可能会显著增加父亲的工作时间，并且儿童是否参保对父母劳动力供给没有明显调节作用，少儿医保在我国并未发挥其真正功效。

9.5　小结

　　健康标志着社会的整体进步，是个人和社会共同追求的重要目标。儿童的健康关系到我国未来的劳动力素质及整体人口质量。儿童健康对于个体而言，通过影响自身生长发育，直接影响到成年期的身体健康，并由此对成年的劳动力供给以及工资和社会地位产生影响，同时，儿童健康还通过教育直接或间接地影响到成年期的发展状况。幼儿期的儿童健康受到自身遗传以及外在社会环境和父母经济地位及实力的影响。父母与儿童之间的代际关系是最亲近、最紧密的社交关系之一。儿童身体状况也可能对父母造成影响。不健康的儿童需要父母更多的关心和照料，从而可能影响父母的劳动力供给和工资水平。同时，治疗疾病的费用也对家庭经济压力产生一定影响，影响程度与疾病轻重和所需费用相关，甚至会使父母在未来长期处于较差经济状况。此外，儿童的健康状况也会对父母的精神和心理层面产生影响，例如，带病儿童的父母的精神压力往往较大，更容易陷入焦虑、担忧和悲伤等负面情绪。对于美国的医疗保健政策效用评估的研究表明，儿童的医疗保健政策和社会医疗护理会在一定程度上减轻父母的经济负担。在国内，对于儿童与父母的代际效应的相关研究较少，儿童健康对于父母的影响尚不明晰。儿童的健康关乎家庭和社会的稳定与发展。随着我国三孩政策的放开，研究我国儿童健康对其自身及其父母的各方面影响显得尤为重要，对于未来国家相关医疗保险政策的制定具有极大的参考意义。

参考文献

[1] 柴国俊，邓国营．大学毕业生性别工资差异与行业隔离．妇女研究论丛，2013(1)：100-109.

[2] 蔡宏波，叶坤，万海远．鱼和熊掌不可兼得？——生育影响住房需求的理论与实证分析．经济科学，2019(4)：92-104.

[3] 常敬一．农村居民医疗支出影响因素定量分析．当代经济管理，2013(6)：48-50.

[4] 陈爱丽，郑逸芳，许佳贤．教育能促进社会阶层代际流动吗？——基于中国综合社会调查(CGSS)的经验证据．教育与经济，2019(6)：27-34.

[5] 陈斌开，杨汝岱．土地供给、住房价格与中国城镇居民储蓄．经济研究，2013(1)：110-122.

[6] 陈建宝，段景辉．中国性别工资差异的分位数回归分析．数量经济技术经济研究，2009(10)：87-97.

[7] 程璆，郑逸芳，许佳贤．家庭禀赋、结构制约与已婚女性劳动供给——基于2010年中国综合社会调查数据的分析．劳动经济研究，2017(2)：80-95.

[8] 邓浏睿，周子旋．基于"全面二孩"政策下的房价波动、收入水平对生育行为的影响研究．湖南大学学报(社会科学版)，2019(6)：71-77.

[9] 邓志强．青年的阶层固化："二代们"的社会流动．中国青年研究，2013(6)：5-10.

[10] 方迎风．行为视角下的贫困研究新动态．经济学动态，2019(1)：131-144.

[11] 方迎风，黄仁豪．房价上涨会影响居民社会地位的主观评价吗？财贸研究，2021(4)：44-54.

[12] 方迎风，张芬．邻里效应作用下的人口流动与中国农村贫困动态．中国人

口·资源与环境，2016(1)：137-143.

[13]高梦滔，和云，师慧丽．信息服务与农户收入：中国的经验证据．世界经济，2008(6)：50-58.

[14]高文涛，郝文武．教育对村民脱贫致富究竟有多大作用——丝路沿线国家级贫困县村民脱贫致富与受教育状况关系调查研究．教育与经济，2018(6)：25-32，64.

[15]甘犁，赵乃宝，孙永智．收入不平等、流动性约束与中国家庭储蓄率．经济研究，2018(12)：34-50.

[16]葛玉好．工资分布的性别差异：分位数分解方法．上海经济研究，2007(4)：22-30.

[17]葛玉好，曾湘泉．市场歧视对城镇地区性别工资差距的影响．经济研究，2011(6)：45-56.

[18]葛玉好，张雪梅．房价对家庭生育决策的影响．人口研究，2019(1)：52-63.

[19]郭凤鸣，张世伟．性别工资差异缘何扩大？——基于职业分割的分析视角．世界经济文汇，2012(2)：43-59.

[20]郭凯明，颜色．性别工资差距、资本积累与人口转变．金融研究，2015(8)：13-30.

[21]郭英彤．收入不确定性对我国城市居民消费行为的影响——基于缓冲储备模型的实证研究．消费经济，2011(6)：52-56.

[22]贺光烨，吴晓刚．市场化、经济发展与中国城市中的性别收入不平等．社会学研究，2015(1)：140-165，245.

[23]侯利明，秦广强．中国EGP阶层分类的操作化过程——以中国综合社会调查(CGSS)数据为例．社会学评论，2019(2)：16-26.

[24]胡佩，王洪卫．住房价格与生育推迟——来自CGSS微观数据的证据．财经研究，2020(4)：79-93.

[25]黄志岭，姚先国．教育回报率的性别差异研究．世界经济，2009(7)：74-83.

[26]计迎春，郑真真．社会性别和发展视角下的中国低生育率．中国社会科学，

2018（8）：143-161.

[27] 贾男，甘犁，张劼．工资率、"生育陷阱"与不可观测类型．经济研究，2013（5）：61-72.

[28] 江求川，任洁，张克中．中国城镇居民机会不平等研究．世界经济，2014（4）：111-138.

[29] 靳天宇，刘东浩．房价对城市人口出生率的影响——基于中国省级面板数据的分析．山东社会科学，2019（1）：176-181.

[30] 李春玲．教育不平等的年代变化趋势（1940—2010）——对城乡教育机会不平等的再考察．社会学研究，2014（2）：65-89.

[31] 李春玲．中国社会分层与流动研究 70 年．社会学研究，2019（6）：27-40，243.

[32] 李昊．人口老龄化、医疗负担与微观人力资本投资．统计与决策，2021（2）：88-92.

[33] 李江一．高房价降低了人口出生率吗？——基于新家庭经济学理论的分析．南开经济研究，2019（4）：58-80.

[34] 李路路，朱斌．当代中国的代际流动模式及其变迁．中国社会科学，2015（5）：40-58，204.

[35] 李培林，李强，谢立中等．改革开放 40 年与中国社会发展．财经智库，2019（1）：35-65，144.

[36] 李强．当代中国社会分层．北京：生活·读书·新知三联书店，2019.

[37] 李实，马欣欣．中国城镇职工的性别工资差异与职业分割的经验分析．中国人口科学，2006（5）：2-13，95.

[38] 李实，宋锦，刘小川．中国城镇职工性别工资差距的演变．管理世界，2014（3）：161-180.

[39] 李汪洋，谢宇．中国职业性别隔离的趋势：1982—2010．社会，2015（6）：153-177.

[40] 李晓嘉，蒋承．生命周期视角下的城镇居民消费行为——基于全国微观数据的实证分析．浙江社会科学，2015（2）：11.

[41] 李勇刚，李祥，高波．房价上涨对居民生育行为的影响研究．湖南师范大学

社会科学学报，2012(6)：99-103.

[42]李勇辉，温娇秀．我国城镇居民预防性储蓄行为与支出的不确定性关系．管理世界，2005(5)：14-18.

[43]李子联．收入与生育：中国生育率变动的解释．经济学动态，2016(5)：37-48.

[44]廉思，赵金艳．结婚是否一定要买房？——青年住房对婚姻的影响研究．中国青年研究，2017(7)：42-49.

[45]林相森，舒元．我国居民医疗支出影响因素的实证分析．南方经济，2007(6)：22-30.

[46]陆铭，张航，梁文泉．偏向中西部的土地供应如何推升了东部的工资．中国社会科学，2015(5)：59-83，204-205.

[47]陆学艺．当代中国社会十大阶层分析．学习与实践，2002(3)：1，55-63.

[48]罗凯．房价上涨对城镇居民生育意愿的影响．四川：西南财经大学，2019.

[49]雷晓燕，许文健，赵耀辉．高攀的婚姻更令人满意吗？婚姻匹配模式及其长远影响．经济学(季刊)，2014(4)：31-50.

[50]黎攀，方迎风．减贫政策的选择与比较分析研究．学术研究，2016(2)：103-110.

[51]刘军岭．房价、住房产权条件与城镇居民社会信任．现代财经(天津财经大学学报)，2017(2)：26-38.

[52]刘灵芝，范俊楠．基于不确定性视角中国城乡居民消费行为的差异分析．中国农业大学学报，2015(4)：256-262.

[53]刘灵芝，潘瑶，王雅鹏．不确定性因素对农村居民消费的影响分析——兼对湖北省农村居民的实证检验．农业技术经济，2011(12)：61-69.

[54]刘娜，Anne de Bruin．家庭收入变化、夫妻间时间利用与性别平等．世界经济，2015(11)：117-143.

[55]刘玮，孟昭群，韩笑．医疗保险对儿童健康的影响．保险研究，2016(4)：77-87.

[56]刘晓婷，张敬石，胡雍．房价上涨对人口出生率的影响——基于中国1999—2013年数据的实证研究．重庆理工大学学报(社会科学)，2016(1)：

53-61.

[57]刘晓曦，葛扬．二胎政策背景下人口变化对房地产业的影响研究——基于 OLG 模型的分析．产业经济研究，2019（5）：115-126.

[58]刘泽云．上大学是有价值的投资吗——中国高等教育回报率的长期变动（1988—2007）．北京大学教育评论，2015（4）：65-81，186.

[59]刘泽云，赵佳音．教育对地区性别工资差异的影响——基于地市级数据的分析．北京师范大学学报（社会科学版），2014（2）：123-132.

[60]刘中华．房价上涨对居民二孩生育意愿的影响研究——基于中国劳动力动态调查数据的实证分析．中国物价，2019（3）：74-77.

[61]刘子兰，刘辉，袁礼．人力资本与家庭消费——基于 CFPS 数据的实证分析．山西财经大学学报，2018（4）：17-35.

[62]陆万军，张彬斌．中国生育政策对女性地位的影响．人口研究，2016（04）：21-34.

[63]罗楚亮．经济转轨，不确定性与城镇居民消费行为．经济研究，2004（4）：7.

[64]罗楚亮．城镇居民健康差异与医疗支出行为．财经研究，2008（10）：63-75.

[65]罗俊峰．农民工行业分布对性别工资差异的影响．人口与经济，2017（6）：105-115.

[66]吕利丹．新世纪以来家庭照料对女性劳动参与影响的研究综述．妇女研究论丛，2016（6）：109-117.

[67]吕娜．健康人力资本与经济增长研究文献综述．经济评论，2009（6）：143-152.

[68]吕娜，邹薇．健康人力资本投资与居民收入——基于私人和公共部门健康支出的实证分析．中国地质大学学报（社会科学版），2015（1）：113-119.

[69]马莉萍，刘彦林．大学教育如何促进地区代际流动？——对大学生生源地、院校地和就业地城镇级别的实证研究．华东师范大学学报（教育科学版），2018（5）：51-59，167.

[70]莫玮俏，叶兵．家庭劳动、工资率与部门差异．劳动经济研究，2018（4）：97-118.

[71] 亓寿伟, 刘智强. "天花板效应"还是"地板效应"——探讨国有与非国有部门性别工资差异的分布与成因. 数量经济技术经济研究, 2009(11): 63-77.

[72] 钱文荣, 李宝值. 不确定性视角下农民工消费影响因素分析——基于全国2679个农民工的调查数据. 中国农村经济, 2013(11): 15.

[73] 乔舒亚·安格里斯特, 约恩-斯蒂芬·皮施克. 精通计量: 从原因到结果的探寻之旅. 上海: 格致出版社, 2019.

[74] 卿石松, 田艳芳. 家庭劳动是否降低工资收入——基于CHNS的证据. 世界经济文汇, 2015(4): 77-92.

[75] 卿石松, 郑加梅. "同酬"还需"同工": 职位隔离对性别收入差距的作用. 经济学(季刊), 2013(2): 735-756.

[76] 沈坤荣, 谢勇. 不确定性与中国城镇居民储蓄率的实证研究. 金融研究, 2012(3): 13.

[77] 沈亚茹. 学龄儿童教育支出对我国人口出生率的影响. 湖南: 湘潭大学, 2019.

[78] 史爱军, 张翠玲, 史卓. 子女教育成本对我国生育意愿的制约与优化建议. 人口与健康, 2021(7): 46-48.

[79] 宋德勇, 刘章生, 弓媛媛. 房价上涨对城镇居民二孩生育意愿的影响. 城市问题, 2017(3): 67-72.

[80] 苏华山, 吕文慧, 张运峰. 未婚家庭成员人数对家庭储蓄率的影响——基于CFPS面板数据的研究. 经济科学, 2016(6): 75-88.

[81] 孙凤. 预防性储蓄理论与中国居民消费行为. 南开经济研究, 2001(1): 54-58.

[82] 孙凤. 中国居民的不确定性分析. 南开经济研究, 2002(2): 58-64.

[83] 孙瑞婷, 熊学萍, 郭晨光. 收入水平, 收入不确定性与城乡居民养老资产储. 华中农业大学学报(社会科学版), 2022(2).

[84] 孙晓冬. 收入如何影响中国夫妻的家务劳动分工?. 社会, 2018(5): 214-240.

[85] 谭洪业. 消费不确定性, 心理感知对农村居民消费行为影响研究. 当代经济管理, 2017(10): 32-37.

[86]田艳芳，李熙，彭璧玉．中国城镇劳动力市场性别工资差异研究．南方人口，2009(1)：58-63.

[87]万广华，张茵，牛建高．流动性约束、不确定性与中国居民消费．经济研究，2001(11)：35-44.

[88]汪浩瀚．跨期选择、制度转型与居民消费行为的不确定性．当代财经，2006(5)：12-15.

[89]王广慧，郜梅梅．高校毕业生性别工资差异的经验分析——以山东省为例．科学经济社会，2013(4)：91-97.

[90]王健宇，徐会奇．收入不确定性对农民消费的影响研究．当代经济科学，2010(2)：54-61.

[91]王俊，石人炳．中国家庭生育二孩的边际机会成本——基于收入分层的视角．人口与经济，2021(4)：96-107.

[92]王美艳．中国城市劳动力市场上的性别工资差异．经济研究，2005(12)：35-44.

[93]王明康，刘彦平．收入及其不确定性对城镇居民旅游消费的影响研究——基于 CFPS 数据的实证检验．旅游学刊，2021(11)：106-121.

[94]王馨．收入与支出的不确定性对农民工发展型消费的影响——基于 5 省 18 市农民工调查数据的研究．宁夏大学学报(人文社会科学版)，2019(5)：138-147.

[95]王伟同，谢佳松，张玲．人口迁移的地区代际流动偏好：微观证据与影响机制．管理世界，2019(7)：89-103.

[96]王学龙，袁易明．中国社会代际流动性之变迁：趋势与原因．经济研究，2015(9)：58-71.

[97]王志章，刘天元．生育"二孩"基本成本测算及社会分摊机制研究．人口学刊，2017(4)：17-29.

[98]汪三贵，殷浩栋，王瑜．中国扶贫开发的实践、挑战与政策展望．华南师范大学学报(社会科学版)，2017(4)：18-25，189.

[99]魏众，B.古斯塔夫森．中国居民医疗支出不公平性分析．经济研究，2005(12)：26-34.

［100］温福星．阶层线性模型的原理与应用．北京：中国轻工业出版社，2009．

［101］温忠麟，张雷，侯杰泰等．中介效应检验程序及其应用．心理学报，2004（5）：614-620．

［102］温忠麟，张雷，侯杰泰．调节效应与中介效应的比较和应用．心理学报，2005（2）：268-274．

［103］吴愈晓．中国城乡居民的教育机会不平等及其演变（1978—2008）．中国社会科学，2013（3）：4-21，203．

［104］吴晓瑜，李力行．母以子贵：性别偏好与妇女的家庭地位——来自中国营养健康调查的证据．经济学（季刊），2011（4）：88-111，244．

［105］吴愈晓，吴晓刚．城镇的职业性别隔离与收入分层．社会学研究，2009（4）：88-111，244．

［106］肖洁．家务劳动对性别收入差距的影响——基于第三期中国妇女社会地位调查数据的分析．妇女研究论丛，2017（6）：72-84．

［107］习近平．在全国脱贫攻坚总结表彰大会上的讲话．共产党员，2021（6）：4-8．

［108］解垩，宋颜群．社区邻里效应对个人贫困的影响有多大．财贸经济，2020（2）：24-38．

［109］解雨巷，解垩．教育流动、职业流动与阶层代际传递．中国人口科学，2019（2）：40-52．

［110］谢宇．回归分析．北京：社会科学文献出版社，2010．

［111］许永兵．我国城镇居民消费行为变异的实证研究．河北经贸大学学报，2009（6）：34-38．

［112］薛宝贵，何炼成．中国居民收入不平等问题研究综述．经济学家，2015（2）：82-90．

［113］杨中超．教育扩招促进了代际流动？．社会，2016（6）：180-208．

［114］叶春辉，封进，王晓润．收入、受教育水平和医疗消费：基于农户微观数据的分析．中国农村经济，2008（8）：16-24．

［115］易君健，易行健．房价上涨与生育率的长期下降：基于香港的实证研究．经济学（季刊），2008（3）：961-982．

[116]易行健，朱力维，杨碧云．财产性收入对家庭消费的影响——基于 CFPS 数据的实证研究．消费经济，2018（3）：21-28.

[117]尹志超，甘犁．公共部门和非公共部门工资差异的实证研究．经济研究，2009(4)：129-140.

[118]尹志超，张诚．女性劳动参与对家庭储蓄率的影响．经济研究，2019(4)：165-181.

[119]殷浩栋，毋亚男等．"母凭子贵"：子女性别对贫困地区农村妇女家庭决策权得到影响．中国农村经济，2018(1)：108-123.

[120]殷浩栋，汪三贵，郭子豪．精准扶贫与基层治理理性——对于 A 省 D 县扶贫项目库建设的解构．社会学研究，2017(6)：70-93，243-244.

[121]余长林．人力资本投资结构及其对经济增长的影响——基于扩展 MRW 模型的内生增长理论与实证研究．南方经济，2006（12）：38-49.

[122]袁晓燕．教育回报率的性别差异研究．统计与信息论坛，2012(4)：98-102.

[123]袁志刚，宋铮．城镇居民消费行为变异与我国经济增长．经济研究，1999（11）：20-28.

[124]臧旭恒，陈浩．习惯形成、收入阶层异质性与我国城镇居民消费行为研究．经济理论与经济管理，2019(5)：20-32.

[125]臧旭恒，姚健．收入变化，家庭资产与异质性消费——消费对正负向收入变化的非对称反应．湘潭大学学报(哲学社会科学版)，2020(3)：89-95.

[126]张川川．健康变化对劳动供给和收入影响的实证分析．经济评论，2011(4)：79-88.

[127]张春生，吴超林．收支不确定性对城镇居民储蓄存款行为的影响：理论解释与实证检验．上海经济研究，2011(3)：12-23.

[128]张凯宁．高等教育与收入分配：改变命运还是阶层锁定——基于 CGSS2008 数据的实证研究．高等财经教育研究，2014（2）：1-12.

[129]张抗私，刘翠花．大学毕业生性别工资差异的实证研究．经济与管理研究，2017(9)：84-94.

[130]张明，张学敏，涂先进．高等教育能打破社会阶层固化吗？——基于有序

probit 半参数估计及夏普里值分解的实证分析. 财经研究, 2016 (8): 15-26.

[131] 张晓芳. 不确定性的测度及其对中国城镇居民消费的影响研究. 统计与信息论坛, 2018 (1): 43-49.

[132] 张征, 王叶雨. 健康人力资本研究评述与未来展望. 山西财经大学学报, 2020 (2): 25-27.

[133] 赵伟锋. 健康冲击、家庭支出结构与农户收入. 中南财经政法大学学报, 2017 (3): 115-124.

[134] 赵显洲. 中国城市劳动力市场上性别歧视的计量与分解. 管理评论, 2014 (7): 62-71.

[135] 赵晓英, 曾令华, 徐国梁. 经济转轨时期不确定性对我国城镇居民消费行为的影响. 消费经济, 2007 (2): 62-65.

[136] 周钦, 袁燕. 家庭基础教育投入决策"男孩偏好"的理论与实证研究. 人口学刊, 2014 (3): 14-24.

[137] 周祝平, 刘海斌. 人口老龄化对劳动力参与率的影响. 人口研究, 2016 (3): 58-70.

[138] 朱月季, 张颖, 陈新锋. 教育、社会资本对中国农村家庭代际流动的影响——基于 CHIP 数据的实证分析. 华中农业大学学报(社会科学版), 2020 (1): 75-83, 165-166.

[139] 庄雅娟. 子女健康及参保状况对父母劳动力供给行为的影响. 厦门大学, 2019.

[140] 邹薇, 马占利. 家庭背景、代际传递与教育不平等. 中国工业经济, 2019 (2): 80-98.

[141] Alon, T. The impact of COVID-19 on gender equality[EB/OL]. http://www.nber.org/papers/w26947.

[142] Anna, Aizer. The role of children's health in the intergenerational transmission of economic status. Child Development Perspect, 2017 (11): 167-172.

[143] Antecol, Heather. The opt-out revolution: recent trends in female labor supply. Research in Labor Economics, 2011 (33): 45-83.

［144］Arellano, M., Bover, O., Labeaga J. M. Autoregressive models with sample selectivity for panel data, 1997: 23-48.

［145］Arrighi, B. A., David, J. Maume. Workplace subordination and men's avoidance of housework. Journal of Family Issues, 2000, 21(4): 464-487.

［146］Atalay, K., Li, A., Whelan, S. Housing wealth and fertility: Australian evidence. University of Sydney, Workingpaper, 2017.

［147］Autor, D. Males at the tails_ how socioeconomic status shapes the gender gap ［EB/OL］. http://www.nber.org/papers/w27196.

［148］Baerlocher, D., et al. Female labor force participation and economic growth: Accounting for the gender bonus. Economics Letters, 2021, 200(3).

［149］Baker, S. R., Bloom, N., Davis, S. J. Measuring economic policy uncertainty. The Quarterly Journal of Economics, 2016, 131(4): 1593-1636.

［150］Barro, R. J. Democracy and growth. Journal of Economic Growth, 1996, 1(1): 1-27.

［151］Basu, S., Verner, G. A., Chaplin, W. J., et al. Effect of uncertainties in stellar model parameters on estimated masses and radii of single stars. The Astrophysical Journal, 2012, 746(1): 76.

［152］Bertola, G., Guiso, L., Pistaferri, L. Uncertainty and consumer durables adjustment. The Review of Economic Studies, 2005, 72(4): 973-1007.

［153］Becker, G. S. An economic analysis of fertility. Demographic and Economic Change in Developed Countries, 1960: 209-240.

［154］Becker, G. S. Human capital, effort, and the sexual division of labor. Journal of Labor Economics, 1985, 3(1): 33-58.

［155］Becker, G. S., Kominers, S. D., and Murphy, K. M., et al. A theory of intergenerational mobility. Journal of Political Economy, 2018(126): 7-25.

［156］Bénabou, R. Heterogeneity, stratification, and growth: macroeconomic implications of community structure and school finance. American Economic Review, 1996, 86(3): 584-609.

［157］Blau, P. M., and Duncan, O. D. The american occupational structure. New

York: John Wiley and Sons, 1967.

[158] Blau, F., et al. Culture and gender allocation of tasks: source country characteristics and the division of non-market work among us immigrants [EB/OL]. http://www.nber.org/papers/w26931.

[159] Blau, Winkler. Women, work and family. NBER Working Paper 23644, 2017.

[160] Bloom, N. The impact of uncertainty shocks. Econometrica, 2009, 77(3): 623-685.

[161] Bloom, N. Fluctuations in uncertainty. Journal of Economic Perspectives, 2014, 28(2): 153-176.

[162] Blundell, R., Bond, S. Initial conditions and moment restrictions in dynamic panel data model. Economics Papers, 1998, 87(1): 115-143.

[163] Bonke, J., Nabanita, D. G., and Smith, N. Timing and flexibility of housework and men and women's wages//Daniel S. Hamermesh and Gerard Antoine Pfann. The Economics of Time Use. New York: Elsevier, 2005: 43-77.

[164] Bono, E. D., Francesconi, M. and Kelly, Y., et al. Early maternal time investment and early child outcomes. The Economic Journal, 2016(126): F96-F135.

[165] Boudet et al. Gender difference in poverty and households composition through the life-cycle: a global perspective. Policy Research Working Paper, 2018 (8360).

[166] Boudreau, K. The gender gap in tech & competitive work environments—field experimental evidence from an internet-of-things product development platform [EB/OL]. http://www.nber.org/papers/w27154.

[167] Brines, Julie. Economic dependency, gender, and the division of labor at home. American Journal of Sociology, 1994, 100(3): 652-688.

[168] Browning, M., Lusardi, A. Household saving: micro theories and micro facts. Journal of Economic literature, 1996, 34(4): 1797-1855.

[169] Bryan, Mark L., and Almudena, Sevilla-Sanz. Does housework lower wages? Evidence for Britain. Oxford Economic Papers, 2011, 63(1): 187.

[170] Caitlin, B., et al. Are poor individuals mainly found in poor households? Evidence using nuturition data for Africa. National Bureau of Economic Research Working paper, 2017(24047).

[171] Carroll, C. D., Hall, R. E., Zeldes, S. P. The buffer-stock theory of saving: some macroeconomic evidence. Brookings papers on economic activity, 1992 (2): 61-156.

[172] Carroll, C. D., Samwick, A. A. How important is precautionary saving? Review of Economics and statistics, 1998, 80(3): 410-419.

[173] Case, A. Does money protect health status? Evidence from South African pensions. National Bureau of Economic Research Working Paper, 2001(8495).

[174] Case, A., Fertig, A., Paxson, C. The lasting impact of childhood health and circumstance. Journal of Health Economics, 2005, 24(2): 365-389.

[175] Caselli, F. Accounting for cross-country income differences. Handbook of economic growth, 2005, 1(5): 679-741.

[176] Cha, Youngjoo and Kim, A. Weeden. Overwork and the slow convergence in the gender gap in wages. American Sociological Review, 2014, 79(3): 457-84.

[177] Chen, H., Wang, X., and Chen, G., et al. Upward social mobility in China: do cities and neighbourhoods matter? Habitat International, 2018(82): 94-103.

[178] Chen, A. Y., et. al. Insurance coverage and financial burden for families of children with special healthCare needs. Ambulatory Pediatrics, 2006, 6(4): 204-209.

[179] Chetty, R., Hendren, N. The impacts of neighborhoods on intergenerational mobility i: childhood exposure effects. The Quarterly Journal of Economics, 2018 (133): 1107-1162.

[180] Christelis, D., Georgarakos, D., Jappelli, T., et al. The Covid-19 crisis and consumption: survey evidence from six EU countries. ECB Working Paper, 2020 (2507).

[181] Coibion, O., Georgarakos, D., Gorodnichenko, Y., et al. The effect of macroeconomic uncertainty on household spending. National Bureau of Economic

Research Working paper, 2021.

[182] Corman, H., Noonan, K., Reichman, N. E. Mothers' labor supply in fragile families: the role of child health. Eastern Economic Journal, 2005, 31(4): 601-616.

[183] Cotton, Jeremiah. On the decomposition of wage differentials. Review of Economics and Statistics, 1988, 70(2): 236-243.

[184] Davies, Andrea Rees and Brenda D. Frink. The origins of the ideal worker: the separation of work and home in the United States from the market revolution to 1950. Work and Occupations, 1950, 41(1): 18-39.

[185] Deaton, A. Understanding consumption. Oxford: Oxford University Press, 1992.

[186] De La Croix, D., Doepke, M. Inequality and growth: why differential fertility matters. American Economic Review, 2003, 93(4): 1091-1113.

[187] De Neve, J. W., Kawachi, I. Spillovers between siblings and from offspring to parents are understudied: a review and future directions for research. Social Science & Medicine, 2017(183): 56-61.

[188] DeRigne, L. A., et. al. Employment change among married parents of children with special health care needs. Journal of Family Issues, 2017, 38(5): 579-606.

[189] Dettling, L., Kearney, M. House prices and birth rates: the impact of the real estate market on the decision to have a baby. Journal of Public Economics, 2014(110): 82-100.

[190] Di Maggio, M., Kermani, A., Ramcharan, R., et. al. The pass-through of uncertainty shocks to households. National Bureau of Economic Research Working paper, 2020.

[191] Dynan, K. E. How prudent are consumers? Journal of Political Economy, 1993, 101(6): 1104-1113.

[192] Doorslaer, E. V., Wagstaff, A., et. al. Income-related inequalities in health: some international comparisons. Journal of Health Economics, 1997, 16(1): 93-112.

[193] Dufloe, D. K. Peer effects, teacher incentives, and the impact of tracking: evidence from a randomized evaluation in Kenya. American Economic Review, 2011, 101 (5): 1739-1774.

[194] Duncan, C., and Jones, K. Using multilevel models to model heterogeneity: potential and pitfalls. Geographical Analysis, 2000(32): 279-305.

[195] Elbers, C., Lanjouw, J., Lanjouw, P. Micro-level estimation of poverty and inequality. The Economic Society, 2003, 71(1).

[196] Eriksen, T. L. et. al. The impact of childhood health shocks on parental labor supply. Economics Working Paper, 2020.

[197] Evans, W. N., Oates, W. E., Schwab, R. M. Measuring peer group effects: a study of teenage behavior. The Journal of Political Economy, 1992, 100 (5): 966-991.

[198] Fang, Y., and Zou, W. Neighborhood effects and regional poverty traps in rural China. China & World Economy, 2014(1): 83-102.

[199] Fermand, E., Kuhnen, C. M., Li, G., et al. Expectations uncertainty and household economic behavior. Fisher College of Business Working Paper, 2018 (3): 25.

[200] Floro, M. S. Economic restructuring, gender and the allocation of time. World Development, 1995, 23(11).

[201] Francesco, D., et. al. Gender roles and the gender expectations gap [EB/OL]. http://www. nber. org/papers/w26837.

[202] Ganzeboom, H. B. G., De Graaf, P. M., and Treiman, D. J. A standard international socio-economic index of occupational status. Social Science Research, 1992, 21(1): 1-56.

[203] Garwick, A. W., Patterson, J. M., Meschke, L. L., Bennett, F. C., & Blum, R. W. The uncertainty of pread olescents' chronic health conditions and family distress. Journal of Family Nursing, 2002(8): 11-31.

[204] Girardi, A., Reuter, A. New uncertainty measures for the Euro area using survey data. Oxford Economic Papers, 2016, 69(1): 278-300.

[205] Goldin, Claudia C. A grand convergence: its last chapter. American Economic Review, 2014, 104(4): 1091-1119.

[206] Grossman, D., Tello-Trillo, S., and Willage, B. Health insurance for whom? The "spill-up" effects of children's health insurance on mothers. Health Economics Conference, 2021(7): 26-27.

[207] Grossman, M. On the concept of health capital and the demand for health. Journal of Political Economy, 1972, 80(2): 223-255.

[208] Grzywacz, J. G., Rao, P., Woods, C. R, et. al. Children's health and workers' productivity: an examination of family interference with work in rural America. Journal of Occupational Health Psychology, 2005, 10(4): 382-392.

[209] Guiso, L., Jappelli, T., Terlizzese, D. Earnings uncertainty and precautionary saving. Journal of Monetary Economics, 1992, 30(2): 307-337.

[210] Gupta, A., Malani, A., Woda, B. Explaining the income and consumption effects of covid in India. National Bureau of Economic Research Working paper, 2021.

[211] Hackett, L., Marquez-Padilla, F. Working for change: the effect of female labor force participation on fertility. Electronic Journal, 2019.

[212] Hahm, J. H., Steigerwald, D. G. Consumption adjustment under time-varying income uncertainty. Review of Economics and Statistics, 1999, 81(1): 32-40.

[213] Heckman, James J. Effects of child-care programs on women's work effort. Journal of Political Economy, 1974, 82(2): S136-S163.

[214] Henrik, K., et al. Do Family policies reduce gender inequality? Evidence from 60 years of policy experimentation. Working Paper, 2020(28082).

[215] Hersch, Joni. The impact of nonmarket work on market wages. The American Economic Review, 1991, 81(2): 157-160.

[216] Hersch, J. Home production and wages: evidence from the American time use survey. Review of Economics of the Household, 2009, 7(2): 159-178.

[217] Hersch, Joni. Male-female differences in hourly wages: the role of human capital, working conditions, and housework. Industrial and Labor Relations

Review, 1991, 44(4): 746-759.

[218] Hersch, Joni. The impact of nonmarket work on market wages. The American Economic Review, 1991, 81(2): 157-160.

[219] Hersch, Joni, and Leslie, S. S. Housework, wages, and the division of housework time for employed spouses. The American Economic Review, 1994, 82(2): 120-125.

[220] Hersch, Joni, and Leslie, S. S. Housework, fixed effects, and wages of married workers. The Journal of Human Resource, 1997, 32(2): 285-307.

[221] Hersch, Joni, and Leslie, S. S. Housework and wages. The Journal of Human Resources, 2002, 37(1): 217-229.

[222] Holtz-Eakin, D., Rosen, N. H. S. Estimating vector autoregressions with panel data. Econometrica, 1988, 56(6): 1371-1395.

[223] Kaufman, G., Uhlenberg, P. The influence of parenthood on the work effort of married men and women. Social Forces, 2000, 78(3): 931-947.

[224] Kevin, B., Nilam, K. The gender gap in tech & competitive work environments? Field experiments evidence from an internet-of-things product development platform[EB/OL]. http://www.nber.org/papers/w27154.

[225] Iversen, V., Krishna, A., and Sen, K. Beyond poverty escapes: social mobility in developing countries: a review article. The World Bank Research Observer, 2019, 34(2): 239-273.

[226] Lee, S. Y. T., and Seshadri, A. On the intergenerational transmission of economic status. Journal of Political Economy, 2019(127): 855-921.

[227] Leland, H. E. Saving and uncertainty: the precautionary demand for saving. The Quarterly Journal of Economics, 1968: 465-473.

[228] Lei, X., and Shen, Y. Inequality in educational attainment and expectation: evidence from the China family panel studies. China Economic Journal, 2015, 8(3): 252-263.

[229] Liang, J., Wang, H., Lazear, E. P. Demographics and entrepreneurship. Journal of Political Economy, 2018, 126(S1): S140-S196.

［230］Liu, Kai. Insuring against health shocks: health insurance and households choices. Journal of Health Economics, 2016(46): 16-32.

［231］Looman, W. S., O'Conner-Von, S. K., et. al. Financial and employment problems in families of children with special health care needs: implications for research and practice. Journal of Pediatric Health Care, 2009, 23(2): 117-125.

［232］Lovenheim, M., Mumford, K. Do family wealth shocks affect fertility choices? Evidence from the housing boom and bust. Review of Economics and Statistics, 2013, 95(2): 464-475.

［233］Lupton D. It's a terrible thing when your children are sick: motherhood and home healthcare work. Health Sociology Review, 2013, 22(3): 234-242.

［234］Lusardi, A. On the importance of the precautionary saving motive. The American Economic Review, 1998, 88(2): 449-453.

［235］McLenan, M. Does household labour impact market wages? Applied Economics, 2000, 32(12): 1541-1557.

［236］Meriküll, J. What explains the gender gap in wealth: evidence from administrative Data［EB/OL］. http://www.nber.org/papers/w26920.

［237］Miedema B., Easley, J., Fortin, P., et. al. The economic impact on families when a child is diagnosed with cancer. Current Oncology, 2008, 15(4): 173-178.

［238］Montalvo, J., Ravallion, M. The pattern of growth and poverty reduction in China. Journal of Comparative Economics, 2010(38): 2-16.

［239］Morris, L. A. The impact of work on the mental health of parents of children with disabilities. Family Relations, 2014, 63(1).

［240］Murphy, A. K., and Wallace, D. Opportunities for making ends meet and upward mobility: differences in organizational deprivation across urban and suburban poor neighborhoods. Social Science Quarterly, 2010, 91(5): 1164-1186.

［241］Muurinen, J. M. Demand for health: a generalised grossman model. Journal of

Health Economics, 1982, 1(1): 5-28.

[242] Musterd, S., Ostendorf, W., and Vos, S. D. Neighbourhood effects and social mobility: a longitudinal analysis. Housing studies, 2003, 18(6): 877-892.

[243] Narayan, A., Weide, R. V. D., and Cojocaru, A., et al. Fair progress?: Economic mobility across generations around the world. Washington: World Bank Group, 2018.

[244] Noonan, M. C. The impact of domestic work on men's and women's wages. Journal of Marriage and Family, 2001, 63(4): 1134-1145.

[245] Noonan, K., Reichman, N. E., Corman, H. New fathers' labor supply: does child health matter? Social Science Quarterly, 2005(86): 1399-1417.

[246] Noriko, M. The effects of housing wealth on fertility decisions: evidence from Japan. Economics Bulletin, 2015, 35(4): 2710-2724.

[247] Oaxaca, R. Male-female wage differentials in urban labor market. International Economic Review, 1973(14): 693-709.

[248] Page, M. E., and Solon, G. Correlations between sisters and neighbouring girls in their subsequent income as adults. Journal of Applied Econometrics, 2003, 18(5): 545-562.

[249] Pavalko E. K., Artis, J. E. Women's caregiving and paid work: causal relationships in late midlife. Journals of Gerontology, 1997, 52(4): 170-179.

[250] Phipps, S., Burton, P., Lethbridge, L. In and out of the labour market: long-term income consequences of child-related interruptions to women's paid work. The Canadian Journal of Economics / Revue canadienne d'Economique, 2001, 34(2): 411-429.

[251] Pintu, P. Effects of education and poverty on the prevalence of girl child marriage in India: a district-level analysis. Children and Youth Services Review, 2019 (100): 16-21.

[252] Polavieja, J. G. Domestic supply, job-specialization and sex-differences in pay. Social Indicators Research, 2009, 93(3): 587-605.

[253] Powers, E. T. New estimates of the impact of child disability on maternal

employment. American Economic Review Papers and Proceedings, 2001: 135-139.

[254]Qi, Liangshu, Dong, Xiaoyuan. Housework burdens, quality of market work time, and men's and women's earnings in China. The University of Winnipeg, Department of Economics Working Paper, 2013.

[255]Qian, X., and Smyth, R. Measuring regional inequality of education in China: widening coast-inland gap or widening rural-urban gap? Journal of International Development, 2008, 20(2): 132-144.

[256]Raj, C., Friedman, J. N., and Emmanuel, S., et al. Income segregation and intergenerational mobility across colleges in the United States. The Quarterly Journal of Economics, 2020, 135(3): 1567-1633.

[257]Rajaram, R. Female-headed households and poverty: evidence from the national family health survey[EB/OL]. http: //dx. doi. org/.

[258]Ravallion, M. Global inequality when unequal countries create unequal people. European Economic Review, 2019(111): 85-97.

[259]Ravallion,M. Guaranteed employment or guaranteed income? World Development, 2019(115): 209-221.

[260]Ravallion,M. Are there lessons for Africa from China's success against poverty? World Development, 2009(37): 303-313.

[261]Ravallion,M. How relevant is targeting to the success of the antipoverty program? World Bank Research Observer, 2009, 24(3): 109-124.

[262]Ravallion, M. The economics of poverty: history, measurement, and policy. Oxford: Oxford University, 2016.

[263] Ravallion, M., Wodon, Q. Poor areas, or only poor people? Journal of Regional Science, 1999, 39(4): 689-711.

[264]Reichman,N. E., Corman, H., Noonan, K. Effects of child health on parents' relationship status. Demography, 2004, 41(3): 569-584.

[265]Rossella, C. Why are older women missing in india?: the age profile of bargaining power and poverty. Journal of Political Economy, 2020, 128(7):

2453-2501.

[266] Ryabov, I. Intergenerational transmission of socio-economic status: the role of neighborhood effects. Journal of Adolescence, 2020(80): 84-97.

[267] Schultz, T. W. Investment in human capital. Economic Journal, 1961, 82 (326): 787.

[268] Scotti, C. Surprise and uncertainty indexes: real-time aggregation of real-activity macro-surprises. Journal of Monetary Economics, 2016(82): 1-19.

[269] Skinner, A. C., Slifkin, R. T. Rural/urban differences in barriers to and burden of care for children with special health care needs. Journal of Rural Health, 2007, 23(2): 150-157.

[270] Sims, C. A. Macroeconomics and reality. Econometrica, 1980, 48(1): 1-48.

[271] Smith, J. P. The impact of childhood health on adult labor market outcomes. The Review of Economics and Statistics, 2009, 91(3): 478-489.

[272] Van, Z. A., Muysken J. Health and endogenous growth. Journal of Health Economics, 2001, 20(2): 169-185.

[273] Wagstaff, A., Doorslaer, E. V. Paying for health care: quantifying fairness, catastrophe, and impoverishment, with applications to vietnam, 1993-1998. Policy Research Working Paper, 2001.

[274] Wehby, G. Child health insurance coverage and household activity toward child development in four south american countries. Maternal & Child Health Journal, 2014, 18(4): 939-949.

[275] Williams, J. C., Mary Blair-Loy, and Jennifer L. B. Cultural schemas, social class, and the flexibility stigma. Journal of Social Issues, 2013, 69(2): 209-234.

[276] World Bank Group. Poverty and shared prosperity 2018: piecing together the poverty puzzle. World Bank Group, 2018: 125-148.

[277] Yu, H., Dick, A. W., Szilagyi, P. G. Does public insurance provide better financial protection against rising health care costs for families of children with special health care needs? Medical Care, 2008, 46(10): 1064-1070.

[278]Zhong, H. The impact of population aging on income inequality in developing countries: evidence from rural China. China Economic Review, 2011, 22(1): 98-107.

[279]Zelizer, V. A. The price of motherhood: why the most important job in the world is still the least valued ann crittenden. Contemporary Sociology, 2002, 31(2): 115-119.